輝く自由

関西学院の教育的使命

山内一郎

"Mastery for Service"

関西学院大学出版会

輝く自由

関西学院の教育的使命

はじめに ――関西学院とともに六十年

本年、関西学院は創立百二十周年の節目を迎えます。私は一九四八年、関西学院新制中学部に入学、昨二〇〇八年三月末をもって理事長を退任しました。今振り返って、生徒、学生、教師あるいは役職者として六十年、学院史の半ばに近い年月を母校とともに歩むことのできた幸いを唯々感謝したい気持ちで一杯です。中学部宗教主事、神学部教員、また微力ながら学院の教学・経営の責任を負う者として、様々な機会にキャンパスの内外で語り、求められてペンを執りました。本書は主に院長、理事長として学生・生徒諸君、教職員、保護者、同窓など学院全構成員を対象に各種学内メディアに寄稿しあるいは語った記録の中から、関西学院の教育的使命の根幹に関わる内容を抽出し、タイトルを付け、項目別に編んだリポートです。

Ⅰ 「創立者の精神」には、『関学ジャーナル』に七回連載したW・R・ランバスの足跡を纏めた冊子『一粒の麦』を再録、それに創立者生誕一五〇周年を記念する関西学院歴史サロンでの講演記録を加えました。

Ⅱ 「院長想譜」は、学院が創立一一一周年を迎えた西暦二〇〇〇年に、母校と同窓の双方向コミュニケーション誌として発刊された『フロンティア21』ＶＯＬ．3―8に連載したものですが、第二代院長の項は吉岡記念館竣工式の式辞から採りました。なお、歴代院長の中で故人となられた小寺武四郎（第十代）、久山康（第十一代）、畑道也（第十四代）三先生の「追憶」をⅧに収録しましたが、加藤秀次郎（第八代）、小宮孝（第九代）、宮田満雄（第十二代）三院長の「想譜」は『フロンティア21』誌終刊のため、また別の機会に譲らねばなりません。

Ⅲ　「建学の精神考」では、学院のキリスト教主義教育研究室（現「キリスト教と文化研究センター」）や宗教活動委員会の研究会、学院あるいは大学主催のシンポジウム、フォーラムにおける私なりの考えを発題的に開陳しています。

Ⅳ　「学院の今日的使命」には、教職員対象の広報誌『K.G.TODAY』に掲載された私の就任挨拶や年頭所感、新聞学芸部のインタビューなどを収めています。

Ⅴ　「学生・生徒へのメッセージ」には、中学部、高等部、大学、大学院を擁する総合学園関西学院の入学式、卒業式における祝辞、全学で毎週四〇回以上守られているチャペルアワー合同プログラム等での講話、さらに学生の文化、体育クラブの「記念誌」「アルバム」などに寄せた祝辞や挨拶文の中からそれぞれいくつかを選んで掲載していますが、院長あるいは理事長として語り、書きつける内容が常に「建学の精神」に収斂する学生・生徒諸君への呼びかけとなることを心がけました。

Ⅵ　「折りにふれて」は、いずれも求められて書きあるいは話した草稿に依っていますが、キリスト教主義に基づく「全人教育」を目指すオールKGのミッションを証しすることを旨としています。

Ⅶ　「対談」の部には、関西学院の教育的・社会的使命をめぐって、私が恩師、同窓、識者三人の方々から聞き取ったメッセージを再録しました。

Ⅷ　「追憶」は、関西学院に仕え、そのために尽瘁された歴代三院長ならびに小林宏初代高中部長、木村正春同窓会名誉会長の生前を偲び、私が公人として弔意と感謝を表したものです。

以上、セクション別の内容概要をみとめましたが、私の専攻が神学・聖書学のフィールドであるため視野が限られ、ことに「建学の精神」や「キリスト教主義」をめぐる問題など理念的な事柄の性質上、提言や論考あるいは所感やメッセージの表現が抽象的で硬い憾《うら》みがあり、またランバスの足跡など歴史的言及には少なからず重複があることもお断りし、ご寛恕《かんじょ》いただかなくてはなりません。

折しも昨年来、学院は創立一二五周年を契機にさらなる飛躍を目指すべく、十年先を見据えた「新基本構想」を策定・公表し、すでに一部は実施段階に入っています。小著がオール関学人の健全なミッション意識共有のために、無論忌憚なき批判も含めて、実りある対話の輪を広げる一助として少しでも役立てば望外の喜びです。

出版に当たっては、このような企てを促し、あたたかい助言や配慮を頂いた関西学院大学出版会の宮原浩二郎理事長、常任理事山本栄一名誉教授、編集部田中直哉常任理事ならびに実務一切を担当し骨折って下さった戸坂美果の各氏、資料検索やFDからUSBへの転換など種々協力願った学院史編纂室、吉岡記念館スタッフの皆様、そして創立者ランバスのコールレクチャー『キリストに従う道』（拙訳、関西学院大学出版会、二〇〇四）に続いて、キリスト教と文化研究センター（RCC）の大野一恵氏、また私の院長、理事長秘書を忠実に務めてもらった学院法人部の奥野夏希氏のお二人には、休日を返上して原稿の整理や入力など大変お世話になりました。以上列記の方々にここであらためて心からの感謝を捧げます。

二〇〇九年八月

山内　一郎

目次

I

創立者の精神

一粒の麦

──世界を駆けたランバスの足跡

第1話　今なお草深いパール・リバーから

米国ミシシッピーの州都ジャクソンの東端を流れるパール・リバーに沿って車で約四十分南下した辺り、マディソンという片田舎のさらに六マイル北東に入り込んだ深い木立のなかに、白ペンキ塗の古い木造長方形の簡素な教会がひっそり建っている。パール・リバー・メソジスト教会（一八三三年設立）──関西学院創立者W・R・ランバス（Walter Russell Thornton Lambuth, 1854-1921）の母教会（mother church）である。前庭にはランバス父子の記念碑が建ち、毎年十月第一木曜日に、現在もここ（メソジスト教会ミシシッピー年会史跡）で「ランバス・デー」記念礼拝が守られている。ランバスは、関西学院が創立された一年四カ月後、一八九一（明治二十四）年一月に離日。結局、日本滞在は四年余りという短期間であったため、その全体像についてわが国ではなお殆ど知られていない。

ランバス家は実に四代にわたる伝道者一家。彼らはみな地上では「枕する所もない」（マタ八・二〇）旅人であり、寄留者であった。先祖は一八世紀に英国からヴァージニアに渡った移住者で、もとランベス（Lambeth）と綴ったが、その献身の歴史は、ランバスの曾祖父ウィリアム・ランバス（1765-1837）がメソジストの始祖ジョン・ウェスレーの直系トマス・コウク、フランシス・アズベリ両監督から按手礼《あんしゅれい》を受け、先住民（アメリカン・インディアン）や受刑者に対するミッショナリーとしてテネシーの荒野に派遣された時に始まる。その子ジョン・ラッセル・ランバス（一八〇一―一八六四）は一八二一年、アラバマ、ルイジアナ両年会の先住民、フランス人およびアフリカ系アメリカ人の伝道に従事。その後ミシシッピー州マディソンの片田舎パール・リバーに移って以来、当地のランバス・ホームが一家の仮寓《かぐう》となり、ここを起点として気宇広大なワールド・ミッションが展開されることとなった（"The Lambuth Centennial 1854-1954, From Pearl River to the Ends of the Earth", 1954 参照）。

ランバスの父、ジェームス・W・ランバス（一八三〇―一八九二）は、南メソジスト監督教会ミシシッピー州年会最初の中国宣教師として、一八五四（安政元）年春、新妻メアリー・イザベラ夫人（エディンバラ、ゴルドン家の子孫、米国クリーヴランド大統領の従姉妹）を伴い、パール・リバーを出立、同年五月六日、ニューヨーク港を出帆し、九月十七日、中国に上陸したが、ウォルター・ランバスは同年十一月十日、上海の宣教師館で産声をあげている。とすると、新生命はパール・リバーのホームで母の胎内に宿っていたことになる。母親メアリーは初子の青い瞳を見つめながら、日記にこう記している。「今朝九時頃、神様は私たちに対する祝福のしるしとして愛する息子を与えて下さった」（W. Pinson, Walter Russell Lambuth, Prophet and Pioneer, Nashville, 1923, 15-16）。

ランバスは、六十六年の生涯を純乎たる使命感をもって世界万人に仕える文字通りグローバル・サーバントとして生き抜いた。アメリカ人である宣教師が日本人のために建てた関西学院は、その生きた証しである。いまなお草深いパール・リバーから中国、日本、朝鮮、韓国などアジア（六回）をはじめ、アフリカ（二回）、ブラジル（六回）、キューバ（十八回）、メキシコ（十六回）、そしてベルギー、ポーランド、チェコ、フランスなどヨーロッパ各地、さらにシベリア（現在のロシア）へと、今から一三〇年前、豪州以外の四大陸を駆け巡るまでランバスを激しく背後から突き動かしたものは一体何であったか。

ランバスの言葉

人間の内に、高貴な魂の炎を燃え上がらせずにはおかないインスピレーションは見えない超越的次元から来る。そのような霊の領域にはいかなる制約もない。

第2話　発見の航海——若き日の堅信

ランバスは人生の座標軸を定めるような宗教的覚醒を少なくとも二回経験している。第一の回心は早く、彼の若き日に遡る。一八六九年五月十九日、十五才の少年ウォルターは、眼病と咽喉疾患治療のため、上海からコスタ・リカ号に乗船、単身帰米の途についた。しかしひどい船酔いに悩まされ、二日後止むなく横浜に上陸、約一カ月半病院で静養するが、このときに見た美しい日本の風景が彼の内面に忘れ得ぬ印象を刻んだ。奇《く》しき「日本発見」である。元気を回復したランバスは、商船グレート・リパブリック号に乗り換え、一路太平洋の波濤を越え、サンフランシスコに向かう。父母から離れたこの初めての長い船旅が、多感な少年にとって厳しくも貴重な「孤独」の体験となり、同時にまた「自己と神の発見」という「堅信」の機会ともなったのである。ランバス伝の著者ピンソンはこの旅を「発見の航海」（A Voyage of Discovery）と呼ぶ。

　大海の真中、小さな船室の中で、若きランバスは、自分がクリスチャンでありながら、まだ実際は「確信のないこと」（lack of assurannce）」を知り、進むべき道を一人静かに祈り求める中で、不思議な心の安らぎを覚え、生涯を神に委ねる純一な信仰を与えられた。父母の信仰が、自分の信仰になり、父母の信じる神が、自身を生かす神になった瞬間、新しい霊の誕生である。同年秋、ランバスがテネシー州レバノンの寄留先、親の代から親交のあったケリー家から母に出した手紙には次のように書かれている。「昨日の朝礼拝で、私は教会の正会員となり、神の助けによって聖潔な生活（a pure and holy life）に入る誓いを立てました。どうか私のために祈って下さい」。翌年満十六才になったランバスは、教会の愛餐会で自分の信仰を真率に証言し、伝道集会では、牧師の助手を務めるほどに成長した。

ランバスの言葉

祈りは神へ上りゆく希求であり、同時に神から下る恵みの賜物である。願望は神への思いに沈潜することによって与えられ、応答は神の慈しみの力を信頼することによって確証される。「主に自らをゆだねよ。主はあなたの心の願いをかなえてくださる」（詩三七・四）。

第3話　神学と医学と──隣人愛への決断

ランバスの勤勉ぶりはつとに知られている。一八七一年、テネシー州レバノンのハイスクールを終えたウォルターは、十七才でヴァージニア州アビンドンに近いエモリー・アンド・ヘンリー・カレッジに進学、固い決意を抱いて大学生活を始めた。「私はベストを尽くして、学べるだけのことを学び、同時にできるかぎり時間と労力と金銭を有効に使おうと努めています。人が何ごとかをする時に全力をつくして当れば、半分の力で当るよりも、時間と労力を節約することができるからです」と両親に書き送っている（Pinson, 41）。カレッジではギリシャ、ラテンの古典語の他にドイツ語を習得し、持病の眼が悪化したために一学期の休学を余儀なくされたが、その間もナシュヴィル大学に通い、一八七五年、教授、友人らの期待を一身に集め、二十一才で卒業（B.A.）。在学中ボランティア活動にも熱心で、エモリーのキャンパスに大学ＹＭＣＡを組織し、その会長に選ばれた。後年ランバスは、北京に中国最初のＹＭＣＡを設立するが（一八八五年）、学生時代から国際的かつエキュメニカルな奉仕の精神が豊かに培われていたのであろう。

すでに太平洋上の船室で神への「献身」の志を固めていたランバスは、「宣教師になるという考えが揺らぐことはなかった」と言う一方で、元来サイエンス好きの彼は、エモリー在学中、D・C・ケリー牧師（後の岳父）宛（一八七四年五月十九日付）の手紙のなかで、将来さらに医学を修め、説教するだけでなく、医療にも携わるメディカル・ミッショナリーになる決意を仄めかしている。

一八七七年、ランバスは南部の名門ヴァンダビルト大学で神学と医学を修め、六十人中首席で卒業（B.D., B.M.）。学生時代を通して幾つもの褒賞メダルを受けたが、自分の栄誉を微塵も誇示することなく、母親にさえ知らせなかったという。才能に恵まれたランバスにとって、学問することは楽しいことであったに違いない。しかしその動機・目的は、この世の名利栄達の道からまったく離れた反対の極にあった。「喜ぶ者と共に喜び、泣く者と共に泣く」（ロマ一二・一五）、見返りを望まない純一な「隣人愛」が彼の生涯を貫流する証しである。「学ぶ」ことの軽視ではない。むしろそれが「どう生きるか」という根本の問いと結びつき、隣人愛＝他者「奉仕」（Service）への決断ゆえの自己「練達」（Mastery）の徹底を生み出したのであろう。

ランバスの言葉

私は、自分がしなければならないことに敢然と立ち向かう人を熱愛する。そのような人は、意気揚々たる足どりで人生行路を元気はつらつ闊歩し、神の計画がすべて人間のために立てられていることを信じて疑わない。

第4話　中国から日本へ――予期せぬ転機

ヴァンダビルト在学中の一八七六年、ランバスはJ・C・キーナー監督によって執事（Deacon）に任ぜられ、ナシュヴィル近郊、ウッドバイン教会の初代スチューデント・パスターを務め、翌七十七年にはテネシー州年会で長老（Elder）の按手礼を受領。そしてこの夏八月二日、幼馴染みのデイジー・ケリー（一八五八―一九二三）と結婚。新婚僅か二カ月の十月二日、ランバスは新妻を伴ってサンフランシスコから中国へ向け出立した。ランバスは、伝道局主事ピンソン（『ランバス伝』の著者）に宛てた生前最後の手紙の中でこう記している。「私と妻は、一八七七年に私たちがミッションの仕事に入った時、何年も前に自らを神様に委ねたのです。そして私たちと私たちのすべての利害は、その時以来今日まで、全く神のみ手の中にあったのです」。同年十一月、上海に到着するや、ランバスは時を移さず南翔（Nanziang）で医療活動を始め、一八八〇年、上海に阿片中毒患者の療養所を開設、悪弊の犠牲となった中国人の治療と救済に日夜尽瘁《じんすい》した。

一八八一年二月、ウォルターは重病のマックレイン夫人に付添い一時帰米。その期間を活かして、ニューヨークのベルビュー病院で眼病と東洋医学の研究に従事し、翌年学位（M.D.）を取得。さらに英国に渡り、ロンドン、エディンバラなど世界の医学のメッカで最新の医療研修に従事した後、再び家族とともに上海に帰任。蘇州に懸案のW・H・パーク（後の義弟）と協力し開設した診療所と病院が発展の緒についたが、一家は一八八四年北京に移り、当地のMEC関係病院（現在の首都病院）の開設、また中国最初のYMCA立ち上げに尽力した。しかし、一八八五年十一月二十四日、ランバス父子は連署で中国宣教部アレン総理ならびに本国伝道局のマクタイアー監督宛、中国ミッションからの辞任願を提出。その背後にはデイジー夫人、長男デイヴィドの健康上の理由に加えてミッションボードのポリシーをめぐる問題も介在したと思われるが（Pinson, p.70）、この予期せぬランバス父子の転機の中に日本と関西学院に対する神の不思議な摂理が働いていたのである。

ランバスの言葉

神が求め、み国のために用いられるのは、凡夫である場合がもっとも多い。知恵のある者、力のある者ではなく、謙虚でみすぼらしい「土の器」が、破れたままで、神から出る新しい霊に満たされ、尊い器に変えられるのである。

第5話　神戸に関西学院と姉妹校の創立——祈りの力

ランバスによる関西学院の創立は、個人の企てではなく、ジョン・ウェスレー（John Wesley, 1703-1791）の流れをくむ米国南メソジスト監督教会（ＭＥＣＳ）の代表として、その教育的ミッションを果たすためであった。一八八五年五月六日、同教会外国伝道局はジャパン・ミッションの開設を決議したが、南北戦争の痛手などによって当初（一八五八年）着手した計画が中断し、他教派に四半世紀遅れて日本伝道を開始した南メソジスト監督教会が、強力なリーダーシップを求めて選任したのが三十二才の若きエース、ウォルター・R・ランバスであった。

一八八六（明治十九）年九月十七日、ランバスは南美以神戸中央（現栄光）教会開設とともに初代牧師に就任、またA・W・ウィルソン監督によりＭＥＣＳ総理（Superintendent）に任命された。中国年会出席のため一旦上海に戻り、十一月二十四日、家族を伴い北京から神戸に着任、波止場に近い外国人居留地四十七番地、現在の大丸神戸店の東辺りに居を定めた。着任の二日後には、すでに父ジェームス・ランバスが自宅を開放して始めていた英語夜間学校に「読書室」を設け、早くも伝道と教育活動に取りかかった。翌年、パルモア牧師の支援を得て、これをパルモア学院と命名し拡充を図ったが（この女子部が後の啓明女学院のルーツ）、ＭＥＣＳが神戸に拠点を据える理由については本国伝道局に提出した報告書の中で明快に述べている。〔『関西学院百年史』通史編Ｉ四七―四八頁参照〕

さらにランバスは西日本におけるミッションの長期展望のもとに、牧師・伝道者の養成とキリスト教主義に基づく青少年教育を目指す男子の総合学園を設立するため、一気に準備を進め、一八八八年八月末から開催されたウィルソン監督主宰のミッション会議第二回日本宣教部会で正式に提議。と同時に、ランバスは「時は今なり」と、神戸の東方原田村、現在の王子動物園の一角に、坪一円で一万坪の校地購入を計画。翌八九年七月、ようやく本国のミッション・ボードから決議書が届いた時には、すでに土地の購入を終え、校舎・付属施設さえも完成していた。同年九月二十八日、兵庫県知事の設立認可を得て、関西学院が誕生。授業開始の十月十一日、小さな学灯を囲んだのは、ランバスと五人の教員、十九人の学生・生徒であった。

創設準備の際、必要な財源の裏付けは無かった。米一・八リットルが九銭五厘の当時、一万坪一万円は巨費である。ランバスは、天父が「すべて必要なものを与えて下さる」（マタイ六・三三）ことを信じて疑わず、熱い祈りを捧げつつ購入交渉を開始し、意を決して資金調達のために奔走した。まず香港上海銀行神戸支店から無担保で二千円の貸付を受け、残り八千円は、米国リッチモンドの銀行家トーマス・ブランチ氏から献金が届いた。無一物で着手したことは冒険であった。しかし、よく考えてみると無一物ではなかった。物よりも尊い信仰と祈りの力があった。そしてこの間、ウォルターの母メアリー・Ｉ・ランバスは一八八八年、現聖和大学前身の一つ神戸婦人伝道学校（Kobe Bible Woman's Institute 後にランバス女学院と改称）を開設している。従って、現在のパルモア学院、啓明学院、聖和大学の三校はランバスファミリーによって神戸に創立された正真正銘の関西学院姉妹校である。

ランバスの言葉

ミッション活動のために金銭は必要である。しかし、さらに無限に大きな必要は、祈りの力である。祈りは人間の生涯が到達しうる最高の峰である。人は高き峰を上りつめ、そこで輝く陽光だけでなく、新しい幻を見、深い霊の息吹にふれる。

第6話　大分リバイバル——神学部の源流

ここでW・R・ランバスの「第二の回心」に係る大分リバイバルについて触れておかなくてはならない。関西学院が誕生した一八八九（明治二十二）年の十二月二十八日、ランバスは後の第二代院長吉岡美國、学院幹事中村平三郎とともに、ミズーリ年会から派遣され大分で開拓伝道に従事していたウェンライト（Samuel Hayman Wainright, 一八六三―一九五〇）宣教師（後の学院普通学部長、東京教文館設立者）を訪れた。リバイバルはその直後、大晦日に起こった。伝道局の機関誌『ミッショナリー・リポーター』にランバス自身による手記が掲載されている。「十二月三十一日の夕刻、私たち四人は、二時間にわたって神様と相撲を取った（祈った）……私はこのことを畏れと謙遜をもって語るのである……夕食も喉を通らず、一つ心になって隣のチャペルに集まった。その時われわれの兄弟の一人——兄弟吉岡——が霊感に打たれたように説教した……聖霊が力強い勢いをもってわれわれに襲いかかり、会衆は煽られたように揺り動かされた。確信に次いで回心が起こり、贖われたものの叫び声が天に上がった」。同席したウェンライトもこう記している。「ランバスが祈っていた時、非常に不思議なことが起こった。彼の声が突然弱くなり、ついには消えるかと思われた。わずかにもれる言葉から、ランバスが神の臨在におののいていることが分かった……彼はキリストに呼ばわり、自分と神の間に立って下さいと嘆願した。この願いは確実に応えられた。ランバスは元気を回復し、キリストが近づいて来られるという鮮やかな幻を見たようであった……」（前掲『百年史』一二〇頁以下参照）。

ランバスも吉岡も、決して興奮しやすいファナテイック（熱狂的）な人物ではなかったが、中国での非常な労苦に加え、日本における新しいミッションの重責を担い苦闘しながらの真剣な祈りの中で体験したこの大分での霊的リバイバルをいつも喜んで証言したといわれる。人間の成熟度という観点からして、十五歳の若き日の「第一の回心」は、神を信じ隣人を愛するイエスの弟子としての献身への意志表明であり、三十五歳のランバスの「第二の回心」は、キリストへの究極の決断、救いの確証であったと言えよう。

関西学院創立の年、ランバスがキリストに結ばれる「新生」を体験し、それが後年キリストの「使徒」としてさらに大きな使命に生きる隠れた「力の賜物」となったことは疑われない。この大分での霊的体験の共同の中から、釘宮辰生（一八七二―一九四七）、柳原浪夫（一八六八―一九四三）、柳原直人（一八七二―一九四五）兄弟らが献身を決意し、そろって関西学院に学び、神学部の源流を形成した。

ランバスの言葉

キリスト教は教理ではなく、真理である。倫理綱要ではなく、福音である。宗教一般を超えて、キリストご自身である。

第7話「世界市民にしてキリストの使徒」

一八九〇（明治二十三）年十二月、ランバスはデイジー夫人の健康上の理由と休養のため離日。一時帰国の予定が、本国伝道局にとどまり、Review of Missions 編集長、伝道局総主事などを歴任。その間、一九〇七年には日本におけるアメリカ、カナダのメソジスト三派合同が成り、ランバスはそのためにも尽力し、日本メソジスト教会が形成されたが、一九一〇年、五十六才で海外ミッション担当の「監督」（Bishop）に推挙された。これはメソジスト教会最高の職位であるが、ランバスはミッショナリー・ビショップとして倦むことなく世界伝道に挺身。一九二一（大正十）年、シベリアから中国、韓国を経て、八月末懐かしい日本を再訪。軽井沢で宣教師会議を主宰した第三日、俄かに発病、前立腺肥大治療のため横浜ジェネラル・ホスピタル（現山手病院）に入院、九月十二日手術を受け、一時経過は良好であったが、その後心臓病を併発、九月二十六日午前五時三十五分、Ｊ・Ｃ・Ｃ・ニュートン（第三代院長）らに見守られ、ついに天に召された。

ニューヨーク・タイムズがランバスの訃報を伝えた朝、南部の諸教会はその死を悼み、一斉に弔いの鐘を打ち鳴らした。パール・リバーの記念碑には次の文字が刻まれている。「世界市民にしてキリストの使徒。日本滞在中、彼は休むことなく働き、伝道地を駆けめぐった」。ランバスにとって地図はいつも「世界地図」を意味し、世界は「神の家」、人間はみな「兄弟姉妹」であった。キリストの「使徒」とは、キリストによって「派遣されたもの」を指し、「ミッショナリー」の語源に当たる。ランバスと母メアリーは上海の外人墓地に葬られたが、二人の墓は革命後の移転の際、無縁墓として喪失、父ジェームスは神戸再度山麓に眠り、デイジー夫人と愛児らの墓はナッシュヴィル近郊にある。このように一家離散のままそれぞれ遣わされた持ち場で清冽な愛と奉仕の生涯を全うし、天に召され、もはや地上には墓もないランバス一家のミッショナリー・スピリットというものが語りかけるものは何か。「一粒の麦が地に落ちて死ななければ、ただ一粒のままである。しかし、もし死んだなら、豊かに実を結ぶようになる」（ヨハネ一二・二四）。

関西学院創立者の最後の言葉が残されている。"I shall be constantly watching"（「私はいつも見守っていよう」）。ランバス六十六年の地上の生涯は、死をもって終わらない。その目は今も私たちを見守っている。

ランバスの言葉

真の意味における英雄的な美しい生涯は、年数ではなく、生き方によって許られる。その人が何をなしたかではなく、何をなそうとしていたか、そして他のいかなる能力にもまして、純一な愛の労苦が求められる。

（『一粒の麦』、関西学院大学、一九九三年四月、一一一〇頁を一部修正、加筆）

ランバス再発見 ――グローバル・ミッションの継承

山本　本日はお集り下さりありがとうございます。学院史編纂室長の山本栄一です。学院史編纂室は時計台の一階にございまして、学院の中核的な建物の中でいろいろな活動をしております。今年は「創立者ウォルター・R・ランバス生誕一五〇周年」の年に当たり、学院挙げて各種記念行事の企画があり、学院史編纂室もこれに協賛をいたしまして、例年開催している「関西学院歴史サロン」を、本日「ホームカミングフェアーin関学会館」の同窓フェスティバル企画の一つである「関西学院講座」として実現いたしました。

本日の講師、山内一郎関西学院理事長の紹介を簡単に申し上げますと、今年の三月に神学部教授を定年退職されましたが、引き続き理事長として、関西学院の経営と教学の統合的な働きをしております理事会の責任者として働かれています。また、これまでランバス先生に関する歴史と思想を研究してこられ、その資料収集にも尽力された方です。ランバス先生の精神を想起する記念講演の講師に最適であるということで、十分な時間はございませんが、限られた範囲で皆さんにランバス先生について話していただきたいと思います。それでは、山内一郎先生をご紹介いたします。（拍手）

想起と展望

山内　ご紹介いただきました山内です。山本栄一教授は、いま学院の常任理事も務めていただいており、平素は辛口で、「理事長もっとリーダーシップを発揮せよ」と叱咤激励してもらっていますが、今日はどういう風の吹き回しか、たいへん甘口の紹介をしていただきました。いまお話のように、今年は、私たちの母校関西学院の創立者ウォルター・R・ランバス監督（Bishop Walter Russell　Lambuth）の生誕一五〇周年、また母上メアリー・イザベラ・ランバス（Mary Isabella Lambuth）夫人の没後一〇〇年に当たり、大変メモリアルな年であります。いつも申していますように、私たちは聖書の人間観に立ちますから、人間個人を美化したり、偶像視、況や神格化することは厳に戒めなくてはなりません。しかし、アメリカ人であるメソジスト派宣教師ランバスまたそのファミリーが、なぜ日本人のために関西学院という学校を創立したのか。その志を私たちが想起することは母校の将来を展望し、新しいビジョンを共有するために大事だと思うのです。

関西学院の創立者ランバスは、慶応の福沢諭吉、早稲田の大隈重信、あるいは同志社の新島嚢など、教科書に出てくる明治の先覚者たちとは異なり、日本の社会では殆ど無名に近い人物です。鎖国開け以来、日本に渡来した、たとえばヘボン式ローマ字で知られるアメリカ長老派のヘボン（James Curtis Hepburn）、バラ（James Hamilton Ballagh）、あるいはオランダ改革派のフルベッキ（Guido Herman Fridolin Verbeck）、ブラウン（Samuel Robbins Brown）、聖公会のウイリアムズ（Channig Moore Williams）司教、これら他教派の宣教師たちと比べても、ランバスの場合は、関西学院を創立した一年余り後に離日、結局日本滞在が四年余りの短期間であったこともあって、一次資料が殆どアメリカにあり、その全体像が長い間知られないままでした。

私自身がランバス先生に関心を持ちましたのは、いまから四十数年前に遡ります。大学院神学研究科修士課程一年の時に、当時の経済学部宗教主事山崎治夫先生が、W・W・ピンソンが著した『ランバス伝』の原書（Walter Russell Lambuth - PROPHET AND PIONEER, 1924）を取り出して、「これを是非紹介したいので、山内君、夏休み返上になるけれども日本語の下訳と要約を作ってくれないか」という依頼を受け、当時私の住まいは大阪十三の牧師館でしたが、約三週間成全寮に泊まり込み、ねじ鉢巻きで大学ノート三冊に拙訳を用意しました。その内容をリライト・改編し、山崎先生が『地の果てまで――ランバスの生涯』（一九六〇年）を啓文社から出版されましたが、これに先立ち、関西学院に関係のある部分を中心に、全体を抜粋する形で第六代院長今田恵先生が執筆を担当され、創立七十周年記念出版として『関西学院創立者ランバス伝』（一九五九年）が刊行されました。これら数少ない文献を基に、創立九十周年（一九七九）には久山康院長の提案でランバスの生涯を描いた記念映画 From Pearl River to the Ends of the Earth が制作され、加えて、一九八〇年代後半からキリスト教主義教育研究室長小林信雄先生の肝いりでランバス関係資料の収集や翻訳作業も精力的に進められ、シリーズ「ランバス資料」I―Vが出版されました。そして今般、半田一吉先生のご苦労によるピンソン著の伝記『ウォルター・ラッセル・ランバス』の全訳がようやく完成し、間もなく一週間以内に関学出版会から発刊となります。また、中・高生にも読みやすい『ランバス物語』（三田征彦編、興正社、二〇〇四年）も過日出版され、ランバスの足跡が学院内外に広く知られることは本当に喜ばしいかぎりです。

上海、蘇州巡礼行

本日、皆さんのお手元に『関学ジャーナル』（ランバス生誕一五〇周年記念特別号、二〇〇四年十月二十日）をお届けしていると思います。見開きページ中央に略年譜（別掲）が載っています。W・R・ランバスは、一八五四（安政元）年十一月十日、上海で誕生。一九二一（大正十）年九月二十六日、横浜のジェネラル・ホスピタル、後の山手病院で天に召されました。軽井沢での会議出席中に倒れ、横浜で亡くなられたのですから、日本の地にお墓が造られるはずでしたが、デイジー（Daisy Kelley）夫人の希望もあり、ウォルターの遺骨は、母親メアリーが眠る上海に運ばれ、誕生した同じ地に埋葬されました。

この春四月十六日から三日間、私は同窓会の大段副会長、田中専務、校友課の岡田さんの一行四人で、はじめて上海を訪れ、彼地の同窓会記念総会に出席し、翌日曜の朝、ランバス先生の中国での追悼礼拝が執り行われたムーア・メモリアル・チャーチ（沐恩堂――一九二七年改築）を問安することができました。礼拝の前、長老牧師の史奇珪（Shi Qi Gui）先生にお会いし、「私たちは、ランバス監督が創立された日本の関西学院から来ました」と挨拶申しましたら、その途端「おお、ビショップ・ランバス！」と叫ばれ、たいへん温かく迎え入れて下さいました。あわせてランバス先生の母親メアリー・イザベラ夫人、そしてランバス先生が最初に葬られた外国人居留地八仙橋公墓（Sien Jas Cemetery）の跡を訪れ、さらに移設後二番目の墓地となった場所も、同窓大西幸子さん（一九八一年文学部卒、蘇州在住）の案内でやっと突き止めることができました。しかし、実はこの公墓も一九六七年に文化大革命が始まった翌年すべて撤去され、ランバス母子の墓はもはや地上にはありません。私たちは「われらの国籍は天に在り」（フィリピ三・二〇）という使徒パウロの証言にあらためて思いをいたしました。

訪中三日目、私たちは上海から列車で一時間近くかかりますが、蘇州に向かいました。ここは、ランバス先生が家族あげて医療伝道に従事された歴史的スポットで、最初にアヘン中毒患者などをケアする診療所を開かれたその跡を訪れました。現在の蘇州大学付属総合病院（East Affiliated Hospital Soochew University）、これはたいへん立派な建物ですが、その記念碑に、ランバスの中国名（藍華徳）が刻まれているのを確認することも出来ました。

ウォルター・R・ランバス略年譜

年代	年齢	
一八五四年	○	南メソジスト監督教会宣教師J・W・ランバスの長男として中国・上海にて誕生（十一月十日）。
六〇年	六	母の実家（ニューヨーク州ケンブリッジ）に預けられる。
六一年	七	南北戦争のため中国から両親帰国。父の故郷ミシシッピー州マディソンのパール・リバーで生活。
六四年	十	南北戦争末期の混乱の中、一年近くかけ一家そろって中国に戻る。
六九年	十五	目と咽喉の治療と勉学のため、中国・上海から単身アメリカに渡る。テネシー州レバノンの高校に入学。
七一年	十七	エモリー・アンド・ヘンリー・カレッジ（ヴァージニア州）入学。学内に学生YMCAを立ち上げる。
七五年	二十一	ヴァンダビルト大学（テネシー州ナッシュビル）に進学、神学と医学を修める。
七六年	二十二	南メソジスト監督教会テネシー年会に所属し執事（Deacon）に任ぜられる。
七七年	二十三	ヴァンダビルト大学を主席で卒業（B. D.; B. M.）長老（Elder）の按手礼を受ける。デイジー・ケリーと結婚し、秋にサンフランシスコから中国に出発。上海郊外に麻薬中毒療養所開設。
七九年	二十五	長男ディヴィッド誕生。
八一年	二十七	ベルビュー大学病院（ニューヨーク）で東洋の疾患を研究（翌年M. D.の学位取得）。
八二年	二十八	ロンドン、エディバラで最新の医療研究に従事した後、中国に戻り、蘇州に診療所開設。
八四年	三十	長男の病状悪化のため北京に移り、メソジスト病院開設に協力。

八五年	三十一	長女メアリー誕生。北京に中国初のＹＭＣＡ設立。
八六年	三十二	南メソジスト監督教会日本宣教開始。神戸中央（現栄光）教会初代牧師ならびに日本宣教部総理（Superintendent）に就任。父ウィリアムが始めていた夜間英語学校に「読書室」開設（翌年パルモア学院と命名）。
八九年	三十五	パルモア学院の昼間部（啓明学院の前身）を独立させ、関西学院を創立。九月二十八日兵庫県知事認可。初代院長に就任。この年の暮れ、大分リバイバル起こる。
九一年	三十七	妻デイジーの健康上の理由によりアメリカに一時の予定で帰国するが、外国伝道局主事に就任。
九二年	三十八	エモリー・アンド・ヘンリー大学より名誉神学博士（D. D.）の学位受領。父ウィリアム神戸で召天。
九四年	四十	海外伝道局総主事に選任。ブラジル伝道着手（以後六回伝道）。
九八年	四十四	キューバ伝道着手（以後十八回伝道）。
一九〇〇年	四十六	ランバス家の故郷ミシシッピー州パールリバー・チャーチにて、ランバス家記念碑除幕式挙行。
〇四年	五十	母メアリー、中国蘇州で召天。上海に眠る。
〇七年	五十三	南メソジスト監督教会全権代表として来日、三派合同総会出席、日本メソジスト教会成立に貢献。神戸、広島訪問。
一〇年	五十六	南メソジスト監督教会監督（Bishop）に就任。エディンバラで開催の世界宣教会議第二部門副議長を務める。この年カナダメソジスト教会、関西学院の経営に加わる。
一一年	五十七	十一月、ギルバート（ペイン大学最初の黒人教授）と共にベルギーから第一回アフリカ伝道に向う。
一三年	五十九	第二回アフリカ伝道出発（翌年コンゴにメソジストミッションの拠点を開設）。
一四年	六十	アフリカから帰国し、母校ヴァンダビルト大学第十二回コールレクチャーを行う。テキサス・メキシコ伝道を組織（以後十六回伝道）。

一八年	六十四	戦争問題委員長就任、パリに委員会本部を設置。
一九年	六十五	東洋地区伝道の担当監督となり、各種会議のため来日。関西学院訪問、神戸中央教会主日礼拝で説教、歓迎会に出席。
二〇年	六十六	ウィルソン大統領の特命を受け、中国大陸を北上し飢饉災害地帯視察、救援活動に従事。シベリア伝道開始。宣教師会議のため来日。
二一年		シベリア、韓国を経て来日、軽井沢での宣教師会議主宰中に発病。横浜ジェネラル（現山手）で前立腺治療の手術後、心臓病を併発して召天（九月二十六日）。最後の言葉は“I shall be constantly watching”。遺骨は母が眠る中国の上海外国人墓地に埋葬。
二三年		五月二十四日、デイジー夫人、カリフォルニア・オークデールで召天。ナシュヴィル近郊に眠る。

（略年譜作成協力　学院史編纂室　池田裕子）

話が前後しますが、アメリカ人のランバスが、なぜ中国の上海で生まれたのか。それはご存知のように両親が南メソジスト監督教会ミシシッピー州年会から最初に中国に派遣された宣教師であったことによります。

今から一五〇年前、安政元年と言えば、アメリカ東インド艦隊の司令長官ペリーが、黒船を率いて突如浦賀に姿を現した翌年、日本が永い太平の眠りからようやく目覚めた頃であります。私たち一行は、関西空港からわずか二時間半の飛行で上海に着陸しましたが、当時アメリカから船で中国に渡るのは非常な危険を伴う旅であったことが想像されます。ニューヨークからまず大西洋を南下、赤道を越えケープタウンを回り、今度はインド洋を北上し、再び赤道を越え、さらにフィリピン諸島を抜けてようやく中国に辿り着く。その距離二万六千キロ、日数にして一三五日、実に四カ月半をかけての、航海というより漂流に近い辛く長い旅でした。ランバスの母メアリーが綴った船上日誌の一部が『学院史編纂室便り』第一八号（二〇〇三年十一月二十八日）に、編纂室スタッフ池田裕子さんの訳で紹介されています。とにかくこの若いカップルの勇壮な中国への旅立ち、これが三十五年後の関西学院誕生に繋がるヒストリー（His Story＝神の歴史）の始まりです。

両親が上海に到着した二カ月後に、ウォルターが産声を上げます。新生命は、いまなお草深いミシシッピー州パール・リバーのランバス・ホームで母の胎内に宿っていたのです。ランバスの生涯を物語るフィルムのタイトルが、"From Pearl River to the Ends of the Earth" となっている所以です。

ランバスファミリーが最初に活躍した一九世紀中葉、清朝末期の中国は、列強が利権争いにしのぎを削り、内乱やアヘン中毒の悪弊も加わって、人びとの生活は困窮を極めていました。病弱なデイジー夫人と幼子を抱えるファミリーが、冬の厳寒をしのぐ暖房設備などむろん無く、夏は暑さに加えて蚊や南京虫に悩まされ、ほとんど眠られぬ夜が続くような厳しい生活環境の中で一家がなめた艱難辛苦は想像を絶するものがあります。ただひたすら中国の人々のために出来ることは何でも喜んでしたいという仕える心、あらゆる労苦を惜しまず、現地の人々に見返りを求めない無償の愛を注いだランバスファミリーの生きざまを、上海、蘇州を訪れた私たちはまざまざと直視させられ、激しく心を打たれました。

グローバル・サーバント・リーダー

ランバスは、六十七年に近い生涯を世界万民に仕える、文字通りグローバル・サーバント・リーダーとして生き抜きました。日本の若者たちのために、神戸中央（現栄光）教会を起点として関西学院を創設したのもその生きた証しです。略年譜にありますように、中国、日本、朝鮮などアジア、ブラジル、キューバ、アフリカ、メキシコ、そしてフランス、チェコスロヴァキア、ポーランド、ベルギー等ヨーロッパ各地、さらにシベリアへと、今から一三〇年も前に、世界各地を駆けめぐり、愛と奉仕の生涯を貫いたランバス献身の秘密は一体何か。

コールレクチャー『キリストに従う道』（関西学院大学出版会、二〇〇四）の中でランバスはこう語っています。

「絶えず湧き出る霊感と献身の志は、他を征服し支配する能力ではなく、むしろ捨て身になる度量と結びついている。すなわち（天）上からの声、われわれの外からわれわれの内に働きかける大きな力に自分をあけ渡し（他力的）、喜んでこれに賭けてゆくその志（自力的）である。およそ人生においてあまたの偉業を成し遂げた先人たちは皆、けっして自ら人生の目標を設定したというよりは、却って大いなる目標を与えられ、それにとらえられた人びとである」（前掲書、一二二頁）。もとより、ランバスは宿命論者ではなかったと思います。しかし、やはりとらえられた人だと言えるのではないか。人間の一生は、どの部分をとっても、決して自分の勝手になるものではない。自分以外の大きな力が、何らかの形で作用していることを認めないわけにはいかないと思います。ランバスの場合も両親が宣教師であった、そのことが、幼少時からの人格形成に影響しないはずはありません。肉体のＤＮＡだけではなくて、精神の遺伝子があるのだと私は思います。しかも、「備えられた道」を、ランバスは主体的に「わが道」として選び取り、生涯をたんなる受け身の他力信仰、あるいは勇み立つ自力信仰、その何れでもない、いわば「自他力」信仰に基づく隣人愛に賭けて歩みつづけた「伝道者」の身証と言い得ましょう。

第二代吉岡美國院長の回想

ここで第二代吉岡美國院長が、関西学院の創立四十九周年記念日に、ランバス先生の人となりについて語られた村上謙介先生文責の数節を雑誌『新星』第五号（一九三七年十月）から引用いたします。さすがに吉岡先生は、四年間ランバス先生と一番近いところで共に働かれた間柄ですから、この回想には文献で読むのとは違った、じかに伝わってくる真実があります。「ランバス先生は、優れた宣教師の両親によって育てられ、良い性質をたっぷり受け取って居られたと見えて、真に良い人物で、頭脳は極めて明晰、物分りのよい、学問のある方でした。しかもその学問は一方に偏していない。とかく人間は一方に片寄ることが多いのですが、ランバス先生は文理いずれにも傾かない、どちらにも達した方でした……特に医者となられたほどの方でありますから、何でもやれる珍しい人であります。また学者は、ともすれば徳性の如何（ママ）はしい人もあるのですが、ランバス先生はいたって固い、道徳の優れた、宗教上の信仰については天の父上を信ずること固く、何物にも動かされない方でありました。（中略）先生はまた常識たっぷりで、真に気持ちのよい方でした。（中略）話すと人を飽かせません。次々といろんな話題が出てきます。また、人の心を察することが上手で、一度会えばまた会わずには居れぬ、英語でいうアトラクティブな方でした。

日本に来られてからは、尚日も浅かったのですが、日本人のことを察して、日本人の家に招かれれば、西洋人であるという考えをもたさぬ様に、畳の上にきちんと行儀よく座って挨拶もされました。（中略）ともかく、家に行くと、食事は真に質素なもの、平素キリスト教について話しておられることと、ご自分の生活がまったく一致している、真に言行一致の方でした。この言行一致ということはなかなかむずかしいことで、偉い人のなかにもなかなか言行の一致ができない人もあるものですが、ランバス先生はこの点においても大いに感激させられるものがありました」。

ランバス精神の原点

『ランバス伝』の序文で著者ピンソンが、"He was a sturdy spirit in a shaken world." この本の主人公は「激しく揺れ動く世界の直中で、強靭な不屈の精神によって生きた人であった」と述べています。ここでいう spirit とは、宗教的には信仰以外のものではありません。ランバス先生の信仰、ことに大分リバイバルの「福音的回心」について今お話しすることはなし得ませんが（ピンソン、前掲書、一一〇頁以下、本書二一一二二頁参照）、ここでは若き日の宗教的覚醒について一言触れておきたいと思います。この『関学ジャーナル』のインタビュー記事に、〈弱い自分〉出発点に〉という見出しがついていますが、「ランバス先生は精神的には非常に強靭なものがありましたが、肉体的には頑健な方ではなかった」と吉岡先生も語られています。

ランバスは十五歳の時、目と咽喉の治療のために、単身アメリカに帰国します。いまは飛行機ですとニューヨークまでノンストップで十一時間位ですが、当時、中国から太平洋を渡る船旅はやはり長く辛かったと思います。ランバス少年は、船にも弱くてひどい船酔い見舞われ、止むなく一旦横浜で下船、一カ月余り病院で静養します。その折りに経験した美しい日本の自然との出会いが、後年、日本に渡来する一つの動機にもなったと思われます。さらに横浜からサンフランシスコへ向かうグレート・リパブリック号の小さな船室の中、たったひとりで、言いようのない寂しさ、惨めさ、人間の弱さ、不安、そして孤独感に苛まれ、ランバス少年は思わず自分で手を合わせ本気で祈った。すると「心の中に霧のように垂れ込めていたモヤモヤが、スウーッと薄紙をはがすように晴れていくのを感じた……生涯を神に任せる決心に到達した瞬間」（三田、前掲書、三七頁）、小さな弱い自分を強くし勇気づける大きな力が働いていることを信じることによって、遠い神が近い神になり、両親の信仰が自分の信仰になった、ランバス第一の「回心」です。

『関学ジャーナル』にはランバスがテネシー州レバノンの高校時代、父上に宛てた手紙（一八七〇年一月十七日付）の写真が出ています。少し読みにくいのですが、「My very dear father...」という書き出しで学校生活の報告をしています。この手紙のオリジナルを、私は十年ほど前、一九九三年の夏だったと思いますが、当時フロリダにお住まいであったランバス先生の令妹ノラ（Nora Kate）さんのお孫さん、オリヴィア・ランハム（Olivia Sherertz Lanham）夫人から見せてもらい、そのコピーを頂いたのです。初めその手紙を見た時、何かいたずら書きでもしてあるのかと思ったのですが、ランハム夫人が説明して下さいました。「これはウォルターの節約ぶりを示すひとつの証しです。裏表ぎっしり書いて、こんどは紙をぐるーっと九十度回して重ねて書く。そうすると、一枚の紙で四枚分使えるという工夫なのです」。ここにもランバス生来の人となりが偲ばれます。

レバノンのハイスクールを終えたランバスは、一八七一年ヴァージニア州アビンドンにあるエモリー・アンド・ヘンリー・カレッジに進学（B.A.）、さらに一八七五年から米国南部の名門ヴァンダビルト大学で神学と医学をダブル専攻し、トップで修了します（B.D., B.M.）。しかしその動機づけは、この世の名利栄達ではなく、愛と奉仕に生きる一筋の道、関西学院のスクール・モットー“Mastery for Service”の精神とも深く響き合う真に美しい生き方の選択です。若き日の決意や覚悟は誰にでもできるでしょう。しかしそれを生涯を通して実践することは決して容易なことではありません。

真のグローバリズムとは

ランバスの主著と目される「コールレクチャー」のオリジナル・タイトルは Winning the World for Christ - A Study in Dynamics、前半を直訳すれば「世界制覇」ともなりますが、その真意は for Christ という限定によって正しく表明されています。実はあまり知られていないのですが、札幌農学校でバイブルを教えたクラーク（William Smith Clark）博士の有名な馬上からの呼びかけ、"Boys, be ambitious" にもやはり "in Christ"（キリストに結ばれて）の一句が付せられていました。ランバスの場合も、メッセージの核心は、経済的、況や軍事的世界覇権の反対の極、すなわち十字架への道を歩んだイエス・キリストが身を以て証した普遍的な隣人愛（同窓由木康作詞による讃美歌21―二八〇番参照）に勇気づけられ、押し出されて、いかにして宗教や文明の対立・衝突を乗り越え、世界万民が手を携えて和解・共生への道を切り拓くことができるかという、これはランバス自身の「キリストに従う」生涯を賭けた問いかけなのです。グローバル（全球）時代に突入した今、創立者のこの壮大なビジョンと清冽なチャレンジに果敢に応えて行くことこそ、世界平和の実現を希求する関西学院教育の究極目標であるに相違ありません。

ここで私が五月末、高等部の全校チャペルアワーで「ランバス精神とは」と題し話した内容に関して三年生J君が寄せたリスポンスを紹介します。「グローバリズムとは何だろう。ランバス先生によれば、真のグローバリズムとは、世界を征服するという考えと全く逆の考え方である。僕はこの言葉を聞いて、平和のために本当に大切なことを忘れていたことに気付いた。いま、世界では憎しみから起こる戦争で、互いに殺し合っている。平和のための武力行使だといっているが、ランバス精神とは全然違う。征服することで平和は生まれない。ランバス先生が、何のために関西学院を建てたのか、それは、キリストの教えを体し、キリストに従って歩んでいく若者がひとりでも多く育つようにということだったと思う。僕も、これからは弱肉強食の考えを捨て、どうやって地球上の人類みんなが手を取り合えるかを考え、今からでも実行したい」（「高等部チャペル週報」一〇四四号）。

時間が限られていますのではしょることになりますが、実はこの秋、ニューヨーク多発テロ三周年を迎えた九月十一日、学院から畑院長、平松学長ともどもランバス・ファミリーの母教会が建つミシシッピー州パール・リバーの地を再訪し、当地のミルサップス大学、マディソン・メソジスト教会の関係者、そしてランバス家子孫の方々と、田淵宗教総主事司式による記念礼拝を守りました。白ペンキ塗りの木造チャペル（史跡）前庭には、ランバス父子の記念碑が建ち、そこにはよく知られる「World Citizen and Christian Apostle to many lands」というフレーズが刻まれています。そして一九三五（昭和十）年に、次の一文が加えられたことを知りました。「IN JAPAN He went forth to the mission fields, toiling without rest 6 years, planting the churches in Kobe, Hiroshima, Uwajima and Tadotsu.」。

先ほどこの会場に入る前に、神学部神田健次教授監修のパンフレット『ウォルター・R・ランバスのたどった足跡』を私も手にしました。すでに図書館でご覧になった方も多いと思いますが、展示会の内容を写真を用いて大変分かりやすく解説しています。略年譜と合わせて見ますと、大体ランバス先生のたどった足跡を頭に入れることが出来ると思います。

イエス・キリストという土台

この頃よく私も「端的に言ってランバス先生はどういう人物でしたか」と聞かれます。第一に、類い希な行動派だったと思います。今で言えば、国連事務総長並みの過密スケジュールです。あの時代に、豪州以外の四大陸を駆け巡ったのですから驚きです。しかし、第二に、その激しい活動家ランバスは、同時にもっとも敬虔な祈りの人でした。ピンソンも「関西学院の土台は祈り（信仰）によって据えられた」と記しています。それだけではなく、第三に、ランバスはバイブルの真理を、誰もが聞いてよくわかる言葉で意味深く伝達できるたいへん優れたメッセンジャーであったと思います。

　私たちがランバス生誕一五〇年を祝うのは、ただ創立者ランバスの足跡を後向きの姿勢で想起することにとどまるのではなくて、ランバス先生の生き方、考え方、あるいは心に描いたビジョンというものをもう一度私たちが今、ここで掴み直し、それをバネに力強く前進するために内的姿勢を整えることが要諦だと思います。

　本日ここに、革表紙に金文字でWalter Russell Lambuthと彫りこまれた聖書を持ってきました。これは先ほど話しましたランハム夫人が、宮田満雄元院長に託して関西学院に贈って下さったランバス愛用のバイブルですが、ところどころに印が付いているのです。有名な「自由と愛」を説くガラテや五章を繙《ひもと》くとChristというタイトル全部に下線が引いてあります。一九二一（大正十）年十月三日、関西学院神学部で執り行われた告別式で、ニュートン（John Caldwell Calhoun Newton）第三代院長は追悼の辞でこう述べています。「彼は非凡な能力を持った創立者であった。使徒パウロの精神を抱いて、ランバスは他人の据えた土台の上に建てることに満足するにはあまりに進歩的であった。が、ただ一つのことにおいて彼は保守的であった。ランバスは常に、すべてのものの変わらざる唯一の中心としてのイエス・キリストの上に目を留めていた」。

　関西学院が、イエス・キリストという揺るがない土台を与えられていることを感謝しなくてはなりません。ランバス生誕一五〇年、Rediscover Lambuth! いよいよ学院・同窓会打って一丸となり、創立者の抱いた壮大なビジョンと清冽なパッションを共有し、私たちオールＫＧに託されたグローバル・ミッションを希望と勇気をもって担いつづけて行きたいと希ってやみません。たいへん雑駁《ざっぱく》な話になりましたが、これで終らせていただきます。ご清聴ありがとう

ございました。（拍手）

（第十一回関西学院歴史サロン　創立者生誕一五〇周年記念講演、二〇〇四年十一月三日、於関西学院会館、『関西学院史紀要』第十一号、二〇〇五年三月、一四一―一五三頁）

Ⅱ 院長相譜

第二代院長　吉岡美國

初代W・R・ランバス院長の後を継いだ第二代吉岡美國院長（一八六二―一九四八）は京都府立一中の第一回卒業生。早くから洋学を志して欧学舎のC・ボールドウィンから英語を学び、同時に和漢の学を修め、母校で五年間助教諭を務めた後、神戸居留地にある兵庫ニュースで翻訳の仕事に携わる間に西洋文化の根底にあるキリスト教への関心を強め、一八八六年、中国から神戸に着任したばかりのJ・M・ランバス（W・R・ランバスの父）に出会い、導かれて受洗。一八八八年三月、アメリカ南メソジスト監督教会日本宣教部の定住伝道師として神戸中央（現栄光）教会の任に就き、同時に関西学院創立の企てに参画、原田の森校地取得に際しては長谷基一、坂湛とともに、土地所有権者に名を連ねました。一八八九年、学院が創立された同じ年の大晦日、ランバス、S・H・ウェンライト、中村平三郎らと共に大分リバイバルを体験した翌年、神学部教授に任ぜられ、米国ヴァンダビルト大学に二年間留学。帰国後、一八九二（明治二十五）年九月、第二代院長に選任され、以来学院史上最も長い二十四年に亘りその重責を担い、学院発展の基礎を固められました。

吉岡院長については、「厳父の威と慈母の愛を兼ね備えた教育家、謙虚清廉の君子であり、敬天愛人を身を以て行われたキリスト教徒」（竹友藻風）、「日本人の背骨を持ちながら英語は西洋人以上、キリスト教はその精髄を体得」（矢内正一）、「武士道とクリスチャニティーのもっとも高貴な徳を合わせ持つ人物」（C・J・L・ベーツ）など、様々に語り伝えられています。とりわけて、一八九九（明治三十二）年、文部省認定学校における一切の宗教教育を禁じる「訓令第十二号」が出され、窮地に立たされた吉岡院長が凛として「聖書と礼拝なくして学院なし。特典便宜何ものぞ。たとえ全生徒を失うもまたやむを得ざるなり」と言い放ち、断固として節を曲げず、チャペルアワーを継続されたことはよく知られています（『関学事典』三一八頁）。事実、学院はその後入学者が極端に減少、在校生も五年生（旧制中学）になると他校に転じ、ついに一九〇九年には卒業生ゼロという深刻な事態に陥りました。その後キリスト教主義学校関係者による文部省への粘り強い働きかけもあり、この悪名高き「訓令第十二号」は実質的に適用が緩和され、厳しい試練を潜り抜けた学院は再び入学者を確保できる事態の好転をみました。しかし、もしあの苛烈な時代、全国に他校の例があるように学院が信託された「キリスト教主義」教育を断念し、建学理念の転換を図っていたとしたら、現在の関西学院、その「輝く自由」と固有のミッションはどうなっていたでしょうか。

吉岡院長が「聖書と礼拝なくして学院なし」と喝破したのは、決して院長としての建前やお題目ではなく、実に真率な自己証言、さらに言えば、武士道にも通じる骨太なキリスト者吉岡先生の信仰告白です。

先年、元文部大臣永井道雄氏が『朝日ジャーナル』の特集「大学の庭」で学院を紹介し、吉岡院長にはワンマン的とは対照的な敬虔なキリスト者としての独特のリーダーシップがあった。「自ら率いるにあたって、かえって一歩退き、人の善意と成長を期待する……それが関西学院の校風をつくるのに与って力があった」と書かれています。矢内正一名誉中学部長は、吉岡先生が晩年「茶人の様な帽子をかぶられて甲東園を散歩されている姿が、実に日本人らしい枯淡な感じで、人間は最後はああいう風な姿で死ぬものかという一つのモデルを見る思いがした」と述懐されましたが、吉岡先生は死の前日、翌日には天に召されることの予感を告げ、静かに死を待たれたと言われます。今、西宮上ケ原キャンパス正門右手にランバス記念チャペルと並び建つ「吉岡記念館」は、私たちに「関西学院の教育的使命は何か」をいつも問いかけ、「建学の精神」を高揚する見える柱、生きたシンボルゾーンです。

（二〇〇六年三月十日、吉岡記念館竣工式式辞より）

第三代院長　J・C・C・ニュートン

第三代院長J・C・C・ニュートン先生（John Caldwell Calhoun Newton，一八四八―一九三二）は、米国南カロライナ州の出身で、ケンタッキー陸軍兵学校を卒業し、南北戦争時には南軍士官であったが、戦後、志を抱き献身し、一八七四年按手礼を受け、十年間伝道・牧会に従事しました。さらにジョーンズ・ホプキンス大学研究科に学び、一八八八年五月、メリーランド州バルティモア教会の牧師在任中、W・R・ランバス夫妻のアジア伝道への熱い呼びかけにインスパイアーされ、宣教師として来日しました。その前年、ニュートンは『新南部と南メソジスト教会の使命』と題する小冊子を出版し、海外ミッションの働きを通しての贖罪の願いと南部復興の理念を開陳しています。

来日当初は東京英和学校（現青山学院）内に設置されたフィランダー・スミス・メソジスト一致神学校で教えていましたが、翌年、関西学院創立と同時に五人の委託生とともに神学部“Dean”（教頭、後に初代学部長）として着任し、初代図書館長にも就任しました。一八九八年に健康を損ね、一時帰国し療養の後、一九〇四年に学院の要請に応えて再来日。三十五年におよぶ在任中のほとんどを神学部で教鞭をとり「神学部の父」と呼ばれます。学究肌の人物でしたが、常に心がけたのは「理論的教育を授くると同時に実際的教育を与ふる」ことと言われ、『年会記録』にも「たとえ在校生の数が倍増されても、教育的あるいは神学的訓練もそれだけでは不十分である。私は神学生の個性や人柄が寛容であり、我らの主ご自身が弟子たちに求められた資質、すなわち聖霊の賜物を得ること、それこそが要諦であると確信する」と記しています。

一九一六年四月、ニュートンは、吉岡美國院長の後を継いで第三代院長に就任。拡張期の学院のために一身を捧げました。当時の印象を矢内正一名誉中学部長は次のように述懐しています。「私が関西学院に入った年の院長がニュートン先生だったわけです。先生はもう晩年で、退任される直前でした。南軍の将校で後に宣教師となって日本に来られた人ですから、吉岡先生が明治の日本人の真髄のようなところを持っていらしたのと同様に、アメリカ南部の野性的なものが残っている逞しい人が、神にとらえられて日本にやって来たというような印象が、僕には非常に強かった。ああいう人にはそれまで出会ったことがなかった。（中略）日本人に対してアメリカ人が持っているいちばんいいものを残さねばならないという暖かい気持ちが溢れていて、実に人間として大きいという感じがしました。私が関西学院に深く惹かれたそもそものはじまりです」（『大学とは何か』二三九頁）。ニュートンの「神のような生活と精神を傾けた教育」、謙虚で敬虔な人格的感化は神学部だけにとどまらず、多くの学院教職員、学生から深く慕われました。「先生の教室は単に学問の場であったばかりでなく、祈りの場となった」（田中義弘元中学部長）、「われわれは先生において愛の人を見出して、外国人――米国人――を見なかった」（松本益吉元副院長）、「アトランタに隠退後の先生は、毎日西の窓を開いて日本のため、学院、学生のため、卒業生のために祈っている」そして「私は天に召される時、関西学院を通って旅立ちたい（"I want to go to heaven through Kwansei Gakuin."）と語られた」（木村逢伍元理事長）など数々の述懐、エピソードが知られています。

一九二三年、帰国後もスカーレット・カレッジや南メソジスト大学で教え、著述、説教、講演を精力的に続けましたが、一九三一年十一月十日、アトランタで召天。三千六百点にのぼる記録文庫『ニュートン・コレクション』がデューク大学資料館に残され、学院史資料室でもその目録をすべて検索することができます。二〇〇〇年度から大学図書館が設けた公募の J.C.C.Newton 賞は、初代図書館長を務めたニュートン院長の名に因んで命名されたものです。

（『関西学院フロンティア21』VOL. 3　一九九八年九月）

第四代院長　C・J・L・ベーツ

一九二〇（大正九）年、ニュートン院長の退任後、第四代院長に選任されたベーツ先生（Cornelius John Lighthall Bates, 一八七七―一九六三）は、カナダ・オンタリオ州の出身。マギール（B.A.）、クイーンズ（M.A.）両大学を経て、モントリオールのウエスレアン神学校に進まれましたが、在学中の一九〇二年、トロントのマッセイホールで開催された学生ボランティア大会に出席した際、当時義和団事件のため二百五十名の宣教師が犠牲となった中国からこの大会に宛てた電報をキリスト教学生運動の指導者ジョン・R・モットが読み上げました。その内容は“North China calls, Fill up the gaps.”（北中国は呼んでいる。この間隙を埋めよ）という感動的なアピールで、席上直ちに三百名もの学生が献身の決意を表明し、ベーツ先生もその一人でした。同年、都合により中国ではなく日本に宣教師として派遣され、東京、甲府で伝道に従事した後、カナダ・メソジスト教会が関西学院の経営に参加した一九一〇（明治四十三）年、ミッションの代表として来学されたのです。

学院に赴任されたベーツ先生は、新設の高等学部長、院長、理事長、初代学長などの要職を歴任、その間とくに本郷中央会堂で親交のあった東大新人会のキリスト者河上丈太郎、佐藤清、新明正道、松沢兼人らを招聘し、学院アカデミズムの高揚に努力を傾注するとともに、真の自由と実力を備えた人間形成の指標として“Mastery for Service”を掲げ、この一句が今日まで関西学院のスクール・モットーとして生きつづけています。先生は「私どもは弱きを求めません。強からんことを希います。主たらんことを希います……しかし私どもが主たらんと欲する趣意は、己一個の富を求めてではなく、以って世に仕えるためであります」（『商光』創刊号所収、一九一五年二月）と提唱されました。

上ケ原移転や（旧制）大学昇格の大事業もベーツ院長の指導のもとに推進されました。太平洋戦争勃発直前の一九四〇（昭和十五）年十二月、やむなく辞任。帰国するその日まで学院発展のために尽瘁《じんすい》されたベーツ先生は、別れに際し、後事を託す数人の教え子、教職員を部屋に招き、祈りを共にし、学院のすべての友人たちに次のメッセージを残されました。"Keep this holy fire burning."「この聖なる火を絶やさないように」。

深い人間的魅力と広い文化的素養を兼ね備えたベーツ先生は、教職員、学生、生徒、同窓に限りない尊敬の念と思慕とを与えた名院長でありました。そのことを彷彿させる追憶の言葉は数知れません。「私が初めて学院のお世話になりました時、ベーツ先生にお会いしてまったく驚き、世の中にはかくの如き堂々たる風格があるのかと思って、その日からすっかりベーツ先生が、私の偶像となってしまった」（阪本勝元兵庫県知事）、「宣教師としての性格のはっきりした方で、西欧的な円熟したパーソナリティーが魅力で、私どもはベーツ先生に会うと安心を得るという感じでした」（加藤秀次郎第八代院長）、「博士によって、関西学院は信仰と学問の調和という方向づけを与えられた」（小林信雄神学部名誉教授）。

一九五九年十一月、創立七十周年記念式典に参列のため二十年ぶりに来学されたベーツ先生は、中央講堂を埋め尽くした教職員、学生たちに対し、関西学院は"School with mission"すなわち「使命をもつ教育共同体」として自信をもって前進してほしいという主旨の熱誠あふれる講演をされ、大学より名誉博士第一号が贈られました。当時私は神学部の大学院生で、はじめてベーツ先生の謦咳《けいがい》に接し、忘れ得ぬ深い感動を覚えました。先生は晩年までトロントで牧師として教会に仕え、一九六三（昭和三十八）年十二月二十三日、ついに天に召されました。学院にとって今日の発展の礎石を据えられた真に卓越せる指導者でありました。

（『関西学院フロンティア21』VOL．4　一九九九年二月）

河鰭節氏と小林一三社長

第四代ベーツ院長は、一九二四（大正十三）年四月二十四日開催の理事会の席上、学院にとって大学昇格問題は、教職員・学生の悲願であり、将来に向けての創造的発展のために避けることのできない大事業であると所信を述べ、理事会は直ちにアメリカ、カナダのミッション・ボードにも承認を求めました。しかし、両教会は大学設立の主旨には同意したものの、時恰も経済大不況のあおりで資金援助のメドがたたず、計画を延期するよう勧告してきました。

主要私学が新大学令（一九一八年公布）によって次々と大学に昇格するなか、学院には資金調達の方策が全くなく、事態は殆ど絶望的に見えました。この時、難局を乗り切る思いがけない方途が拓かれます。それは高等商学部菊池七郎教授が、偶々隣家に住むアメリカ帰りの少壮実業家河鰭《かわばた》節《みさお》氏に学院の窮状を漏らしたことに端を発します。この河鰭氏が学院大事業の相手として狙いを定めたのが当時斬新なアイディア、大胆な経営手腕で知られた小林一三氏でした。菊池教授の回想から一部を再録します。

「先立つものは、言うまでもなくお金です。それを得るのが容易ではないですからね」と僕が言うが早いか、即座に彼（河鰭氏）曰く、「そんな簡単な問題はありません。現在の敷地を高く売って、安価な郊外の地に移転するのみです」と。そこで僕は彼に向かって「あの広大な敷地を一まとめに、高価に買い取って呉れる人があると思うか」。彼は即座に「あります。阪急社長小林一三です。阪神間に彼を措いて他にありません」「もし彼が肯んじなかったら？」「肯んじなくても、必ず引き受けさせてお目にかけます」「然からば総合大学設立に相応しい候補敷地は？」「宝塚沿線に適地があります」と、まるで既定事実を報告するがごとき彼の答えに、僕は全く驚かされてしまった。（『菊に偲ぶ――故河鰭節氏追憶』、一九五五、三二一―三二五頁参照）

温厚なクリスチャンである菊池教授が見込んだこの人物に神崎驥一高商部長も心を動かされ、学内外賛否両論渦巻く中で、ついに一九二六（大正十五）年秋、学院百年の計を決める小林・神崎会見が実現。ベーツ院長の意を帯した神崎部長は、大学に昇格するために移転したいと真率に話し、小林一三も端的に条件を示してほしいと応える。「十万坪の土地と建物施設、それに供託金六十万円です」。小林氏は小柄な体を沈め、鋭い視線をしばらく宙に止め、やがておもむろにペンを走らせ、「三百二十万円」と書いたメモを示す。「これでどうでしょう」「それで結構です」。わずか五分ばかり、小林一三の即断によって関西学院の歴史は大きく一転し、翌一九二七（昭和二）年五月二六―二七日開催の臨時理事会で上ケ原移転が正式に決定されたのです。

第七代今田恵院長は「河鰭さんは彗星のごとく関西学院の前に現れた。そしてその光芒は何時までも消えぬ特異な輝きを残している」と述懐されていますが（前掲書、四三頁）、小林一三社長の肝いりについては『四〇年史』が特記しています。「小林一三氏は、教育機関設立の事業なるの故を以て、終始多大の同情と好意を寄せ、学院のため、現上ケ原の校地の仮買収を行い、その手付け金の立て替え払いすらなして、地価の暴騰を防ぎ、その他本計画実施のため、甚大なる協力を与えられし事は、学院の永く記憶し感謝すべき事なりとす」（一八六頁）。学院は謝意を表すため、カナダの著名な肖像画家J・W・L・フォスターに依頼して小林一三氏のポートレートを作製し、創立四十周年記念式典において贈呈しました。

元来学院と何らの関係のない河鰭節氏と小林一三社長が、熱心精励、欲得を離れ、あらゆる中傷誹謗に耐え、関西学院発展のために尽瘁されたことは、隠れた神の導きと言う他はありません。

（『関西学院フロンティア21』VOL．5　一九九九年六月）

第五代院長　神崎驥一

関西学院が創立五十周年を迎えた翌（一九四〇）年から、次第に時局が緊迫化する中で、ベーツ院長をはじめ学院在職の宣教師全員が帰国を余儀なくされることとなり、これはそれまで経営母胎としてのアメリカ・カナダ両教会に大きく依存してきた学院にとって人的、財的に一大危機でありました。この難局に立ち向かうべくベーツ院長からバトンを受け継いだのが第五代神崎驥一院長（一八八四―一九五九）であります。

神崎新院長は一八八四（明治十七）年、東京麹町に生まれ、父親の友人溝手文太郎牧師を通して吉岡美國第二代院長に紹介され、一九〇一年、関西学院普通学部を苦学して卒業（第九回）、同高等科でしばらく学んだ後、カリフォルニア大学ならびに同大学院に留学し政治学を専攻。一九一一年からカリフォルニア州で農園経営に携わり、その間、排日運動のさなかに推されて在米日本人会の書記長を務め（一九一五―二一年）、一六年に恩師吉岡第二代院長の娘婿となり、日本人移民の保護と地位向上のために献身的に活躍されました。

一九二一（大正十）年に帰国し、請われて母校の高等商業学部長に就任。同学部の充実・発展のために尽力するとともに、よくベーツ院長を補佐し、学院の上ケ原移転、大学開設という大事業を手掛けて重要な役割を担われたことは本誌前号で紹介した通りです。その後、商経学部長、専門学校長を歴任。太平洋戦争が始まる前年、一九四〇（昭和十五）年九月、院長兼理事長就任に際しての神崎先生決意の程は次の一文によく示されています。

不肖私ニ於テハ洵ニ不徳短才甚ダ任ニ堪ヘザルモノデアリマスガ天父ノ優渥ナル御祐助ト先輩各位ノ御指導並ニ同僚諸氏ノ御協力ニヨリ誠意最善ヲ尽シ学校建学の使命ヲ全ウシ真ニ国家ト人類ノ為メ学院ガ意義アル貢献ヲ致サンコトヲ心ヨリ念願スルモノデアリマス（同年度院長報告）。

太平洋戦争勃発と戦局の拡大・長期化が進む中で、学生会の報国団への改組、やがて学徒動員・出陣の非常時を迎えます。神崎院長は、同窓永井柳太郎理事の協力を得て、鋭意文部省との折衝に当たり、大学の存続こそ認められましたが、商経学部の学生募集停止、その教育を法文学部に委託し、専門部文学部と高等商業学校の併合による専門学校政経科の設置、理工科を併置するとともに新たに国民生活科学研究所の設置など、当局による大幅な学部体制の改編・縮小が要求され、特にキリスト教主義教育を標榜する学院にとって、一九四三年四月以降のチャペルアワー一時中止、神学部の実質的閉鎖という事態は「学院の死」を意味するような苛烈な試練でありました。学院理事会は財政危機に伴うリストラの必要から、一九四四（昭和十九）年二月、全教職員の辞表提出を要請し、三十二名（全体の二十パーセント）の辞表を受理しました。神崎院長は、戦時下のやむを得ぬ措置とはいえ、「一生ヲ学院ニ投ジタ諸教授ヲ失ハネバナラナカッタ事ハマコトニ遺憾ニ堪ヘザルモノガアリマス」と述べています。

学院一一〇年の歴史で最も困難な太平洋戦争の激動期、そして戦後の新制中学部、高等部、大学各部の再生期を通して、十年に亘り舵取りの重責を担われた神崎院長の辛苦は筆舌に尽くし難いものであったと思われます。学院民主化への動きが始まる中、先生は満六十五歳定年を迎える直前に辞表を提出し理事会で受理されましたが、公選制の次期院長選出まで院長職にとどまり、一九五〇年に退任。在任中は基督教教育同盟会（現キリスト教学校教育同盟）、内外協力会各理事をはじめ文部省や私学連盟関係の多くの公職に就き、学院を去られた後も帝塚山学院院長、大阪市教育委員長などを務め、最晩年まで広くわが国教育界で活躍され、一九五九年には関西学院大学から名誉博士の学位を受けられました。

（『関西学院フロンティア21』VOL.6　一九九九年十一月）

第六代院長　今田恵

戦後の学院民主化への動きが成果をみた全学公選規定に則り、一九五〇（昭和二十五）年二月一日、院長選挙が行われ、今田恵文学部長（一八九四―一九七〇）が第六代院長に選出されました。

今田恵先生（今田寛現学長の父上）は、宇和島中学から関西学院神学部を経て、カナダ・メソジスト系教会の教職を兼ねながら、一九二二（大正十一）年、東京帝国大学文学部心理学科を卒業。直ちに学院専門部文学部に迎えられ、一九六五（昭和四十）年の定年まで一貫して文学部心理学科教授、また学院の経営・教学の重責を担い、多大の貢献を果たされました。

神学部の学生時代を回想して先生は次のように書かれています。「私はギリシャ語と心理学に興味をもって勉強した。ベーツ先生のテニソン、ウッズウォース先生の詩の勉強は、私に英詩を読む興味を植えつけ、それは心のよい養いとなった。そうした中にも宗教的疑惑や精神的煩悶に悩んだ。中心問題は簡単に言えば、科学と宗教との調和であった。独善的独断のうえに架空の論理を積み上げた宗教論はどうしても承服することはできない。確実な経験的事実の上に実証的に納得できるものを求める心の要求にせまられていた。」（『わが心の自叙伝』）

牧師の子として生まれ育ち、両親の熱い祈りに応えて宇和島中学から学院神学部に進んだ今田恵先生が、何故心理学に向かったか、その動機と志がこの文章からよく分かります。心理学者として、宗教と人格の関係を生涯の課題とし、『ウィリアム・ジェームズ心理学』『心理学史』『現代の心理学』（岩波書店）など数々の労作を世に問われましたが、キリスト者としての先生の信仰と思想を知る上では、一般向けに書かれた『豊かな生命』や『人間理解と心理学』（創元社）が大変有益です。

私は神学部に奉職して間もない一九六六（昭和四十一）年春、今田恵名誉教授の特別講義「宗教心理学」を半年間聴講する機会に恵まれました。穏やかに諄々と説かれる内容は実に新鮮で、魅了され、少数で聴くのは勿体ない気がしました。先生は、有名なパウロの「愛の賛歌」（新約Ｉコリント一三章）を引き、人間性のサイエンスとしての心理学にとってこれに勝るテキストはないと言われ、新版『宗教心理学』の出版計画を洩らされましたが、その後しばらくして健康を害され、ついに実現に至らなかったことは残念でなりません。

学院行政の面では、一九四〇（昭和十五）年、太平洋戦争のために帰国したアウターブリッヂ部長に代わり法文学部長に就任、戦時中教務部長として神崎院長を助け、一九四六（昭和二十一）年に法文学部から分離した文学部の部長、続いて公選による院長に就任、さらに理事長を一九六〇（昭和三十五）年まで務め、その後も理事として終生学院のために尽力されました。学外にあっては文部省大学設置審議会、大学基準協会、日本心理学会、キリスト教学校教育同盟の理事のほか、司法試験（心理学）考査委員、国際基督教大学客員教授、頌栄保育学院、同短期大学学長を歴任。また推挙されて国際ロータリークラブのガヴァナーとしても活躍されました。

先週のペンテコステ主日、私は大阪昭和教会で礼拝奉仕に携わりましたが、集会室の壁に掛けられた「第四代今田恵牧師」の写真を見てハットさせられました。先生は若き日にこの教会（元メソジスト阪南教会）で四年間、最晩年は日本キリスト教団関西学院教会で説教者として講壇に立ち、そのことを生涯の喜びとされました。

今田恵院長は在任中、特に学院の宗教教育の在り方について、単に旧套を守るだけでなく、根本的に検討し強化する必要があると考え、心を砕かれましたが、先生が追求しつづけられた信仰（神）と学問（真理）の正しい調和・統合の道は、関西学院で教え、学ぶ私たち一人ひとりに、今も深いところから問われている根本課題であります。

（『関西学院フロンティア21』ＶＯＬ．７　二〇〇〇年四月）

第七代院長　H・W・アウターブリッヂ

全学公選による第七代院長アウターブリッヂ先生（Howard Wilkinson Outerbridge, 一八八六―一九七六）は、カナダ・ノヴァスコシア・ヤーマスの出身。牧師の子として生まれ育ち、マウントアリソン大学（B.A.）、同大学院（B.D.）を修了し、一九一〇年ハリファックス年会で按手礼を受け、メソジスト教会派遣の宣教師として来日されました。東京で二年間日本語を習得後、浜松で伝道活動に従事。一九一二（大正元）年、二十六歳で関西学院に着任されたアウターブリッヂ先生は、「喜んでピンチヒッターも務める」と表明され、神学部でギリシャ語、新約聖書釈義、組織神学、教理史など実に多方面にわたる専門科目を講じ、さらにユニオン神学校、モントリオール合同神学校で研鑽を積みＳＴＤ（一九二五）を取得、二七年にはパインヒル神学大学から名誉神学博士号を受けられました。

戦前、戦後を通じ、学院での永年に亘るアウターブリッヂ先生の貢献には特筆すべきものがあります。第一に、上ケ原移転や大学昇格という大事業推進のために、様々な非難を意に介せず、よくベーツ院長、神崎高等商業学部長を助け、新キャンパス建築委員会や財務の責任者として尽瘁されました。第二は神学部の再建です。戦時体制下、神学部は一九四三年西部神学校、翌年には日本神学校に合体されましたが、戦後、一九四八年に文学部神学科として再開、一九五二年四月に新制大学神学部が開設されました。当時アウターブリッヂ先生は学長の重責を担いながら、メソジストの枠を超えたエキュメニカルな神学部の新しい出発をねがい、優れた日本人教授陣を整えるために奔走されました。請われて初代部長に就任された先生は、神学部の再興について「建学の精神が学院教育の中にいよいよ深く培われることを意味し、全学院のために慶びに堪えません」と語られています。

一九五四年四月から、アウターブリッヂ先生は任期満了の今田恵院長に代わり第七代院長に就任し、一九五六年六月満七十歳の宣教師定年を機に、任期半ばにして院長を辞任し帰国されました。引退後もなおカナダ・オンタリオ州で教会設立を助けるなど、よき働きを続けられましたが、一九五九年、学院が創立七十周年を迎えた際に来訪された先生に、大学は名誉博士学位を贈り、多大のご貢献に感謝を表しました。

私は神学部で三カ月という短期間でしたが、アウター先生（学内での愛称）から教理史の講義を聴くことができました。帰国直前の慌ただしいなか先生が担当された唯一の、そして学院での最後の英語によるレクチャーで、確かアウグスティヌスあたりまで聴いたと記憶しています。キャンパスを颯爽と大股で濶歩されるアウター先生には、底知れぬ若さが感じられ、繁忙な院長職にあっても無駄なく、豊かに生きておられる姿には、キリスト者の自由が漲っていて羨ましいほどでした。一九五八年春、神学部がアウターブリッヂ先生献呈論文集（Ｂ６版、三六三頁）を刊行しましたが、住まわれた宣教師館の表札には「外橋」という日本名を掲げ、生涯の大半を関西学院と神学教育のために捧げられたアウター先生の足跡に相応しい立派なフェシュトシュリフトです。

（『関西学院フロンティア21』ＶＯＬ．８最終号　二〇〇一年三月）

Ⅲ　建学の精神考

"Mastery for Service"

C.J.L. Bates.

C.J.L. BATES

歴史的観点から

ただいま篠原彌一先生からご自身の学院生活を踏まえた貴重なお話をお聞きしましたが、私の場合は、主として、日本におけるキリスト教主義学校の歴史の中で関西学院がどういう位置づけになるのか、そういうコンテキストの中で「建学の精神」をどのように問わなくてはならないかについて発題的に若干のことを述べたいと思います。

百年をこえる日本のキリスト教系学校の歴史は、しばしば便宜的に四つの時期に区分されます。まず前史として、キリシタン禁制下の私塾時代、これは開港から高札撤去までですが、それから今世紀初頭あたりまでの第一期はミッショナリー主導の時代、第二期は日本人がリーダーシップをとる戦前までの時代、第三期が戦後の両者協力時代、ということになります。さらに、日本の教会の歴史も含めまして、今日までのキリスト教の歩みを、たとえば我国におけるナショナリズムとインターナショナリズムという二つの波の相克、あるいは両者の縦糸と横糸が織りなす発展と停滞の交錯過程として捉える向きもあります。そういう脈絡を踏まえて、先程申しましたように関西学院の位置づけ、そして建学の目的としての「キリスト教主義教育」をご一緒に考え直す上での問題点をとり出したいと思います。

第一点。ランバス宣教師による関西学院の創設は決して個人の企てではなくて、南メソジスト監督教会のミッションを果たすためでありましたが、先程篠原先生も言及されたように、学院が創設されました一八八九（明治二十二）年は、いわゆる欧化主義の時代が一旦終わり、学院創立と同じ明治二十二年には大日本帝国憲法発布、翌二十三年、一八九〇年には教育勅語の発布、そして内村鑑三の「不敬事件」などが起こり、国粋的なナショナリズムが台頭する一方で、農村経済が疲弊し、ミッション活動全般が試練・転換の時期を迎える、そういう状況下にあったわけです。そして宗教教育を禁じる文部省「訓令第十二号」の公布（明治三十二年）とも相まって、お手もとの資料にありますように、ちょうど関西学院の創立を境に、男子のキリスト教主義学校の設立は、その後ほぼ十年余り途絶えております。つまりミッション関係の学校は多大の犠牲を強いられた。このようないわば反動期に同志社、明治学院、青山学院などから大幅に遅れた後発のミッション・スクールとして関西学院が創立されたこと自体が、いわば時流に棹さすプロテスト・スクールという意味を担っていたと言えます。日本人だけだったら果たしてこの時期に男子のキリスト教主義学校を創設したかどうか、おそらく躊躇したのではないだろうか。しかし、今申しましたように、歴史的にはプロテスト・スクールの意味を担ったとはいえ、現実的にはキリスト教的なインターナショナリズムという旗印のゆえに、出発の当初から容易ならざる逆境に立たされたという事実は否まれません。卒業生の数を見ましても、明治期を通してわずか一七九人しか出ていない。これはいかに草創期の私塾時代とは申せ、単純に計算しますと一年に八人位しか卒業していないわけで、学校の体をなさない。今日では塾でも一学年八名では成り立つはずもありません。大正時代に入っても事情はあまり変わらないので、十五年間の卒業生数は二五〇〇人余りです。元神学部教授の原野駿雄先生が高等学部文科に入学された当時の様子が『文学部回顧』の中に記されています。先生は中学時代の成績が抜群で、その上試験準備をちゃんとして意気込んで来られたところ、募集人員五十名とあるのに、受験者は四、五名。これですっかりがっかりしたが、それでもとにかく神妙に受験した。ところが入学したのはわずか四名。しかも他の三名は入るとすぐ飛び出してしまって、結局原野先生ただ一人が残られた。そこで英文学者志賀勝先生談による面白い話があるんです。ちょうどウッズウォース先生が新しい文学部長として赴任してこられた時、先輩の外国人教師と学院内を歩いておられると、向こうからやって来たのがこの原野先生。そこでこの外国人、新任のウッズウォース部長に言って曰く“There comes your Literary College.”（あなたの文学部があそこを歩いている！）。このように高等学部が開設され、充実期に入った頃でも、まだ私塾が多少大きくなった程度で、したがって関西学院が飛躍的に大きな発展をし、実質的に日本の教育界の中で市民権を得たのはようやくここ五─六十年位の間だということを知るわけです。

第二点。関西学院は草創期にすでに校主としてあげられた中村平三郎、第二代吉岡美國院長といった優れた日本人のリーダーを得たわけですが、しかし歴史を繙きますと、初代の神学部長はJ・C・C・ニュートン、同じく普通学部長はN・W・アトレー、その他T・H・ヘーデン、S・E・ヘーガー、S・H・ウェンライトなど、実質上、行政や教学の枢要にはこれら米国の宣教師たちが起用されました。そして一九一〇（明治四十三）年にカナダ・メソジスト教会が経営に参画した後、ベーツ院長、アウターブリッヂ法文学部長らが太平洋戦争勃発前に辞任して帰国される一九四〇年頃までは、関西学院の場合、同志社や青山学院と異なり、ミッショナリー主導の時代が相当長く続いたことが分かります。そして学院の創立が、「高鳴る時代の鼓動、あるいは世界の精神史と深く結合した出来事」として解される場合（『図録関西学院の百年史』一四頁）、そこには十九世紀アメリカのキリスト教、具体的にはあの新大陸である種統合の原理として作用したプロテスタントのさまざまなデノミネイショナル・チャーチ各派、そしてその背後のエネルギーとなった信仰復興運動の問題が介在していると思われます。十八世紀の啓蒙主義、生命の枯渇したヨーロッパの国教会への反動として起こったリバイバリズムの中では、一方で神の超越的な絶対性、他方に個人の宗教的体験を重んじる傾向が顕著であり、殊に米国南部のキリスト教には神学的なファンダメンタリズムが大変色濃く認められることも疑われません。

これも有名なエピソードですが、ニュートン先生の試験答案にはとにかくGodという単語がたくさん書いてあればそれだけ点数もたくさんもらえるという話があります。ただしかし、学校という教育・研究の場では神学部といえども学問探究の精神がはずせないわけですから、後にニュートン先生はご自身すぐれた学究でしたが、神学部の同僚蘆田慶治教授とぶつかることになります。ここにキリスト教とアカデミズム、信仰と学問という緊張の解け難い根本問題が提出されています。後にベーツ先生やアウターブリッヂ、マッケンジー先生などカナダの宣教師たちが文化的なキリスト教を持ち込んだ結果、関西学院にはアメリカ南部のパイアスな敬虔主義的キリスト教とカナダのどちらかといえばリベラルな文化的キリスト教という二つの伝統が混在するというとらえ方もできるわけです。ただし創立者ランバス宣教師が書き残したものを読むかぎり、その信仰と思想の中にはドグマに固執する悪しき教条主義は見られない。むしろ健全なリベラリズムの基調がうかがえます。たとえば、「コールレクチャー」の中には、「我々は偏狭な信条（クリード）の立場をこえて広い普遍主義（カトリシズム）の立場を志向しなくてはならない」という提唱が見られます。

ご承知のように、関西学院は一九一二年、明治から大正にかけて、高等学部が商科と文科を設置し、東大新人会出身の新明正道をはじめ、河上丈太郎、佐藤清、松沢兼人、小山東助といった有力教授を迎えてアカデミズムの振興を図り、次第に高等教育機関としての内容を充実し、成長・発展を遂げたわけでありますが、先に触れたキリスト教とアカデミズム、信と知の構造連関の問題は、今日も常に新しく受けとめなくてはならない課題であります。

第三点として、「建学の精神」にかかわる学院教育の目的について一言いたします。先の時代区分に即していえば、第一期は狭義のミッション、つまりキリスト教の伝道・布教が目的であって、教育はその手段であると考える向きのあった時期。ところが第二期になりますと、ミッション・ボードの影響が弱くなることもありますが、伝道よりもむしろ教育が強調されるようになり、第三期の今の時代は、キリスト教主義学校が教育・研究のレベルにおいてはかなり高水準を保持し、上昇線を辿っているが、その一方で肝心の「建学の精神」としてのキリスト教主義というプリンシプルが曖昧になり、今や空洞化しつつあるという危機感を伴った議論も聞かれます。

ここで私たちは、やはり創立時の「学院憲法」をもう一度見直す必要があると思います。ご承知のように、学院憲法の第二款 Article II には、「本学院の目的は、キリスト教の宣教に従事せんとするものを養成し、かつキリスト教の主義に拠りて日本青年に知徳兼備の教育を授くるにあり」と規定されております。ちょうど昨日出版されました『関西学院史紀要』創刊号の末尾、二八九頁に英文テキストが掲載されておりますのでごらん下さい。そこには **The object of this Institution is the training of chosen young men for the Christian Ministry, and the intellectual and religious culture of Japanese youth in accordance with the principles of Christianity.** というふうに言表されています。

翻訳の問題は別としまして、ここにははっきりと、（一）伝道者を養成する「神学教育」と、（二）キリスト教主義による知徳兼備の「全人教育」という二つの教育目的が同等で優劣の別なく併記されています。一方は実践的なプロフェッショナル、他方はアカデミックな準備教育、そういう区別は認められますが、「キリスト教と教育」という問題を「これか・あれか」の二者択一的な設問に置き換え、あるいは一方を他方の手段にするという硬直した考え方ではなくて、むしろ「あれも・これも」を内包する複眼的で柔軟な動態として捉えるストラテジーが読みとれます。

私たちの今日的課題に引き寄せて考えますと、神学部についていえば、**Biblical Department** と呼称されておりますが、まず「ミニストリー」という概念自体が、今日では非常に多様化し、加えて現代はエキュメニカルな時代であると言われます。こういう状況の変化に伴い、神学部の教育も、大学のアカデミズムという基盤の上に、学部においては、必ずしも狭義の牧師養成ということに限定しない、広くクリスチャン・カルチャー・コースといいますか、そういう巾をもたせたカリキュラムの拡充、そして大学院では、プロフェッショナル・スクールとしての高度な内容を備えることが求められるように思います。さらに一般教育の領域、こちらは **Academic Department** と称されますが、「キリスト教主義に拠りて」というのが、英文では **in accordance with Christian principles** となっており、この **principles** という複数形、それから **intellectual and religious** のあとに続く **culture** という用語に注目させられます。包括的に解しますと、高中部、大学の各学部を含めて、Christian Liberal Arts and Scienceという枠組みの中でバイブルやキリスト教関連科目のカリキュラムを再編成する可能性も見出されるのではないか。またチャペル・アワーについても、学校のキャンパスにおいては、やはり教育的プログラムという範疇で絶えず新しく捉え直すほかはないと考えますが、それだけに、エキストラ・カリキュラム、つまり正規のカリキュラム以外の、たとえば宗教センターやサークル活動などを媒体とする多彩なクリスチャン・トレーニング・プログラムの企画・実施が望まれるわけです。

以上、時間も限られておりますので、主として歴史的観点から、三点、すなわち第一は、逆境ともいえる状況下での関西学院創立の意義、第二は、キリスト教とアカデミズムの問題、そして第三は、学院「憲法」に則る「キリスト教主義教育」の理念と内実化について愚見を述べ、あわせて今日におけるその受けとめ方について私なりのコメントをこころみました。

終わりに、『四〇年史』の序で、ベーツ先生が書かれているメッセージの一節を引きます。「関西学院創立の業は、主イエス・キリストの名において、米国の南メソジスト監督教会のミッション・ボードがW・R・ランバスのリーダーシップの下で始められたことだ……」。そして中略しますが、ベーツ先生は「ミッション・スクール」ではなくて、「クリスチャン・スクール」と表現しておられますが、われわれはこの「クリスチャン・スクールとしての関西学院の固有の使命を確信し、前進しなくてはならない」とアピールされています。二十一世紀を展望し、学院が新しい可能性を切り拓こうとしている今、建学の精神、その本来の意味をどのように受けとり直し、どのように実現していくか、そのために、私たちの間に何よりもスピリチュアルな奮闘が始まらなくてはならないと思います。先程、司会の久保田先生も言われましたが、今日のこの宗教活動委員会とキリスト教主義教育研究室共催の「考える会」がその良い出発点となり、今後さらに討議を継続・深化してゆけることをねがってやみません。これでひとまず私の発題を終わります。

（一九九一年六月二十五日開催の宗教活動委員会教育研究部会「キリスト教主義教育を考える会」での発題に基づく。）

今、キリスト教主義とは

Ⅰ　キリスト教受容の仕方

カトリックとプロテスタント

はじめに近代日本とキリスト教をめぐって一言します。キリスト教と日本の出会いは二つの波、十六世紀のカトリックと一九世紀のプロテスタントによるものです。いずれも西洋からの挑戦という性格では一致しますが、これに対する日本側の対応は必ずしも同じではない。カトリックの場合は未知の「宗教」として受けとめられたのに対し、プロテスタントはキリスト教を西洋「文化」の一部として受け入れた向きがあります。宗教は人間の生き方そのものを変革する。しかし時として既成社会に対して破壊的にも作用する。従ってカトリックの場合は、当時の政治権力が外国列強の陰謀による危険な侵略だという受け取り方をしたこともあり、禁教鎖国になった。他方、プロテスタントの場合は、産業革命による工業化を経た西洋の科学技術文明が高いレベルを保持し、日本は軍事力でも大きく水を開けられていた事情もあり、一五〇年前、あのペリー長官率いる黒船の出現以来、開国せざるを得ない道を辿ったわけです。ただ「和魂洋才」のスローガンに象徴されるように、宗教と文化を分けて考え、日本人の精神生活、「大和魂」

を変えないで、つまりキリスト教を抜きにして西洋の科学技術文明だけを一方的に受容したという事情があります。しかしカトリックの宣教師もプロテスタントの宣教師も根本は聖書の普遍的な真理を何とかして異国の人々に伝えたいという志に燃えていたことは疑えないと思います。

何れにしても近代化をインペラティヴとする日本の欧化主義政策とプロテスタントあるいはカトリックのミッションは、教育を媒体手段として重視する限りにおいて有効な接点を共有したと思います。従ってまだ学校の形態を充分整える以前から、日本の明治以来の教育界の中でキリスト教系の学校が一定の役割を担ってきた点については是認され得ましょう。

二分化構造の克服

ところで、わが国のプロテスタント・キリスト教史を振り返ると、ミッション・ランド特有の福音「宣教」に重点(priority)をおくいわば「汎伝道主義」(Pan Evangelism vs. 米国における Pan Educationalism)のゆえに、「教育」は伝道に対して「他なるわざ」(ルター)として位置付けられ、早くから一定の評価が出てしまった憾みがあり、クリスチャンスクールと教会の関係もしばしば消極的に捉えられてきました。私が四十数年前、神学部研究科を修了した頃、当時の「ケーリュグマ神学」高調という背景もありますが、神学部の優れた卒業生は教会の招聘を受け宣教の第一線に遣わされるという前理解が定着しており、母校中学部の聖書科教師に内定した私などは甚だ肩身の狭い思いをしたことを覚えています。

ミッションとしての教育

教会と学校の間に区別が設けられるのは当然であるにせよ、両者を対立的に捉え、その「あれか・これか」を問う行き方は「ミッション」という動態（dynamics）の矮小化につながります。むしろ聖書的見地からする「ミッション」としてのキリスト教教育論については、ヨハネ一〇・一六が一つの良い出発点となります。「私には、この囲いに入っていないほかの羊もいる。その羊をも導かなければならない。その羊も私の声を聞き分ける。こうして、羊は一人の羊飼いに導かれ、一つの群れになる」。ここで「聞き分ける」と訳される原語〈アクーオー〉は、「分かる」「学ぶ」「理解する」「悟る」を含意し、その意味合いでの用法も少なくありません（Ⅰコリ一四・二、ガラ四・二一、ロマ一〇・一八、Ⅰヨハ二・二四他参照）。良き「羊飼い」としてのイエス自身が囲い（教会やクリスチャン・サークル）の外にいる羊の群れ、すなわち万人にとっての「導師」〈アルケーゴス〉（ヘブ一二・二他）であり、その呼びかけはまた万人によって聞き分けられ、学ばれ、理解され、悟られ、ついに世界人類が一つの群れになるというこの告知を、私が「学校」という世俗社会におけるキリスト教主義教育の課題と結びつけて受けとり直したのは、四十年前読んだフライタ一ク教授の提唱 Missionstheologie の示唆によります。「ミッションの神学」をキリスト教教育理論に援用することを企図したお一人は高崎毅先生（元東京神学大学学長）で、私は一九六九年『キリスト教教育辞典』の編集作業に携わり、先生との親交を得て多くの示唆を与えられましたが、その後大学紛争の余塵濛々とした中で先生は忽然として天に召されました。

神学の立場から「キリスト教教育」というザッヘを原理的にどう捉えるかという課題は、そこに啓示と理性、福音と律法など、両者の構造連関というものをいかに解明するかという容易ではないパラドックスが介在し、私が三十年前に著した拙書『神学とキリスト教教育』（神学双書Ⅳ、日本基督教団出版局、一九七三）は、事態の核心をいくらかでも明らかにすることを志向した習作に過ぎません。ここで改めてクリスチャンスクールの教育的営為に対する Missionstheologie の復権と正しい適用を望みたいと思います。

Ⅱ　Christian University の行方

今、キリスト教「主義」とは

三一八校、三十四万三千五百八十一名。二〇〇四年度五月現在のキリスト教学校教育同盟傘下プロテスタント・クリスチャン・スクール（小学校から大学まで）とそこに学ぶ児童、生徒、学生数です。

Christian School, Christian University の直訳は「キリスト教学校」「キリスト教大学」でありますが、これはクリスチャンが総人口の一パーセントというわが国の実状に即して言えば、甚だ曖昧な呼称で、誤解も招きかねません。抑も「キリスト教教育」と言う概念からして、「キリスト教」と「教育」のいずれに力点を置くかによって異なる意味内容を含蓄することになります。キリスト教自体を主要内容とし、間接的にせよ、キリスト教「への」教育を志向する狭義のキリスト教教育（聖書、キリスト教関連授業、チャペルプログラムなど）に対して、むしろ教育一般を主眼とし、キリスト教の諸原理「による」教育を目指す場合には、これを「キリスト教主義教育」と呼ぶことができましょう。従って、関西学院では敢えて「主義」というタームを挿入し、これを積極的な意味合いで用いています（『百年史』通史編Ⅱ　三一四頁）。ここで言う「キリスト教主義」とは、キリスト教のプリンシプルズ（複数）、その人間と自然、歴史と文化、あるいは社会と倫理などにかかわる普遍的な価値観を教学と経営一切の根拠として主体的に選択し、文化の地平、教育一般のコンテキストの中で自らのアイデンティティー（個性と生命）を自覚的に表明する旗印（「寄附行為」第三条に法的にも明記）、拠って立つ「土台」であります。したがって、キリスト教主義を「建学の精神」とする関西学院は、そのすべての構成員が、キリスト者であると否とにかかわらず、この公共的なミッション実現のために共働する使命共同体（"purposeful community",Cf. Parker Palmer, The Courage To Teach, 1998）であると言えましょう。

動的相関主義

ただしかし、この「主義」を独善的、排他的な原理（イズム）ととることの危険を避けなくてはなりません。今は人類が精神の拠り所を見失い、物に代わる確かなものを求める「心の時代」と言われるその一方で、教条的、熱狂的、破壊的な宗教に対する警戒心や不信感が増幅されていることも否まれません。キリスト教もさまざまな問題を抱えていますが、それだけでなく、今やキリスト教自体が人類の問題の一部（起爆剤）になっている、そういう時代です。それゆえ、自己を絶対化することをひとたび断念することによって始めて可能となる豊かな共生、他の異なる立場との出会いの中で自らのスタンスを創り出す、J・ウェスレーの言う意味での動的な「相関主義」の見地、イエスの呼びかけに従えば「自分の内に塩を持ち、互いに和らぐ」（マコ九・五〇）強靭なエートスの確立こそが要諦と思われます。

近代以後の科学技術文明の発達と経済至上主義の選択の中で、ついに人間の精神や遺伝子も含めすべて物質に還元するような新しい唯物論、人々が生きる意味や根拠を喪失しつつあるこのニヒルな時代に挑むキリスト教主義大学の社会的使命は、虚無の反対の極である希望の教育を忍耐と勇気をもって押し進め、新しい「知」のパラダイムの構築とその担い手たる若い世代の豊かな「人格」形成を追求しつづける、この一事に尽きます。

Ⅲ　私たちの取り組み

「二十一世紀初頭の基本構想」とＡＰの策定

そこで二年前に公表した関西学院の「二十一世紀初頭の基本構想」ならびにＡＰ（アクションプログラム）で、いまどういう方向を目指して、具体的にどういう努力をしているかをレビューさせていただきます。

二十一世紀「初頭」とはどういうタイムスパンかとよく聞かれます。教育というのは種を蒔くような息の長いわざであり、大学ではしばしば「百年の計」などと言いますが、これだけ状況変化のテンポが速くなっている今の時代、十年の計もたたないのが現状だと思います。教員集団の中では皆が合意して前に進むのが一番大事だと言いながら、大学の教師は人と異なる意見を出すのが美徳であり評価の対象であると受け取りがちですから、五人教師がいたら、手続き論をはじめ十くらい意見が出るわけです。だから合意が大事だと言いながら、合意形成の一番難しいのが教授会です。二一世紀初頭というのはせいぜい七―八年から十年のスパンですが、理事会がこれから健全なリーダーシップを発揮し、いわゆるガバナンスを確立しなくてはならないという認識に立って強く協力を呼びかけても、なかなか動かないのが実状です。

私学の経営は結局生徒や学生諸君の保護者による学納金負担によって成り立っている。ですから私たちのミッションステイトメントで一番強調したポイントは、私たちの学院がただ教職員にとって比較的良い環境だと自己満足し評価されても意味がない。そうではなくて、キャンパスで学んでいる学生、生徒達に目線を合わせ、彼らが「若き日にこのキャンパスで学んだ体験が生涯の喜び、力の源だ」と胸を張って言える、そういう大学、学院になるために我々はサポーターとしてスクラムを組み、力を合わせなければならないということです。

理事会機能の強化

「基本構想」の中で第一に挙げているのは、理事会の機能強化です。理事会は経営戦略を練ることを求められているのですが、何のための経営かと言えば、学生たちの豊かな学びの条件を整えるためです。財政確立なき教育改革は画餅に帰しますが、教育改革を抜きにした経営至上主義は全くナンセンスです。建学の理念とかミッション（社会的使命）という私学ことにキリスト教主義大学の根幹にかかわる問題を責任母体として最終的にきちんと受けとめるのが理事会です。関西学院はこれまで民主的に構成員みんなの合意の上に理事会が意志決定するボトムアップ型の風土でした。したがってこれをトップダウンに切り替えるという意味ではなくて、理事会が多少とも怠慢だったという反省の上に健全なガバナンスの確立を目指す。決して教育・研究の現場を軽視したり無視するのではなくて、それどころかますます現場と一体化ないしは一元化していく方向を見定めるべく今鋭意検討中で、近く理事会で正式に審議する予定です。むろん全国各大学の背景、風土、システムが異なりますから、ガバナンスの確立といっても一義的に規定することはできません。

キリスト教主義教育の内実化に向けて

関西学院では、内からの自己変革の一環として数年前、院長諮問による「学院のキリスト教主義教育を考える委員会」が構成され、十数回に及ぶ集中討議をまとめた「答申」が提出されました。そこでは、学院の「建学の精神」が空洞化しつつあるという厳しい現状認識を踏まえ、われわれが原点に立ち返りつつ、今、ここで「キリスト教主義」の今日的意味を再確認し、教育の現場に新しい息吹を与えるために五項目にわたる提案がなされ、私は院長在任中、それぞれの項目を軸に私見を述べ、二十一世紀における関西学院「キリスト教主義教育」の内実化に向けて若干の提言を試みました。

一、チャペル重視
二、キリスト教と文化研究センター（ＲＣＣ）の充実
三、組織制度の問題
四、社会的実践
五、自由で開かれた学院に向けて
以上各項の内容についてここでは略しますが、拙稿「キリスト教主義教育の内実化に向けて――提言」学院広報『K.G. TODAY』二一〇号　特集二　二〇〇四年四月一日号を参照下さい。

おわりに

「キリスト教主義」とは、少数のマイノリティーであるクリスチャンが大多数のマジョリティーであるノンクリスチャンの理解と協力を得て学院の教育的使命の共同に生きる自覚を表明する指標であります。それゆえ、教育・研究の営みや宗教活動委員会の働きもすべて自由で開かれていることを目指さなくてはなりません。

二十一世紀はあらゆる情報が全世界で、しかも瞬時にして享受できる時代であります。アジアキリスト教大学協会（ＡＣＵＣＡ）、一九九一年に発足した国際メソジスト関係学校・大学連盟（ＩＡＭＳＣＵ）、あるいは一九九七年に組織されたアジア環太平洋キリスト教学校連盟（ＡＰＦＣＳ）に繋がる世界各国のクリスチャンスクール、カレッジ、ユニバーシティーと連繋して、関西学院の行方を地球規模でかつエキュメニカルな見地から考えると同時に、コンテキストを踏まえ足が地についた行動を起こすことが不可欠です。その意味で、困難な時代の直中で将来に向けての教

育理念と実践を共有できるランバス関係姉妹校（聖和大学、啓明女学院、パルモア学院、広島女学院、関西学院）五校のリーグ強化のために早急に具体策を練ることが喫緊の課題と思われます。

（二〇〇五年十月十八日　宗教活動委員会教育研究部会での発題要旨）

生涯教育の課題 ――宗教教育の視点から

全人的見地

今回の「関西学院における生涯教育」をめぐるシンポジウムで私に課せられたテーマは「宗教教育の視点から」です。宗教教育の領域で生涯教育を取扱っている文献は、今までのところ企画課で用意して頂いた膨大なリストを見ても、ほとんど皆無に近いのではないかと思います。ただ、先程のお話をいろいろ伺いながら、特にバスカム先生が紹介されたR・H・デイブ教授の生涯教育の特質を言表する概念規定のリスト、ここにいろんなヒントが出ているように思いまして、そういうものに触発されて若干述べたいと思います。

まず、これまで論じられてきています学校との関連における生涯教育の諸領域のなかに、たとえば教会の伝道とかあるいは霊魂の救済に直結するような狭義の宗教教育を含めるかどうか、これはいろいろ問題があるかと思います。しかし、人間形成とか人格の陶治という、全人的見地、デイブ教授も教育のトータル・システムという用語を使っておりますが、そういう立場からいたしますと、たとえば、体育や芸術あるいは道徳教育などと並んで、広義の宗教教育というものを再吟味すること、これは関西学院のようなキリスト教主義を建学の理念とする総合学園にとっては最も基本的な問題だと思います。今日、いわゆる生涯教育、生涯学習のプログラムは一方において、確かにこれまでのお話のように、教育の現代化（modernization）あるいは民主化（democratization）という積極的な意味をになっているわけですが、他方においては、そういう教育の民主化とか現代化というプロセス自体が、人間の創造的な営為としての教育のいわば自己超越的な「深みの次元」(depth dimension) というものを根こそぎにして、人類の教育や文化が一種の自壊作用をひきおこしているという事情もまた否定され得ません。そういう意味で、現代は世俗化の成立と進行のなかで、教育と宗教の本質的なインテグレーションが破壊されている時代だと言ってもよいと思います。昨日、武安先生がふれられましたハーバードのR・ウーリッヒ教授は大部の『宗教教育史』を著しましたが、彼は人類の文化と思想の歩みを神中心 (テオ・セントリック)、理性中心 (ロゴ・セントリック)、人間中心 (アントロポ・セントリック) の三段階に分けています。この第二段階、つまり「理性」というものを中心とした時代に、ある意味では「世俗化」のプロセスが始まったと言えるわけですが、しかし十八世紀頃までのヨーロッパでは、これはメソジストの指導者ジョン・ウェスレーなどもそういう立場だと言っていいと思いますが、人間の理性とか体験というものが、超越的な啓示とかあるいは形而上学的なミスティークと繋がっていた事情があります。ところが十九世紀以後になりますと、内在的な人間の自足の原理に立つ「世俗主義」、つまり人間中心 (マン・センタード) の時代に入ります。そして、ウーリッヒ教授は、現代の文化と教育のカオスというものから抜け出るためには、正しい意味での人間の理性《リーズン》の復権が必要である、と説くのです。

教育の神学

同様の議論が、先年関西学院でも講演された神学者パウル・ティリッヒの「教育の神学」(A Theology of Education) という論文のなかにみられます。ティリッヒは教育の目的を、一つは「技術」(テクニカル) 教育、二つは「人文」(ヒューマニスティック) 教育、三つは「導入」(インダクティング) 教育というカテゴリーに分けます。ここでいう導入教育というのは、家族、学校、教会、国家など人間の共同体というものを成り立たしめ、いわゆる家風とか校風とか伝統と言われるもののなかに息づいている一種の生命力のようなもの、そういう現実のなかに人びとを招き入れていく教育をさします。そして近世に至るまで、この導入教育は、いわゆる「キリスト教世界」への「導入」を意味していたわけです。しかし、ルネッサンス以後、教会の悪しき意味での権威主義というものに抗して、「人文」教育が台頭し、その背後には、有限な人間のなかに永遠なるものを観想する、あるいはヒューマニティーの根源にディヴィニティーを知覚するという、そこになおいわばミスティークが生きていた。しかし、十九世紀を通して産業社会が成立し工業化が進行するとともに、「技術」教育というものが、圧倒的な勢力をもつに及び、本来人間性を創造し育くむはずの教育そのもののなかで、却って非人間化という方向が強まってくるわけです。こうして、ヒューマニスティックな教育は空洞化し、教育が量的に膨張すればするほど、それは遠心分離的に人間から遠ざかっていく。ティリッヒはそのように状況認識をしております。そして、真の全人教育が成り立つためには、教育者自身を創造的に生かし働かしめる根拠がなくてはならないゆえに、教育における自己超越的な方向をよく言いあらわす「インダクション」、あるいは大島先生が発題で使われた「イニシエイション」とか「イントロダクション」という用語を積極的にとりあげて、宗教と教育の再結合という現代の根本課題に向かう上での一つの方向づけを試みているわけでありま す。教育の宗教的機能は、人間にとって無条件に重大なこと、ティリッヒ流に言えば「究極的関心」ということになりましょうが、つまり、人生の意味を想起させ、自己の存在理由について考えさせるところにあり、その意味で価値導入教育というのは、本来「人間実存の神秘への導入である」と主張されます。これは、バスカム先生が紹介されたデイブ教授のカテゴリーで申しますと、quality of life にかかわる生涯教育の究極的ゴールを指示するものであると言ってよいと思いますが、しかも今日の公共的な課題は、価値導入教育の回復が同時に人文教育とか技術教育というものを否定するあるいは排除するものではなくて、むしろそれらを真の意味で正常化し、さらに言えば、価値導入教育という広義の宗教教育と人文教育と技術教育、この三者の構造連関というものを明らかにすることではないかと思います。

新しい可能性

次に宗教教育の実践に関して、まず場所論からすれば、何と言っても人間にとっていわば基体的とも言われるべき家庭（ホーム）、これが第一の中枢的な意義と機能をもつことは言うまでもないことです。人間は他者との出会いと交わりのなかで人格を形成され陶冶されますが、具体的には、幼い日に家庭における両親との親密な関係のなかで、自分がいわば「愛の歴史」のなかから生まれてきたことを体得する。たとえ知的に理解できなくても、あるいは概念化することができなくても、家族の交わりという生の共同を通して、人格形成にとって最も始源的な原体験をもつということがあります。しかし、おそらく三、四歳の幼児がすでに家庭だけでは、人間的あるいは教育的なニーズを充分に満たされないと言われます以上、幼児を含む文字通りライフロング・プロセスとしての、全年齢層にわたる価値導入教育というものが、よりフォーマルなしかたで試みられる必要があるわけで、逆に申しますと、家庭におけるインフォーマルな導入教育というものが、幼稚園や教会あるいは学校におけるフォーマルな教育、あるいはデイブ教授の用語を借りますと「ダイナミック・アプローチ」というものによって促進され普遍性を獲得するというふうに言ってもよいと思います。その場合に、導入教育としての宗教教育にとって決定的に重要な要因というのは、やはりその教育共同体（コミュニティー）の質の問題です。

最近、デューク大学のJ・H・ウェスターホフ教授が、教会教育の新しい可能性をさぐる“Will Our Children Have Faith?”という書物を著しました。昨年これを同僚と共訳して出版したのですが、ここには今日のキリスト教教育に関する非常に深刻な危機意識がみられます。それは、今日の社会的、心理的構造の変化によって、伝統的ないわゆる学校タイプのキリスト教教育が破綻に瀕しているという状況認識に根ざすものですが、特にアメリカにおけるプロテスタント教育というものが、デューイ以来の進歩的な教育論と自由主義神学、そしてその批判として出てきたバルトやブルンナーらの危機神学の渦のなかで必死に努力してきた、そのプログラムが行き詰まっているということです。そういう現状を直視して、「もはや単に小手先の教育プログラムの変更では間に合わないのであって、教育の範例（パラダイム）そのものの再選択を余儀なくされている。しかし、その具体化は容易なことではない」と言われます。そして、ウェスターホフは新しい宗教教育の可能性、デイブ教授の用語ではいわゆるalternative patternというものへの手がかりとして、宗教の「エンカルチュレーション」とか「ソーシャライゼーション」、あるいは教育学で言う「潜在カリキュラム」などの概念を積極的にあげまして、そういう意味では最近イリッチ、ライマー、ホルトなどが主張する思い切った脱学校化（deschooling）という方向づけのなかで、学校ではなくコミュニティーを、知識の注入ではなく共に生きる体験を、というアピールをするわけです。この点は、デイブ教授のリストで言いますと、第六、第七番目のポイントと軌を一にしますが、同時にこのウェスターホフの場合には、キリスト教教育というものが、単に宗教的プロパガンダの手段ではなく、むしろ教育とは何か、人間とは何か、を根底から問う、創造的な「プロテスタント教育」として存在理由を持っているというある種挑戦的な意図が読み取れます。

参与と解釈

宗教教育プロパーの方面からは、さらに対象のグレードの問題も小さくないと思います。幼児期や少年期には、なお自我の目覚めはなく未分化の状態でありますから、いわゆる導入的な宗教教育は比較的円滑かつ効果的に実践されるわけです。この点では、中学までの宗教教育に力を入れているカトリックの方がプロテスタントよりはるかに賢明で実をあげているように思われます。しかし、それでは自我形成というものが自覚的になる中学上級以後、高校、大学、のレベルでは宗教教育が無用であるかというと、むろんそれは別の問題です。むしろ、精神的に「第二の誕生」

というものを経験する青年期の懐疑や反抗あるいは矛盾や苦悩というものが、かえって覚醒とか再生への飛躍の契機ともなるからです。

ただ、先程私がカトリックがすぐれていると申したのは、この価値導入教育というものが有効に働く中学レベルまでは、小規模で配慮の行き届いた宗教教育を徹底して行い、高校以後はむしろ自由な広い環境のなかで、主体的に精進し、自らを鍛え上げるように促すというアプローチ、これがカトリックの場合は、幼稚園や小学校の裾野作りを努力するいわばピラミッド型の学校経営のストラテジーのなかに具現されている点であります。一方プロテスタントの場合は、正確なデータは手許にありませんが、比較的に大学が多くて逆ピラミッド型と言えるかもしれません。ですから、青年期の対象につきましては、宗教教育の、また別のアプローチが考慮されなくてはならないわけで、もちろんこの問題は具体的な中身と方法にかかわりますが、理念的に申しますと、ウーリッヒが言うようにひとつは正しい「理性」の復権を伴う「宗教」教育、ティリッヒの用語で言いますと inducting, humanistic に加えて answering education と言うことになると思います。この「応答の教育」には、人間のもつ本質的な問いに対する答え、両者の「相関の方法」が適用されるわけですが、詳しい議論は省きます。ただキリスト教教育の場合、何と申しましても、バイブルのテキストが教材としてはずせないわけですから、私はこの「相関の方法」を含めて広く聖書解釈学的なアプローチと呼びうる課題領域があると考えております。この導入教育としての宗教教育は、もちろん人間の精神的な成熟度に即した実践的な参与という過程を基底にしますから、その限りではウェスターホフが言うような宗教の社会化とか文化化という課題が新しく見直される必要があるわけですが、同時に人間の認識、思考能力というものの発達段階に即応した解釈と理解を伴わない導入教育は、センチメンタリズムに陥る危険がありますし、そこではキリスト教教育あるいは聖書教育が真の意味で実を結ばないというのがここでの主張です。

この点、旧約以来の聖書の人びとの宗教教育の実践がひとつのモデルを示していると思われます。つまり参与と解釈が本質的に結びついた形であります。たとえば、両親が子供に出エジプトの救いの歴史を物語り、宗教的な祭儀あるいは象徴的な行為に一緒に参与することによって宗教的なリアリティーのなかに招き入れる努力をする。しかし、対象がその意味について具体的な疑問を提出する場合には、それに対して適切な受け答えをする。つまりここで体験が解釈を伴ういわば解釈体験となっていくわけです。旧約聖書申命記の六章に事例が出ていますが、その解釈的な手引きというものが、有効かつ妥当に行われると、子供たちは物語や歴史、祭儀などにみられる宗教的シンボリズムというものが、実は人間の存在に固有な根本的な問いに対する答えという意味をもっていることを会得するわけです。その結果、より深められた生活の中の実践あるいは参与に引き入れられていきます。自覚的な問いが提出され、その問いに対する答えが適切に提示され、答えと問いが相互に媒介されるところでは、導入教育がそのままでヒューマニスティックな教育の意味を獲得し、全人的な形成作用が成り立つわけです。

原理的な問題としてもう一点、地上では最終的に死に至る存在としての人間の有限性とかあるいは聖書的に言えば、罪の悔い改めとキリストの恩寵による赦しを根底におくキリスト教と、人間の可能性とか上昇的な成長・発達の概念によって成り立つ教育、この両者の間に含まれる矛盾あるいは二律背反、つまりキリスト教教育という概念自体が内包するパラドックスというものをどう捉えるかという神学的な「問題複合」（Problemkomplex）が残るわけですが、時間と紙幅の関係で今ここで立ち入ることはなし得ません。

（発題構成「生涯教育・関西学院の課題と展望」『クレセント』第十一号　一九八二年）

生命科学の世紀　――聖書の生命観

キリスト教と生命科学

今日は生命科学をめぐるスケールの大きなフォーラムで、ノン・スペシャリストの私がこのパネル討議に参加させて頂くのは何か場違いのようにも感じますが、先ほど今田学長が挨拶の中で言われましたように、二〇〇二年以降、神戸三田キャンパスに移転する関西学院大学理学部が生命科学部門の拡充を図る選択をしました。本学はキリスト教主義を「建学の理念」に掲げていますので、クリスチャンプリンシプルに照らし二つの点に絞って発題したいと思います。

第一は宗教と科学の関係です。あのガリレオ・ガリレイの地動説に対する宗教裁判に象徴されるような暗黒の闘争時代の連想、あるいは現在なおアメリカの一部で論争中の進化論をめぐる問題などもあります。しかし私は、基本的には宗教と科学の誤れる対立論や安易な一元論を乗り越えて、両者の次元的区別をきちんと前提した上で、これから人類が真の意味での豊かな生命観を形成するためにどのように共通の地平を拓いていくことができるか、宗教と科学の真の対話によって、新しい世紀に向けて新しいヒューマン・ライフサイエンスというものの構築が今深いところから求められていると考えます。アイザック・ニュートン以来の近代科学が主として西欧のキリスト教諸国で発達したことは偶然ではないでしょうし、生命科学に対してもキリスト教が積極的なかかわりをもつ証左として、たとえば一九九〇年にドイツのプロテスタントとカトリック教会が臓器移植を容認する共同声明を出し、九八年にはローマ教皇庁立生命アカデミーが「ヒト・ゲノム――人間と社会の未来」と題する特別リポートを公表しています。

このように医療技術や生命科学の問題を地球人類社会（one global village）の公共的課題として極めて前向きに受けとめる欧米キリスト教界のアピールの背後には、言うまでもなくバイブルの生命観が踏まえられています。そこで次に聖書の生命観に関する主要ターム、ここではとくに〈ビオス〉（bios）と〈プシュケー〉（psyche）、それに〈ゾーエー〉（zoeh）の三つを挙げ、若干のコメントを加えることにします。

聖書から見た「いのち」

第一はギリシャ語の〈ビオス〉です。これは現代ギリシャ語でもポピュラーな普通名詞の一つですが、バイオロジー、バイオテクノロジー、バイオエシックス、バイオヒストリーなどの〈バイオ〉に当たる人間の自然的、生物的現象、心臓の鼓動が聞こえる限りの生命、したがって肉体の生活、地上の人生そのもの（ルカ八・一四、Ｉテモ二・二）を指し、そこからまた新約聖書における〈ビオス〉の用例は十回足らずですが、この語は人間の生計や所有物（マコ一二・四四）、特に財産（ルカ一五・一二、Ｉヨハ二・一六、三・一七）の意味でも用いられます。

新約聖書の中には、自然界の生命への畏敬を積極的に呼びかける言葉が数多く見出されます。たとえばマタイ福音書の「山上の説教」には美しい詩のような一節があります。「空の鳥を見るがよい。まくことも、刈ることもせず、倉に取り入れることもしない。それだのに、あなたがたの天の父は彼らを養っていて下さる。あなた方は彼よりもはるかにすぐれた者ではないか……またなぜ、着物のことで思い煩うのか。野の花がどうして育っているか、考えてみるがよい。働きもせず、紡ぎもしない。しかし、あなたがたに言うが、栄華をきわめた時のソロモンでさえ、この花の一つほどにも着飾ってはいなかった」（マタ六・二六―二七）。

イエスの教えの主旨はしかし、野の花を愛で、空の鳥の本能にかえる「自然主義」を提唱することではありません。むしろ、野の花は今日は生えていて明日は炉に投げ入れられるかも知れない。だのに神があのように美しく装っておられる。「まして、あなたがたにそれ以上よくしてくださらないはずがあろうか」（同六・三〇）と呼びかけられている。それ故、イエスの眼目はやはり空の鳥や野の花を素材にしながら、しかし本当は「あなたがた」と呼びかけられる私たち人間に向けられていることがよく分かります。

また有名な旧約聖書の創造神話には「神はご自身にかたどって人を男と女に創造し、祝福して言われた。〝産めよ、増えよ、そして海の魚、空の鳥、地に這う生き物すべてを支配せよ〟」（創一・二七―二八）と記されていますが、この「支配する」（ラーダー）の真意は、万物の霊長、ヒトたる人間が自分たちの利益だけのために他の動植物をコントロールすることではなくて、人間には、他の生物界、自然環境のすべてに対して重い管理責任があると言うことです。

今日のシンポジウムでのキーワードの一つはヒト・ゲノムでありますが、日本語のヒト（人間）を英語では**human nature**とも表現します。これはつまり他の動物と同類のヒト、すなわち神や天使ではない種族としての人間は自然（**nature**）の一部としての「生き物」であるということを指示します。そして今日では、生物物理学の発達や分子生物学的アプローチによって分子という物質と生命体のメカニズムの結合関係から、人間（ヒト）の生命現象を物理・化学的に解明し、生命の維持や存続の仕組みについても、サイエンスの立場からある程度推測することが可能になっています。その限り人間の臓器やＤＮＡを含む生命体（ビオス）は肉体の死によってついに朽ち果て自然（nature）に帰る、短くはかない有限なものとして、聖書ではある意味で相対化されているわけです。そこからビオスの隷属からの解放が提唱されます。しかし、バイブルの中に物質としてのビオス還元論は見られません。すなわち、英語で human nature と言う場合、それは人間が自然の一部であるということと同時に、自然（ネイチャー）一般、他の動物とは異なるまさしく人間（ヒューマン）であることの特性や本質を指示しているわけで、この点が甚だ重要です。無論、では一体人間に固有の生命（いのち）の本質や意味は何かと問われても、にわかに模範解答を出すことは難しい。しかし聖書には「人間とは何者か」についてはっきり一つの答えが提示されています。

聖書の生命観に関して最も重要な神学的人間学のキーワードと目されるタームが第二に挙げた〈プシュケー〉で、新約聖書に百回以上使用例が見られます。これは「サイキ」、つまりサイコロジー（psychology）の語源に当たり、日本語の「心」を含意しますが、英訳の多くは soul（魂）、宗教改革者マルティン・ルターは eine lebendige Seele（生ける魂）と独訳しています。そして人間に固有の生命と力の動態（dynamics）、その根源に関してやはりしばしば引用される創造神話の一節があります。「主なる神は、土（アダーマ）の塵で人（アーダム）を形づくり、その鼻に命（ヌシャーマ）を吹き入れられた。人はこうして生きるもの（ネフェシュ・ハッヤーム）となった」（創二・七の他、同二一・一九、七・一五も参照）。最初の人「アダム」は土から成っている。だから自然（nature）の一部に相違ない。しかし土くれの「ヒト」にはまだ「命」がない。神が命の「息」を鼻から吹き入れ、初めてアダムは〈ネフェシュ〉（naephaesch 生きた者＝human）になった、と言われます。ヘブル語の〈ネフェシュ〉はもと「喉、気管」を意味し、そこから人間の呼吸、命そのものを指すタームとなりましたが、そのギリシャ語訳が〈プシュケー〉です。したがって聖書の人々ははじめから生物や動植物の生命現象一般と人の「いのち」の間に質的差異を認めていることが窺知されます。人間（ヒト）はみな、やがていつかは死んで自然の土に帰る他はない、あくまで有限なビオスとしての生命体のなかに、しかし神の「息」、命の「霊」（プネウマ＝spirit）を吹き込まれたいわばスピリチュアル・ボデイ（spiritual body）であるという規定です。「息」という漢字は「自分の心」と書きますが、人間はみな、女も男も元来は神の「息子」、まさしく神の無限の息吹の中で今このように生かされて「ある」存在であると言えましょう。ですから日本では日常ヒトが死去すると「息を引き取られました」と言いますが、これは必ずしも厳密ではなく、聖書的に言えば、人間の死は、人間が自分で勝手に息を引き取るのではなく、命の源である神によって「息が引き取られる」（ルカ二三・二〇参照）ことの他ではありません。何れにせよ、人間の「いのち」（プシュケー）は、自然的な生命現象（ビオス）一般から区別され、一人一人が、本当にかけがえのない個性的な「人格」として、唯一度限りの地上の旅路を生かされている。その途上で、人に会い、自己に目覚め、互いに愛し、責任を負い、神に祈る。そのような唯一無二の「私」という「主体」、別言すれば内奥の「心」、むしろ聖書的タームでは「霊」から捉えられる「生の質」（spiritual quality of life）を〈プシュケー〉の一語が言い表していると言えましょう。

いまこの関連で有名なイエスの呼びかけが想起されます。先程の「山上の説教」の一節「だから言っておく。自分の命（プシュケー）のことで思い悩むな……プシュケーは食べ物よりも大切であり、体（ソーマ）は衣服よりも大切ではないか」（マタ六・二五）に加えて「人はたとえ全世界を手に入れても、自分の命（プシュケー）を失ったら、一切は無である。また自分の命を買い戻すのにどんな代価を支払い得ようか」（マコ八・三六―三七）。

先ずこれらの箇所が疑問文であるところに福音書の世界の一つの特徴があります。イエスの教えは決して抽象的な観念や押しつけがましいドグマではなく、聞く者すべてのイマジネーションを呼び覚ます「問いかけ」という性格を有するゆえに、私たちがバイブルを開いて読むとき、そこのところ、すなわち今、自分はここで何を問いかけられているかをしかと聞き分けることが肝要であると思います。

周知のごとく、ギリシャ以来、人間の肉体に宿る精神の存在を認め、その在り処を巡ってはこれを脳に見出す傾きが強いわけです。人間の知的能力やその働きを重視する近代文明と科学主義はこの線上にあります。もとよりバイブルも人間の知性や理性の働きを十分認め、使徒パウロも人間の知力は神からの賜物として生かさなくてはならないと主張しています（Ｉコリ一四・一九他参照）。けれども、精神の在り処と働きを必ずしも脳だけに結びつけてはいない。脳と心の本質を分けて理解する立場です。人間の複雑な精神活動、知覚の元にある直覚において成り立つ芸術や宗教、微妙な意識の働きや心の揺れ動きの問題をすべて脳細胞の機能とだけ結びつけて考えると、人間存在そのものが物質に還元され、悪魔的な新しい唯物論、思想的には希望なきニヒリズムを招来することになるでしょう。

ただし無論、聖書の生命観を唯心論に収斂させることは間違いであります。むしろバイブルは人格的な命（霊魂）と生物的、自然的な命（肉体）をヘレニズム的二元論（グノーシス主義）で不当に評価することを厳しく退け、地上で生を営む〈プシュケー〉とは、あくまで肉の体（ロマ一・三他）と結合した人格の統体、知、情、意、体のすべてを備えた、重層的ないわば「全体人間」（whole person ＝プシュケーの他、新約におけるソーマ（からだ）、プニューマ（霊）の用法、ロマ一二・一、Ｉテサ五・二三他参照）を指示する概念であり、肉体の死とともに人格の核に当たるプシュケーは引き取られ、自然的、生物的ビオスから離れる（ルカ一二・二〇）。まさしく「神は死んだ者の神ではなく、生きている者の神なのだ」（マコ一二・二七）と喝破される所以です。死後、ビオスとしての肉の生命は朽ちて土に帰り、プシュケーは肉体の死を超えて天に属する「霊のからだ」（Ｉコリ一五・四四）として新しい永遠の次元に移されると証言されます。

いま一つ聖書における生命に関して〈ゾーエー〉という表象が頻出しますが、これは〈ビオス〉に繋がる一般的用法と同時に、肉体の死との対比（ロマ一四・七―八、フィリ一・二一他）、特に肉体の死によってもなお消滅することのない人間究極の救いにかかわる「命」を表わし（ヨハ五・二四）、しばしば黙示文学的終末論の隠喩（黙一三・八〈命の書〉、同二二・一七〈命の水〉、ヨハ三・一五―一六〈永遠の命〉他）、また真の命（ヨハ八・一二、一一・二五他）として用いられ、例えば持ち物との関係で「人の命は財産によってどうすることもできない」（ルカ一二・一五）など、救いに至る倫理的勧告の文脈の中（ルカ一〇・二八、ヤコ四・一四他）で用いられます。ただこのタームの用法には多少とも信条的ニュアンスが認められるゆえ、いわゆる「霊魂不滅」説との差異も含め、今ここでは敢えて立ち入らないことにします。

結び——ＫＧのアカデミックミッション

やがて二一世紀を迎えようとする今、生命科学の飛躍的な進展によって人類に様々な恩恵がもたらされ、遠くない将来、自然的生命の調和を破壊する癌のような難病の遺伝子による診断、副作用のない個々人の体質にぴったりしたオーダーメイドの治療や予防も可能になるなど、計り知れないプラス面が予想されるその一方で、遺伝子工学技術を用いてのヒトの生殖細胞の改造やクローン人間がリアリテイーをもつ時代に突入し、すでにここでも繰り返し言及されたように生命倫理の課題が大きくクローズアップされてきています。臓器移植、遺伝情報やゲノム研究の商業化、企業化に伴う悪用（経済成長をNo.1 priorityとする拝金主義）、人間の生殖細胞の操作によるヒト改造（科学者が命の創造者の座に着く傲慢）、そして命の誕生（人工授精、体外受精、人工妊娠中絶）と終焉（安楽死、尊厳死）などをめぐって生命倫理の方面から取り組まねばならない難しい課題が山積みです。

私は昨年からある国立病院の倫理委員を委嘱され、殆ど毎月三、四時間に及ぶ真剣な討議に加わっています。たとえば近年結核集団感染の頻発が医学的のみならず社会的にも大きな問題となり、予防および治療のためのＢＣＧより有効性の高いワクチンの開発が必要とされる状況のなかで、サルを含む動物実験で有望視されているタンパクや末梢血リンパ球を用いて新しい結核ワクチンや診断法を開発する申請が出されます。その際、サイエンスの立場でその有効性と安全性が原理的に容認され得ても、現実的には私たちの善意による血液や臓器の提供が、病いの予防や治療、人命の救済とは別に、結果としてコマーシャルベースに乗せられる可能性、科学技術の誤用による命の尊厳や人権の侵害など様々な「不正」問題を孕むことが否定され得ないかぎり、やはり厳正な法的、倫理的チェックが求められます。ただしかし、倫理や法律は規範の構築や運用の過程でしばしば時流に押され世論に引っ張られ、消極的な「状況倫理」あるいは人為的な「実定法」としては機能しても、どこで許容範囲の線引きをするかを一義的に決めることは容易ではなく、自分の立場を正当化するための功利主義と結びつくような陥穽《かんせい》さえも避け得ません。それ故、生命の問題をめぐり、置かれた状況にふさわしい仕方で、医療を与える者、受ける者それぞれが自発性に基づいて主体的に決断し、誠実に問題解決の方途を選択するためには、広く文明論や宗教的次元をも包摂する倫理の根拠、むしろ各自が生死一如、究極の価値的スタンスを確立することが要諦と思われます。

人間の生命というものは決して不可解ではない。にも拘わらず、人知を遙かに越えた不思議を秘めたものでありま す。神の創造の秩序（宇宙＝コスモス）に属している命（プシュケー）を人間が自分の力で処理可能であると思い上がり、勝手に遺伝子を操作したり人間を改造する傲慢に陥った時、創造的コスモス（秩序）は破壊的カオス（混沌）と化し、ついに人類の自滅に繋がるでしょう。

今は規範的な学問が衰退した時代だと言われます。自然的生命（ビオス）の営みやメカニズムについて解明するテクニカル（技術的）な知とともに、人格的生命（プシュケー）を生きることの意味を問うてやまないオントロジカル（存在論的）な知（P・ティリッヒ）の覚醒が切実に求められています。ポストゲノムの時代、新しい世紀には、科学と宗教の真の対話を通して、自然的生命には終わりがある、だからこそ、このように生かされている今という人生の「持ち時間」に意味があるのだという希望のメッセージが大学から発信されなくてはなりません。理学部の山崎洋教授が提唱されるホメオスターシス（homeostasis）、生命と細胞と環境の本来的な、神の創造の秩序に即した恒常的な均衡、ハーモニーの回復と純化、そこに理学部と神学部を擁する関西学院大学のアカデミックミッションがあります。

先年、ノーベル物理学賞を受けられた江崎玲於奈博士が本学理学部で講演され、ローマ法王が科学者グループと会談した際の内容を紹介されました。法王は人間が科学・技術革新のための単なるobject（対象物、道具、奴隷）とならないために、科学者一人びとりが「自由なcreative subject（創造的な主体）になれ」、あるいは“give science a soul”（科学に魂を入れよ）と呼びかけたと言われます。本学の理学部がそういう魂の入ったサイエンス・リサーチセンターとして真に創造的な発展を遂げることが期待されます。さらに加えて、自然と人間と神とを連続的に捉える日本人の死生観に汎神論とか呪術的という批判を加えるだけではもはや済まない深刻な環境破壊やエコロジーの深刻な問題に直面している今、宇宙論的視座からする新しい「自然と生命の神学」を再建することがやはり焦眉の急であると思われます。

小論は二〇〇〇年六月二十六日、高中部礼拝堂で開かれた本学、読売新聞社主催のフォーラム「生命科学の世紀」（基調講演者・SF作家小松左京氏、他にパネリスト・理学部山崎洋教授、ノンフィクション作家最相葉月氏、三菱化学社会生命科学研究室長米本昌平氏）における発題草稿に一部加筆し、『キリスト教と文化研究』第二号（二〇〇一年三月）に掲載されたものである。

Ⅳ　学院の今日的使命

プロテスト・スクール　――院長就任にあたって

この度、私は宮田満雄院長の任期満了によるご退任の後、その重責を受け継ぐことになりました。世紀末の不安を煽るような風潮の中、この困難な時代に、関西学院の教育的使命はいよいよ重大となってまいりました。もとより私自身は非力な「土の器」であります。只み旨のあるところを信じ、皆様のご協力をいただき、与えられた僕《しもべ》の務めを全うすることができますようにと祈りつつ、職務に一身を捧げ、微力を尽くしたいと希っています。三期九年間にわたり、院長として、ご労苦の中にも良きお働きを下さった宮田満雄先生に、皆様と共に心から感謝を申し上げたいと思います。

二十一世紀に向けて

「二十一世紀に向けて」というフレーズは今や私たちの間で一種の合言葉になっています。しかしその一方で、二十世紀はすでに終焉したという見方もあります。確かに、一九一七年のロシア革命によって始まり、あのベルリンの壁崩壊によって二十世紀はその激動の幕を閉じた。そして今、世紀の分かれ目を迎え、得体の知れない暗黒が世界の国々を覆い、深い混迷と頽廃の時代に突入しているというのが実感です。環境、人口、食料など人類の存亡にかかわるどの問題をとっても専門家たちによる科学的予測は殆ど絶望的であり、果たして二十一世紀はあり得るか、という深刻な問いが出されています。

思想史の面から言えば、これまで人類が構築したあらゆるイズム、それらが排他的独善性を主張する限り、生まれてはやがて消滅し、恐らく最後に残るイズム、それは生きる意味や根拠をすべて否定するニヒリズムであろうと思われます。二十一世紀に向けて、関西学院の存在理由、その固有の使命は、このニヒリズム（新しい唯物論）と対決し、「虚無」を乗り越える確かな「希望」の教育を、自信をもって、力強く押し進めるところにあります。

建学の精神の明確化

学院の「建学の精神」をもっともよく表現しているのは、創立時の「憲法」（Constitution）であると思います。その第二款には「本学院の目的は、基督教ノ伝道ニ従事セントスル者ヲ養成シ、且ツ基督教ノ主義ニ拠リテ日本青年ニ知徳兼備ノ教育ヲ授クニアリ」と規定され、Christian Ministry に従事する教職養成のための「神学教育」と「キリスト教の主義に拠る」（in accordance with principles of Christianity）「全人教育」（intellectual and religious culture）という二つの目的が、優劣の別なく併記されています。前者はプロフェッショナル、後者はジェネラル、その区別は認められますが、ここにはキリスト教と文化的営為としての教育の問題を「これか・あれか」の二者択一的設問に固定し、一方を他方の手段にするという硬直した考え方ではなくて、むしろ「あれも・これも」を包摂する柔軟で相関的な動態として捉える複眼的なストラテジーが読み取られます。したがって関西学院は、創立の当初から「キリスト教教育」

を施すBiblical Department（神学部）と「キリスト教主義教育」（中高両部および大学各部）との二本柱を包含する総合学園として発展してきました。

私学の経営主体という側面から見ますと、最初アメリカ南メソジスト監督教会日本年会に属する「ミッション・スクール」として出発した関西学院は、次第にミッションの母体から独立し、法人組織を社団から財団、さらに学校法人に変更することによって、いわば特殊学校から一般学校への転換を図り、悪名高い「訓令一二号」の公布、太平洋戦争、大学紛争など、幾多の試練をくぐり抜けたその険しい道程で、自ら主体的に創立以来の「建学の精神」を堅持する体制を整える必要がありました。ことに学院が学校法人に組織を変更した当時、戦後の思想的混乱の中で、キリスト教はマルクス主義や実存主義との折衝など重大な課題を担い苦闘を強いられていましたが、一九五〇年一月七日付けで理事会が決定した現行「寄付行為」第三条は、学院の設置意図について、「この法人は教育基本法及び学校教育法に従い、キリスト教主義に基づいて教育を施すことを目的とする」とはっきり規定しています。このことは関西学院が、「建学の精神」としての「キリスト教主義」を単に建前やお題目として掲げるのではなく、あくまでも関西学院の設立、経営、組織、管理、運営、その教育と研究の全活動にかかわる生きた根本理念として、法的に明確にしていることを意味します。

キリスト教主義とは

「キリスト教教育」というコンセプトは、「キリスト教」と「教育」のいずれに力点を置くかによって異なる意味内容を含蓄することになります。すなわち、キリスト教自体を主要内容とし、間接的にせよキリスト教「への」教育を志向する狭義の「キリスト教教育」に対して、むしろ教育一般を主眼とし、キリスト教のプリンシプル（その人間観、歴史観、価値観など）「による」教育を目指す学院の教育的営為の統体を意味する場合には、これを広義のキリスト教教育もしくは「キリスト教主義教育」と呼ぶことが妥当かと思われます。しかしこの「主義」を排他的、独善的な原理（イズム）ととることの危険を避けなくてはなりません。現代は、人々が精神の拠り所を失い、物に代わる「心の時代」と言われますが、同時に教条的、熱狂的、破壊的な宗教に対する警戒心や不信感も増幅されています。キリスト教も様々な問題を抱えていますが、それだけでなく、今やキリスト教自体が人類の問題の一部（起爆剤）になっている、そういう時代であると思います。それ故、「キリスト教主義」とは、自己を絶対化することをひとたび否定することによって初めて可能となる豊かな共生、関西学院らしい創造的な教育の在り方を不断に問い直し、その内実化のために志を合わせ、喜んで共に働く道、主イエスの教えに従えば、「自分の内に塩の味を持ち、互いに和らぐ」（マコ九・五〇）強靭なエートスであります。

総合学園としての新しい可能性

関西学院は、二〇〇〇年に創立一一一周年を迎えます。学院では一九九七年四月、二十一世紀構想事務室を設置し、高坂担当常任理事のもとで構想を練り、さらに全学横断的な委員構成をもつ企画委員会において検討・策定されたいわゆるマスター・フィロソフィーを経営教学協議会において確認し、その内容が、武田理事長、宮田前院長、今田学長、尾崎高中部長の連名で本年初頭、『K.G.TODAY』特別号に公表されました。これはキリスト教主義教育に基づく人間教育の徹底を図るとともに、新しい時代を切り拓く知の生産、文化の継承と創造のための研究と教育の場として学院を位置付け、そこから生み出される成果をもって大きく社会に貢献することを呼びかけるアグレッシブな提唱でありますが、今この関連で、私は関西学院が中学部、高等部のセカンダリー・スクールと大学、大学院の高等教育・研究機関を擁する「総合学園」であることとの積極的意味についてあらためて強調したいと思います。

キリスト教主義に基づく人間教育が、自覚的に自我の形成がなされる青年前期、すなわち中学から高校までのいわゆる基礎教育のグレードにおいてより効果的かつ意味深く実践されることについては容易に了解されます。もとより人間の成熟度には個人差があり、ことに思春期は精神の「第二の誕生」を体験し、人生のクライシス（岐路）に立つ時期ですから、宗教教育の在り方に関しても、中学部と高等部の間には当然のこと区別が設けられねばなりませんが、いずれにせよ、若者の柔らかい感性と知性を磨き、スクール・モットー「マスタリー・フォア・サービス」の精神をしっかり体得する上では、セカンダリーの段階が生命線であることだけは確かであり、関西学院が総合学園である重要な意義と利点もここにあります。もとより、大学におけるキリスト教主義教育が遅きに失するとか無意味であるなどと言うのではありません。高等教育における宗教（Religion in Higher Education）の問題は学問論や職業観、あるいはキャンパス・ミニストリーの理念とも結びつき、また別のアプローチを必要とする広範な課題領域であり、同時に、関西学院においては、中・高・大の一貫教育、その制度やカリキュラムの改革をも含めた継続性の検証、さらに、国内外の同じメソジスト系教育機関との連携をも視野に入れたセカンダリー・スクールの拡充計画を推進することが重要と思われます。

プロテスト・スクール——関西学院

「二十一世紀構想」の指導的理念は、社会的貢献に徹する学院教育の振興を基調としています。教育活動が人間社会の基本的機能の一つであるかぎり、社会へのレレヴァンシー（有効・適切性）という側面は外し得ません。しかしそれは単なる社会への順応、況や迎合ではありません。時流に乗るのではなく、むしろこれに健全な意味でプロテストしてゆくことによって、かえって時代をリードすることが求められます。私学、とりわけキリスト教主義の学校は、本質的にプロテスト・スクールという使命を担っているからです。それは決して反社会的なレジスタンスではなくて、混迷と頽廃の時代に、いわば羅針盤としての役割を果たすことができる「地の塩、世の光」としてのプロテスト・スクールという意味であります。

関西学院の全構成員、教員、職員スタッフ、学生・生徒、ご父母、保護者、同窓が打って一丸となり、神のご啓導のもと、希望と勇気を持って勇往邁進することが、今激しく促されています。終わりに関西学院創立者W・R・ランバスの提唱から一節を引きます。

われわれが、これまで科学や文化や宗教において達し得たところは、これから得ようとしているところに比べると取るに足りない。それ故、すでに達し得たところに安住することなく、目標を目指して奮闘する前進の過程こそ肝要なのである。（ランバス The Cole Lectures）

（関西学院広報『K.G.TODAY』二〇〇号　一九九八年四月一日）

「希望の教育」を目指して（インタビュー）

――関西学院（西宮市）の第十三代院長に今春、山内一郎さんが就任した。任期（三年）中に文字通り「世紀の節目」を迎える。学校教育は今、いたるところで破綻と混乱が目につくが、中学、高校、大学を一貫して関西学院で学び、その建学の精神に通じるキリスト教の教えを教壇で説いてきた山内さんは名刺に「関西学院は西暦二〇〇〇年に創立一一一周年を迎えます」と刷り込んで時代の節目をアピール、「今、『希望の教育』を自信を持って推進することが関西学院の使命」と、二十一世紀に向けた抱負を語る。

――院長の役割は？

山内　学校法人の責任者は理事長で、教学の責任者は大学では学長、中学部・高等部にも部長がいます。院長はいわば経営と教学の調整役でしょうか。私は毎朝、院長室からキャンパスをながめ、祈りをささげていますが、それぞれが助け合うこと、その気持ちがエネルギーを生み出すことを、多くの仕事をこなすなかで実感しています。

――時代の曲がり角で迎える節目だけに、関西学院の果たすべき使命を整理し、改めて発信するときでもあります。

山内　ベルリンの壁崩壊（一九八九年）で、ロシア革命（一九一七年）に始まった二十世紀はひとつの区切りを向かえ、以後の混乱、混沌をはらんだまま二十一世紀に向かおうとしています。人類は混迷、退廃の時代に入りました。こうした時期、人間の遺伝子まですべて物質に還元する新しい唯物論、生きる意味や根拠を否定するニヒリズムが台頭しやすい。つまり、絶望です。このまま人類は滅びるのか、立ち直るのか。関西学院の存在理由、その使命は、このニヒリズムと対決し、絶望の対極にある「希望」こそが教育のなかで生かされるべきと考えています。

人間は物質ではありません。これは不思議なことですが、不可解なことではないのです。自らの生涯も、決して自分だけのものではありません。他人への優しさ、感謝する心を持つ存在です。「なるほど」とうなずくことができるものですね。関西学院の教育は、キリスト教主義に基づいてこうした人間の心といのちを養うものであり、「希望」につながる道程と思っています。キリスト教主義とは、自己を絶対化することをひとたび否定することで可能になる豊かな共生、共に夢と希望を実現することのできる志と言えましょうか。

――その「希望」を今後、具体化するには。

山内　二〇〇〇年に創立一一一年を迎えることから昨年四月、学内に「二十一世紀構想事務室」を設置しました。人間教育を徹底化し、新しい時代を切り開く知の生産、創造的な文化継承のために無くてはならぬ教育・研究機関として関西学院を位置づけ、「マスタリー・フォア・サービス」（奉仕のための練達）のスクール・モットーを具現することで地球人類社会に貢献しようという試みです。

関西学院は、中学から大学院までの総合学園です。今、混乱に陥っている教育現場が多いだけに、私たちは一貫教育の利点を活かし、セカンダリースクールにおける「希望の教育」をいっそう自信を持って推進し、これを拡充して中・高出身者の大学生に占める割合を増やしたいと考えています。一方で、同じメソジスト系の国内外の教育機関とも連携し、また大学は大学生だけのものではないという観点から、「心と体」「生と死」「愛と平和」といった関西学院らしいテーマで今の時代に応える「生涯学習」の新しい拠点としての役割も担いたいですね。

――少子化、高齢化が進むなかでの教育。新世紀の教育には課題が多いですね。

山内　どの私学も生き抜く策を練る課題を突きつけられています。創立者ランバスの高い志（ビジョン）を想起し、果敢にその実現のために行動を起こす必要を感じています。関西学院はこれまで「キリスト教主義教育」を建学の理念に据えてきたし、来るべき新世紀にも、これを正しく継承・発展させる「希望の教育」に学院の全構成員が一致協力して取り組む、ということに尽きますね。

（毎日新聞一九九八年五月二五日朝刊　聞き手　阪神支局長　藤原 健）

一世紀を超えて貫流するもの

関西学院は、本年創立一一〇周年を迎えます。旧制大学が認可されてからでもすでに六十七年を数えます。二十名足らずの学生、五名の教師、神学部と普通学部の二学部からなる一粒の「からし種」のような小さな私塾として誕生した関西学院は、今や一七〇〇〇名を超える学生、生徒、七〇〇名の専任教職員、二つのキャンパスに大学八学部と高等部、中学部を擁するキリスト教主義に立つ一大総合学園として充実、発展してきました。

『関西学院百年史』を読む

西欧の私立学校（大学）の多くが教会からスタートしたように、関西学院の経営主体も最初の二十年間はメソジスト・ミッション・ボードの日本年会でした。その後「社団法人」（一九一〇年）、「財団法人」（一九三一年）と法人名は変わりますが、要するに戦後の学制改革によって「学校法人」（一九五一年）に組織が変更されるまで、学院は法的に学校として認められない民間の団体、つまり祈りと志を同じくするものが力を合わせ、寄付を集めて創立された特別な各種学校として歩んできたわけです。日本の私立学校はみな同じ扱いを受けながら営々として教育活動に携わってきましたが、その根底に息づいているのが「建学の精神」であり、関西学院のそれは、創立時に定められた「憲法」（Constitution）に明記されているように、キリスト教のプリンシプル（価値観）に基づく人格形成、健全な全人教育（intellectual and religious culture）の実践であります。そして、その背後にプロテスタント・メソジストの教育的ミッションの理念が大きく作用していることが昨春完結した『関西学院百年史』全四巻の編纂作業を通して明確になりました。

十八世紀の英国で興ったメソジスト運動はオックスフォード大学における学生たちの聖書研究会を起点とします。指導者であったジョン・ウェスレーは、自分の召命が狭義の「伝道」だけでなく、バイブルに基づく広義の「教育」にあることを言明し、知識（knowledge）と信仰（piety）の再結合の意味を闡明《せんめい》しました。

関西学院の創立にかかわるMECS（南メソジスト監督教会）の先駆性を示す教育的ミッションの中でとりわけ注目されるのは、女子教育とアフリカ系アメリカ人教育の振興に加えて、いわゆるセントラル・ユニバーシティーの構想です。一八七二年一月、テネシー州メンフィスで開催されたMECS総会は、枢要な高等教育機関設置を建議し、その実現のために南部の七「年会」からそれぞれ四名の代表を選出して理事会を構成し、五十万ドルの醵金《きょきん》目標を立てました。H・N・マクタイアー監督の奔走、ニューヨークのC・ヴァンダビルトの特別寄付により、一八七三年、州都ナッシュビルにヴァンダビルト大学が創設され、爾来四十年間に亙り同大学はメソジスト関係教育機関のアカデミズム高揚と知的、社会的リーダーの要請のために中心的役割を担いました。W・R・ランバスをはじめ、関西学院に派遣された初期宣教師の大多数が実はこのヴァンダビルト・ウェスレー・ホールの出身者であることもその証左であります。しかしマクタイアー監督の死去（一八九八年）に伴い、教会との関係に摩擦が生じ、ヴァンダビルト大学は一九一四年にMECSから独立しましたが、メソジストの伝統を継承する南部の名門校としての高い評価は今も変わりません。その後、MECSは教会と学校の調整機関としての教育局（Board of Education）を強化・拡充し、現在学院と姉妹校の提携を結んでいるエモリー、SMUをはじめ、デューク、ドゥルー、あるいはワシントンDCのアメリカン、ボストン、シラキュースなどの諸大学がメソジスト関係のアカデミック・センターとしての位置を占めることになりました。

ランバス監督による関西学院創立の背後に、このようなウェスレーに遡る「宗教」と「教育」の再統合の理念、またアメリカン・メソジストのセントラル・ユニバーシティーの構想が生きていることを改めて知るにつけ、今後学院が国内外の同じメソジスト系教育機関（現在、IAMSCU「国際メソジスト関係学校・大学連盟」には六十カ国約七〇〇校が加盟）との連繋を強化し、そのメリットを活かしたセカンダリースクールの拡充や大学における教育・研究の飛躍的な国際化の推進を図ることが重要課題であると思われます。

新しい世紀に向けて

人間の厳粛な知的、精神的営みとしての教育は、本質的な理念なしには成り立ち得ません。関西学院の建学の精神としての「キリスト教主義」とは、決してその絶対性を排他的に主張したり強要する悪しき原理主義ではありません。しかし、関西学院は創立の当初から、キリスト教というプリンシプル、その人間と自然、歴史と文化にかかわる普遍的な価値観を一切の教育的営みの「土台」として選択し、そこに賭けてきました。言うまでもなく、日本の社会においてキリスト教の立場は全くの少数派であります。しかしマイノリティーであるからこそ、「世の光」「地の塩」、すなわちクリエイティブ・マイノリティーとしての使命を担うことができるのではないでしょうか。

教育が崩壊し、日本が本当に危ないと言われる今、関西学院が何を土台とし、何を目的として建てられた学校なのか、そして一世紀を超える歴史を通して何を大切にしてきたか、私たちの精神的ルーツをしかと肝に銘じたいと思います。

（一）総合学園の利点を活かすために、一貫教育委員会に専門部会を設置し、まず学院英語教育の総点検と改革、そして中・高・大の継続性を考慮したカリキュラムの健全な統合化を図ること

（二）昨年締結された「ランバス関係姉妹校（関西学院、聖和大学、啓明女学院、パルモア学院、広島女学院）協定」の基本理念を確認し、経営教学協議会などを軸に協議を進め、その具現のために一歩を踏み出すこと

（三）「キリスト教教育を考える委員会」（コンビーナ　前島宗甫宗教総主事）の諮問を受けて、「建学の精神」の現代へのレレヴァンシーを見極め、その内実化のための具体的方策を講ずること

（四）上ケ原キャンパスのシンボルである時計台を「関西学院記念館」（二階「メモリアルホール」）として整備し、階下に移転した学院史資料室が今後の学院史刊行に向けて学問的取組みを継続できる基盤をつくること

（五）これまで学院内外の諸団体による多方面にわたる利用に応えてきた千刈地区のセミナーハウスとキャンプ場を一層活性化するために、神戸三田キャンパスとも連係し、学院、同窓会、後援会、校友を包み込んだ新しい生涯学習プログラムの企画を練ることなど、新しい世紀に向けて、院長として一半の責任を負うべき緊急課題も山積みです。

この困難な時代、しかし狼狽することなく、希望と勇気をもって一筋の道を歩みつづける関西学院の真に創造的な発展のために、皆様と共に祈りをあつくし志を合わせてゆきたいと希ってやみません。

ランバスの言葉

私は、自分がしなければならないことに

敢然と立ち向う人を熱愛する。
そのような人は意気揚々たる足どりで
人生行路を元気はつらつ闊歩し、
恐れずに日毎の戦いに挑み、
たとい望みが薄くなっても、
なおゆるぎない確信に立っている。
彼は、神が神であり、つねに真実にして義なること、
神の計画がすべて人間のために立てられていることを信じて疑わない。
この世が価値ありと認めるような幸運が
自分の手でつかめぬ時には一滴の涙も流さない。
却って、愛による一片のパンは、不名誉な飽食にまさることを知り、
妬まず、人間への信頼を失わないで、
つねに最善をつくし、自分の惨めな運命を
託《かこ》つこともしない。
むしろたえず微笑を忘れず、
希望の言葉を語り、
骨折って働く一人びとりを熱心に励ます。
このような勇気ある生き方によって
自らの運命を克服する人こそ、

真に偉大と言うべきである。　（前掲 The Cole Lectures 一二二―一二三頁）

（関西学院広報『K.G.TODAY』二〇四号　一九九九年一月十九日、『研修紀要』一九号　一九九九年三月三十一日）

新しいミレニアムを迎えて

創立者ランバスの祈り

W・R・ランバスによる関西学院の創立は個人の企てではなく、ジョン・ウェスレー（一七〇三―一七九一）の流れをくむ米国南メソジスト監督教会（Methodist Episcopal Church, South）の代表としてその教育的使命を果たすためでありました。一八八五年、同教会外国伝道局はジャパン・ミッションの開設を決議し、南北戦争の痛手などによって中断していたジャパン・ミッションの計画を新たにし、翌一八八六年、他教派に四半世紀遅れてようやく日本伝道を開始したMECSが、強力なリーダーシップを求めて総理（Superintendent）に選任したのが三十二才の若きエースWalter Russell Lambuthでした。開校四十周年記念『関西学院史』のプロローグの中で第四代ベーツ院長は、ランバスの卓越せる人格と指導力の秘密を「単純だが偉大な信仰のビジョン」と書かれていますが、このことを彷彿させる重要なエピソードがあります。

一八八六（明治十九）年一一月二十四日、ランバスは家族を伴い北京から神戸に渡来、波止場に近い外国人居留地四七番地、現在の大丸神戸店の東辺りに居を定めました。着任の二日後には、すでに父ジェームス・ランバスが自宅を開放して始めていた英語夜間学校に「読書室」（Reading Room）を設け、伝道と教育活動に取りかかりました。翌年、W・P・パルモア牧師の支援を得てこれをパルモア英学院として拡充するとともに、西日本におけるメソジスト・ミッションの長期展望のもとに牧師・伝道者の養成とキリスト教主義に基く青年教育を目的とする男子の総合学園を設立することを志し、一八八八年八月末、A・W・ウィルソン監督主宰のミッション会議で正式に提議、と同時にランバスは「時は今なり」と一気に準備を進め、先ず適当な校地が与えられることを切望していました。

その頃、神戸の東郊原田の森（現在の王子動物園の一角）に、約一万坪のキャンパス候補地が見つかりました。ここは、当時まだ人家もまばらな石の多い痩せ地で、坪五十銭ぐらいと言われていたのですが、買収の噂が漏れるとたちまちにして地価が高騰し、一挙に二倍という高値を呼びました。したがって、関西学院を創設する校地取得には一万円を要します。米一升九銭五厘の当時、一万坪一万円は巨額な資金です。しかるにその時ランバスの手元にはまったく貯えがなく、加えて米国の伝道局からは、ランバスが伝道よりも教育に力を注ぎすぎるという批判が出て、援助金の見通しも立たない極めて困難な状況でした。しかしランバスは、天父が「すべて必要なものを与えて下さる」（マタ六・三二―三四参照）ことを信じて疑わず、何としてもこの校地を取得する決意をもって日夜同志と熱い祈りを合わせ心を砕き、購入交渉を開始しました。

「一日の苦労はその日一日だけで十分である」

ランバスの熱意に動かされ、彼の人格を信用して、まず香港上海銀行神戸支店の支配人が無担保で二千円の貸付を快諾し、これをもって一万坪の土地買入れの手付け金とし、残額八千円については一両年に分割して支払うという条件で、ついに一八八八（明治二十一）年十一月七日に売買契約を完了することができました。その後、売主はさらに地価を引上げようと図り、一時は契約の成立が危ぶまれましたが、吉岡美國（第二代院長）らの努力によって辛うじて破談を免れたと言われます。資金調達のため、ランバスがどれほど尽瘁したかは想像に難くありませんが、幸い米国のメソジスト銀行家トマス・ブランチ氏の遺言によりミッショナリー活動のために贈られた特別基金の中から思いがけない多額の献金が送付されてきたので負債を償還し残額をすべて払い渡し、契約期日を繰り上げて翌年四月十九日には登記手続きを済ませ、一万坪の敷地は完全に学院の所有に帰したのです。

W・W・ピンソン著『ランバス伝』（一九二三）には次のように記されています。「無一物で着手したことはまことに冒険であった。しかし、よく考えれば無一物ではなかった。彼には物よりも尊い祈りと信仰があった。それ以来、関西学院の礎は祈りと信仰によって据えられた、と言われるようになった」。

ランバスはアメリカ南部出身の宣教師ですが、同時にメディカルドクターでもあり、決して熱狂的タイプの人物ではなく、むしろ知性派であったと思われます。にも拘わらず、メソジスト伝道局の同僚タウソン氏はランバスがやはり「祈りの人」であったと証言しています。無論、ただ祈ることしかできなかったと言う意味ではありません。先に引用したランバスの愛誦聖句の後半マタ六・三四には「明日のことまで思い悩むな……その日の苦労は、その日だけで十分である」と記されています。これは決して「明日は明日の風が吹く」と言う安易な楽天主義を説くものではなく、今日一日の苦労を十分苦労し、困難を避けないで引受けてゆく。なぜなら将来の希望を確信しているからだ、という主イエスのリアリステイックな呼びかけであり、ランバスはこれに応えて隣人愛と奉仕による献身の生涯を生き抜きました。新しい世紀の幕開けを迎えた今、私たちもまた学院創立者の祈りの精神、その信仰に倣い一筋の道を歩みつづけたいと思います。

「汝らは世の光なり」

創立一一一周年記念事業の一環として、待望の関西学院会館が立派に完成し、昨秋一〇月一日オープンしました。日本でもっとも美しいキャンパスにまた一つ新しいシンボルゾーンが誕生した喜びは一入であります。このKGホールは、キャンパス外（off-campus）という位置づけですが、単なる憩いの場、福利厚生施設にとどまらず、建学のスピリットを宿し、学院の内と外を結ぶ新しい「生涯学習」（Lifelong learning）センターとして活用されることを待っています。

会館二階のベーツチャペル正面の壁面には、同窓会長木村正春氏の力強い揮毫による「汝らは世の光なり」（マタ五・一四）という聖句プレートが掲げられています。主イエスが、あなたがたは世の「光」であると言われる時、そこには私たちを取り巻くこの世は「暗闇」であるという前提があります。しかしこの有名な一句は、光が闇の世を明るく照らし、周囲に温もりを与える物理的な光一般の効用についての説明ではなく、むしろ「あなたがた」自身、すなわち私たち一人びとりの生き方、有り様が「光である」というイエスのメッセージです。関西学院の存在理由もそこにあると解し得ましょう。私たちは校歌「空の翼」のなかで「風、光、力」と謳い上げ、関学会館のレセプションホールも「風の間」「光の間」と呼ばれます。上記マタ五・一四以下に「K・G」を当てて読めば「山の上にある関西学院は隠れることができない……あなた方の光を人々の前に輝かしなさい。人々が、あなた方のりっぱな行いを見て、あなた方の天の父をあがめるようになるためである」となります。私たちはしかし、暗闇の世に光輝きたいとは誰しも願うが、実際は「言うは易く、行うは難し」ではないか。イエスの教えは美しいがあまりに理想が高すぎるといって敬遠したり、尻込みし勝ちであります。弱い愚かな人間に対して、聖書は何故このように大胆な呼びかけをするのでしょうか。実はこの言葉の背後に「私は真の世の光である」と言われた〈光源〉としてのイエス自身が立たれていることを想起しなくてはなりません。すなわち、ヨハ八・一二に「私は世の光である。私に従う者は暗闇の中を歩かず、命の光を持つ」と記され（同一・四、九も参照）、周知のごとく関西学院のスクール・シンボルである「新月」（ニュームーン）の聖書的根拠がここに見出されます。確かに人間は誰でもみな欠け多く、自力で光輝くことは不可能としか言えません。しかし、あたかも新月が太陽の光を受けながら反射光を放ち、次第に輝きを増し満月に近づくように、有限で非力な人間がキリストの希望の光、神の無限の力に与ることによって少しずつ成長し、邪悪で曲がったこの時代の直中で「星のように輝く」（フィリ二・一五）ことが可能とされる。それ故“Mastery for Service”の精神を体現する成熟した「光の子」（エフェ五・八）としての若人を一人でも多くこの世に送り出すこと、それが関西学院教育の変わらない固有のミッションであります。

祈りは生活を明るく輝かす。それゆえ萎えた魂のランプに良質の灯油を供給する……祈りは人間の生活を生き活きと拡充する秘訣である。真実なる祈りは決して自己中心的ではない。むしろ常に祝福する相手を求め、不断に動機をふくらませ、目的を豊かにする。一方、祈りを忘却することは、緩慢だが確実な自殺行為を意味する（W・R・ランバス　The Cole Lectures）

（関西学院広報『K.G.TODAY』二〇九号　二〇〇〇年一月二十六日）

変え得ないものと変え得るもの ——理事長就任にあたって

このたび、私は武田建理事長が任期途中で辞任されたことに伴い、残任の二年間、その重責を受け継ぎ、院長職と兼任することになりました。理事長が院長を兼任するという理事長・院長制の復活ではなく、院長職（公選）にあるものが寄附行為に則り、正規の手続きを経て理事長に選出されたことをご理解下さい。もとより私自身は非力な「土の器」に過ぎません。新学期初日、ランバス記念礼拝堂で執り行われた理事長、学長、高中部長就任式で、神田健次神学部長が聖書からモーセの召命物語（出三・一一―一二）を読まれました。人間的には私もモーセと同様、上からの命令に対し「私は何者でしょう」何の力も資格もありません、と訝り拒否するほかはありません。しかし次いで告げられる「私は必ずあなたたちと共にいる」という主なる神の約束が、今新しく心に響きます。関西学院の果たすべき社会的「使命」（missio＝ミッション）が実は神の「約束」（pro-missio＝プロミス）に確かな根拠をもつことを信じ、皆さまのお支えを頂き、微力をつくし専一学院に仕えたいとねがっています。十年の長きにわたり理事長としてご労苦下さった武田建先生、常任理事の岩瀬悉有、佐々木薫両先生に心から感謝申し上げたいと思います。

教育改革の時代

今、私たちはわが国の教育界全体が根底から改革を迫られる非常にクリティカルな時代に直面しています。この激しい状況の変化に即応して、二十一世紀初頭の「関西学院基本構想」策定が決められたのは二〇〇一年六月八日開催の五八十回理事会においてでありました。その後、武田理事長の諮問を受け、学外、学内両グループからそれぞれ提出された「答申」を一本化する作業が進められ、学年末を迎えた去る三月二十七日、これまでの検討成果を「基本構想策定に向けての中間報告」として前理事長に提出し、新理事長がこれを引き継ぎ、これから理事会でその内容をめぐる実質審議を行うことになりました。

学院を取りまく厳しい現状認識を踏まえ、これから私たちが目指すべき長期的目標、そのガイドライン（指針）を再設定し、さらにその目標を達成するための具体的政策、すなわち、キリスト教主義に基づく「建学の精神」、その今日的意義をいかに具現するか、健全な戦略的財務政策をどのように推進するか、中・高・大・大学院を擁する一大「総合学園」の利点を活かし拡充する、その一方で「選択と集中」をどのように敢行するか、とりわけ「研究推進機構」の整備、専門大学院ロー・スクールとならんでビジネス・スクールの設置に向けての検討促進など、当面の重点項目だけでも枚挙にいとまがありません。そして何よりもそれらの諸政策を、教育・研究の現場における合意形成を図りつつ早急に立案・意思決定し実行する法人理事会の構成や経営機能の強化、企画、広報、情報システムなど経営と教学にかかわる学内の会議体、事務組織の改編を含め、今直ちに取り組まねばならない重要課題は山積みです。理事会での集中審議を通じて、近く「基本構想」がまとめられ公表できることを願っています。

関西学院の揺るがぬ土台

一世紀を超える関西学院の歴史を成り立たせている「建学の精神」は、「キリスト教主義に基づく人間教育」と公言されています（一八八九年八月制定の「関西学院憲法」第二条、現行「寄附行為」第三条参照）。このことを軽く考えたり忘却することがあれば関西学院はもはや関西学院ではなくなります。よって関西学院はキリスト者であると否とにかかわらず、全構成員がこの公共的ミッションを実現するために協働する使命共同体（purposeful community）であるべきです。翻ってしかし、私たちがどれほど自覚的、組織的にキリスト教の普遍的価値観に基づく人格形成の課題に取り組んでいるか、スクール・コマーシャリズムの路線で競うのではなく、スクール・アイデンティティーを形成するために学院それぞれの持ち場で私たちがはたして本気で努力しているかが厳しく問われなくてはなりません。

ところでこの「建学の精神」の再確認と内実化には重要な前提があります。それは私学関西学院の設立目的に関する基幹条項を審議し絶えず検討する主体は誰かということです。寄附行為に明記されているようにその最終責任は理事会にあります。学院のキリスト教主義教育は、従来とも中学部、高等部、大学を含め院長を中心に推進されてきました（「寄附行為」第五条参照）。「院長」職をめぐっては一九七〇年代以後種々論議が重ねられましたが（『百年史』通史編Ⅱ　四九一―四九七、五〇二―五〇五頁他参照）、およそ人間集団の職務は実体的と象徴的の何れにも偏することなく、むしろ機能的に捉える必要があります。問題はその機能を遂行するための仕組みが必ずしも明確ではなく整備されていないことです。既存の「宗教委員会」は、学院のキリスト教主義教育全般に関する重要な意思形成の場で、規程化されていますが、決裁機関ではありません。今後はむしろ理事会の中に財務とならぶ中枢部会としてきちんと位置づけられることが望ましいと考えます。

院長が理事長を兼任するという異例の事態でありますが、幸い畑道也院長代理（文学部教授）が高中部長を兼任して下さいます。また法人の常務処理に当たる室谷道義常務理事、財務担当の石井佐兵衛常任理事に加え、新たに山本栄一経済学部教授、井上勝雄経済学部教授、佐野直克理工学部教授の三常任理事の就任が四月一日開催の臨時理事会で承認されました。大変心強く、感謝にたえません。

この困難な時代、早ければ二〇〇四年度にも国立大学の独立法人化が予定され、さまざまに競争力の強化が求められる今こそ、関西学院の揺るがぬ土台をしかと見据え、教職員、学生・生徒、ご父母、同窓諸賢が打って一丸となり勇往邁進することが激しく促されています。終わりに、私があの大学紛争のさなか、希望と勇気を与えられたアメリカの神学者ラインホルト・ニーバーの祈りの言葉を掲げます。

May God grant me the serenity to accept
the things I cannot change,
the courage to change the things I can,
and the wisdom to know the difference.

神よ、与えたまえ、
私の変え得ないことどもを受け入れる冷静な態度を、
私の変え得ることどもを変える勇気を、
そして変え得ないものと、変え得るものとを識別する知恵を。

（関西学院広報『K.G.TODAY』二一〇号　二〇〇二年四月十九日）

創立者W・R・ランバス生誕一五〇周年

新しい勇気

昨夏七月下旬、私はボストンで開催された全米メソジスト系大学連盟（National Association of Colleges and Universities of the Methodist Church）の学長会議にゲストとして参加する機会を得ました。NASCUMCは、ボストン、デューク、エモリー、SMUをはじめ十三の神学校（大学院）、一二〇を超える大学が名を連ね、学生数二十八万人の大所帯です。基調講演を承けてのパネル・ディスカッション、大学生自殺の原因や支援体制をめぐるフォーラムなどを通して豊かな研修の時を共有しました。メインスピーカーとして招かれたフィリップ・A・シャープ博士は一九九三年ノーベル医学賞を受けた優れた科学者で「遺伝子研究の衝撃」（The Impact of Genetic Research）と題する基調講演はかなり専門的な内容でしたが、冒頭シャープ博士はこれまで歩んだ道を振り返って短い個人的証言をされました。「自分はケンタッキーの片田舎でクリスチャンホームに生まれ育ち、長じてやはりケンタッキー州のメソジスト系ユニオン・カレッジのスカラシップを得て、四年間のキャンパスライフを大いに楽しんだ。若き日の人格形成に最も恵まれた教育環境で、良き師、良き友と出会い、人間の生き方の根幹にかかわるキリスト教に基づく普遍的な価値観、倫理観をしっかり体得することができた。人間の生きる意味、一体何を、何のために学ぶのかを絶えず問いつつ科学者として歩んでこれたのは、四年間のキャンパスライフのお蔭である。私の生涯を方向づけた原点は、メソジスト・ユニオン・カレッジです」と大変真率に告白されました。並み居る学長たちはみな心を打たれ、私も教育の現場で責任を負う者として様々な辛いこと、悲しいことを経験する中で、新しい勇気を与えられて帰学しました。

関西学院の西宮上ケ原、神戸三田両キャンパスに学ぶ生徒、学生諸君が、三十年、四十年、五十年の後、「自分の生涯を方向づけた原点、ああ実にわが母校関西学院！」と胸を張って謳い上げることができるような豊かな学びのコースを全うする、そのためにこそ私たち現役の教職員は志を合わせ、スクラムを組み、奮闘することを求められています。

ランバス生誕一五〇周年

関西学院は本年創立一一五周年を迎えますが、二〇〇四年はまた創立者ウォルター・ラッセル・ランバス監督（一八五四―一九二一）の生誕一五〇周年に当たります。ランバスは六十六年の生涯を、使命感をもって世界万人に仕える文字通りグローバル・サーバントとして生き抜きました。アメリカ人である宣教師が、日本人のために創立した関西学院は、その生きた証しであります。もとより、キリスト教のプリンシプルに立つ関西学院は、人間個人を偶像視し況や神格化することを厳に戒めなくてはなりません。しかし、創立者の生涯と思想を正しく理解し、その精神を継承し、今の時代に甦がえらせ活かすとは関西学院の教育的、社会的使命であります。現在、W・ピンソン著、半田一吉訳『ランバス伝』の出版をはじめ、意義ある記念事業の実施計画が準備委員会で練られています。ランバスは、アメリカ南部出身のメソジスト・ミッショナリーですが、その信仰と思想には、ファンダメンタルな原理主義に固執する傾向はなく、却って健全なリベラリズムが窺知されます。そのことを示唆するコールレクチャーの一節を引きます。

われわれは……偏狭な信条（creed）を超えて広い普遍性（catholicity）の立場を志向する……が、しかもその際決して真理の本質を見失わないことが要請されている……一方で善なるものを生み出す諸力が個人の生活を変革し、国家の進路を新しい形態、新しい秩序へと方向づけている。が他方で、悪に向けられた諸力が、われわれの社会と文明自体の根底を脅かしている。人類は、一方で覚醒され、他方で震撼せしめられている。よって今われわれは、正しい時代認識と清冽な使命（ミッション）の自覚によって立ち上がり、新しいアクションに一歩踏み出すことを促されているのである。しかも同時に、我々は危機感と責任感をあわせもつことによって、ついには謙虚に跪座《きざ》し、祈ることへと導かれるほかはない（The Cole Lectures 拙訳『キリストに従う道――ミッションの動態』四三―四四頁）。

コールレクチャーというのは、一八九〇年、コールファミリーによる多額の寄付を特別基金にして世界の著名な講師を招いて開催されるヴァンダビルト大学神学部の冠講座で、ノーベル平和賞を受けたジョン・R・モット、神学者のルドルフ・ブルトマン、パウル・ティリッヒ、R・H・ニーバーなども招かれている由緒ある講座の中にランバスも名を連ね、一九一四年、六回にわたって母校の後輩たちに語った内容が翌年コークスベリー社から出版されました（原題は Winning the world for Christ–A study in Dynamics）。

キリスト教主義教育のさらなる推進を！

いよいよ今春の国立大学法人化に伴い、私学は経営と教学の両面で厳しい挑戦を受けることになります。しかし、危機（crisis）はまた好機（chance）であります。関西学院は昨年二月十四日の理事会で承認した「二十一世紀初頭の基本構想」を公表し、四月には具体的な達成目標と実施スケジュールを盛り込んだアクションプログラムの推進本部が設置され、理事会と教学の現場（中・高・大）が対置関係を越えて一体化を図りつつ改革を押し進めようと全学挙げて努力を傾注しています。健全なガバナンスの確立とともに、今後第三者評価が眼目とする教育・研究機関の個性と生命、「建学の理念」（スクール・アイデンティティー）の再確認、再設定がいよいよ厳しく求められることになります。

三年前、私は学院の「キリスト教主義教育」の内実化に向けて、取り組むべき以下五項目にわたる提言を『K.G.TODAY』（二一〇号）に寄せました。すなわち、一、チャペルプログラムの改革、二、キリスト教と文化研究センターの充実、三、組織制度の見直しと一貫教育の推進、四、社会的実践の新しい可能性、五、開かれた学院――ランバス・リーグの連携強化に関する覚え書きであります。多くの同僚の協力により、それぞれの課題領域で、たとえば学生参加型のチャペルプログラム、RCCと神学部教員、宗教主事のチームワーク強化、英語を先頭とする中高大一貫教育の実績、啓明学院との継続教育提携など、かなりの前進を遂げることができたことは感謝すべきであります。しかし、三月末に定年を迎え任期を終えようとする今、顧みて私自身の非力のゆえ、院長職が機能するための仕組みや新しい学生ボランティア運動の拠点づくり、キリスト教主義人間教育の生きた道場である千刈地区のセミナーハウスとキャンプサイトの活性化、高・大連携とともに中・高一貫教育の徹底のほか「建学の精神に則り、キリスト教主義に基づく教育を推進、統理する」院長としての務めを十分果たせなかったことを反省し、申し分けなく思います。

「基本構想」の精神を活かし、学院の経営・教学・理念の三位一体改革を遂行するために、理事会の下に、現行「財務政策委員会」に加えて、来期理事会から新たに「教育・研究活性化委員会」（仮称）および「建学の理念具体化委員会」（仮称）を設けることが決まっています。今春から神学部がコース制導入による新しい展開を目指し、二〇〇五年度には宗教センターの改築が予定されています。畑道也次期院長のリーダーシップのもと学院の「キリスト教主義教育」が一層力強く押し進められることを希って止みません。

（二〇〇四年一月八日　教職員新年の集いでの年頭挨拶　於関西学院会館）

現状認識と将来展望

「私はいつも見守っていよう」

昨年はウォルター・ラッセル・ランバスの生誕一五〇周年に当たり、"Rediscover Lambuth!"を合言葉にオール・クワンガク挙げて創立者の足跡を想起しました。春と夏、ランバスの両親が中国に向けて出発した米国ミシシッピー州パール・リバー・チャーチ、そしてランバスの生誕と埋葬の地、中国上海を訪れ、また年末年始にかけて宮田満雄同窓会副会長ら一行とランバスが学院創立の五年後に着手した南米ブラジル・ミッションの現地（サンパウロ、リオ・デジャネイロ、ピラシカーバ）に飛び、それぞれの地で関学同窓会の記念総会に参加しましたが、今更のごとく驚き、思い知らされたのは学院創立者が心に抱いた気宇壮大なビジョンです。その夢の実現を目指し持続的に努力を傾注したベンチャー精神、ひたすら人類の幸福と世界の平和のために献身したランバスの清冽な愛と奉仕の労苦は、第四代ベーツ院長が提唱した我らのスクール・モットー"Mastery for Service"の極意と深く強く響き合います。

六十六年の生涯を文字通りキリストの「使徒」（遣わされた者）、「世界市民」として生き抜いたランバスは、一九二一年秋、ミッション会議を主宰するために訪日中俄に発病、第三代ニュートン院長らを枕辺に忽然として横浜から天に召されました。創立者最後の言葉は"I shall be constantly watching"（「私はいつも見守っていよう」）でした。ランバスの「キリストに従う道」としての生涯は死をもって終わりません。私たちは単に過去のランバスを想起するに止まらず、今も私たちを見守り、私たちに「真のグローバリズムとは何か」を問いつづけるランバスの教育的ミッションへの情熱に倣い、互いに内なる姿勢を整え、新しい一歩を踏み出すべきであります。

現状認識

今、私たちは日本の学校史、とりわけ私立の教育・研究機関にとって一つのエポックを画するような大きな転機に際会しています。国立大学独立法人化のスタート、中等教育機関も含めた第三者評価の義務づけ、「私立学校法」の改正、規制緩和に伴う大学設置会社の認可、さらに中央教育審議会大学分科会の審議概要「我が国の高等教育の将来像」の公表、現時の「教育基本法」をめぐる論議など、何れもキリスト教主義に立つ関西学院の将来に避けて通れない挑戦（チャレンジ）を迫るものです。

私は最近リクルートのインタビューを受けた際、激変する競争環境への対応を誤りかねない私立学校を恣意的に三類型に分けてみました。(一) 学生、生徒の募集に関してあまり不安のないいわゆる伝統校。しかし裏側から見るとやがて「慢性型」の症状に陥り、このままでは安楽死を待つ他はない。(二) 周囲の状況変化に敏感に反応し、何とか他校に追いつき先手をとろうとする「焦燥型」。この路線を突っ走るとあるいは憤死を遂げることになりかねない。(三) 立ち返るべき建学の理念を声高に強調する「観念型」。そのこと自体正しくても根本姿勢が後ろ向きであればついに凍死を招くことになる。然からば関西学院は、と問われると、正直言ってこれら三つの危険要因をすべて内包していることを認めざるを得ません。

二〇〇九年、学院はどのように創立一二〇周年を迎えるでしょうか。まさにこれから三─四年が重大なクライシス（転機）、同時に希有なチャンス（好機）の時であります。

将来に向けての展望

関西学院はキリスト教主義を「建学の精神」とする教育共同体です。それゆえ、何よりも全人的教養（リベラル・アーツ）を基礎とする学生・生徒のための教育改革、すなわちこのグローバル時代をリードする新しい「知」のパラダイムを構築し、その担い手たる若い世代の豊かな「人格」形成を一層充実するために教職員一丸となり共働しなくてはなりません。

理事会ではすでに二年前「二十一世紀初頭の関西学院基本構想」と銘打ったミッション・ステートメントを公表し、現在アクションプログラムに基づく第三次中長期計画策定のために鋭意努力を傾注しています。

教育改革の内容はキャンパスのグランドデザインのイメージとも不可分に結びつきます。幸い、昨年西宮上ケ原キャンパスに隣接する新しい校地「第三フィールド」を取得できたのを機に、法人、大学、高中の執行部から成る本部会議（毎週開催）での論議を集約し、学長をコンビーナとする「キャンパス総合開発検討委員会」を立ち上げ、十月一日付で『キャンパスグランドデザイン策定に向けて――「教育改革」のための新校地活用を中心に』を提示しました。その内容は「基本構想」に盛り込まれている関西学院の真に個性的な教育的使命を具現化するための提案項目ですが、Ⅰ現状認識に係る前文に続き、Ⅱキャンパスの拡充整備の方向性。一、大学の既存学部ならびに高等部、中学部それぞれの教育改革・研究の推進、二、中長期財政の見通し、三―五、西宮上ケ原、神戸三田両キャンパスにおける新設学部の必要性、さらに加えてⅢ幹の太い総合学園構想など、何れも“Mastery for Service”の具現化を目指す私学関西学院の将来にとって喫緊の重要課題です。そこで昨年末から上記「検討委員会」（五回）のほか大学評議会、高中部教学協議会、学部長会、各学部の教授会、各教師会、管理職会議など様々なレベルでの合意形成に努めていますが、今後さらにペーパーベースや電子媒体のネットワーク「掲示板」などあらゆるチャンネルを通して『キャンパスグランドデザイン策定に向けて』の全学的な理解の深化と協力を求めて行く所存です。（中略）

責任ある自己

おわりにここでも創立者ランバスの主著コールレクチャーから一節を引きます。

人間は大抵の場合、河川の屈曲した部分にぶつかるまでは、退屈な流れに身をまかせ、生命の危険やこぎ手としての自分の任務について無頓着のままやり過ごす。が、突如急流のなかに巻き込まれ、川底の盛り上がった隆起が航行を妨げるにおよんで驚き、行動を開始する。目前に危険な暗礁が立ちはだかる。が、その先には美しく輝く展望がひらかれている。こぎ手は、難所を切り抜けるための格闘の姿勢、強い責任感へと目覚め、渾身の力をふりしぼってオールをにぎる。こうして彼の小舟は勢いを得、一気に岸へと直進する。いまやこぎ手は、責任ある自己のつとめ（duty of responsible self）を取り戻し、力と使命の自覚を回復するのである。

（拙訳『キリストに従う道』、二〇〇四、関西学院大学出版会、三八頁）

私たちはそれぞれ学院における持ち場を異にしますが、一人びとりみな帆船「関学丸」の無くてはならぬ漕ぎ手です。たとえ逆風が吹き荒れ、暗礁が立ちはだかっても、難所を乗り切り一筋の航跡を拓くために渾身の力をふりしぼってオールをにぎり、互いに「責任ある自己」の務めを果たすべきであります。誰も他人事という態度は許されません。「原点回帰」をバネに学院全構成員の相互信頼に基づく「創造的改革」を進めなくてはなりません。皆様のご理解とご協力を心からお願いいたします。

（関西学院広報『K.G.TODAY』二三三号　二〇〇五年二月五日）

総合学園の再創造に向けて ——初等部開設

創立者ランバスが問いかけるもの

関西学院は一八八九（明治二十二）、米国南メソジスト監督教会宣教師ウォルター・ラッセル・ランバスによって創立されました。創立者の壮大なビジョン、熱いベンチャー精神、清冽な愛と奉仕の献身は、今も関西学院の力の源泉です。しかし、一世紀を超える歴史と伝統を有し、学生・生徒たちの豊かな人格形成にとって最も恵まれたスパニッシュ・ミッション・スタイルの美しいキャンパスが広がる「クヮンガク」、そこには強さもあるが、弱さもあり、可能性とともに限界も認められます。私は昨秋ある学院同窓の集いで、しばしば有力ブランド校に挙げられる「関関同立」の中で、同志社は抜群の知名度、立命はとみに競争力、そして関大は商都大阪を背景に財力に長けていると言われるが、関学は一体どうなのか、と詰問されました。そこで、私が知名度、競争力、財力は何れも今私学が生き抜くための必要条件であるが、果たしてそれだけで十分か、と問い続けるところに学院の個性と生命があると答えますと、理事長の観念論だけではダメだとお叱りを受けました。しかし、必要条件に関してマイナス・アルファは許されないが、最後の評価はプラス・アルファで決まるという私個人の考えは変わりません。

ランバスの主著コールレクチャー『キリストに従う道――ミッションの動態』（拙訳、第二刷、二〇〇五、関西学院大学出版会）の原題はWinning the World for Christ、前半を直訳すれば「世界制覇」の意味にもなりますが、ここに“for Christ”という限定のある点が甚だ重大です。キリストが地上の生涯を賭けて証した普遍的な隣人愛（アガペー）を母校ヴァンダビルトの後輩たちにアピールすることがこのレクチャーを貫く根本モチーフであり、創立者が今も問いかける「弱肉強食」とは正反対の「真のグローバリズムとは何か」という人類の公共的課題に向き合う私たちに、先程田淵宗教総主事によって読まれたイエスの教え、「平和を実現する人々は幸いである。その人たちこそ神の子と呼ばれる」（マタ五・九）、また「愛をもって互いに仕えなさい」（理工学部に掲げられる聖句ガラ五・一三）というパウロの呼びかけが新しく心に迫ってきます。そして私たちはこの中央講堂演壇の真上に掲げられている関西学院のスクール・モットー“Mastery for Service”を、学生、生徒諸君と共にMastery for “Peace”, Mastery for “Love”と重ねて読むことを激しく促されます。

聖書やモットーの「解釈」だけで歴史は動きません。関西学院が、これから同じ根（ルーツ）をもち、建学の根本理念を共有するランバス姉妹校（パルモア学院、啓明学院、広島女学院、聖和大学）との連帯を一層強化し、平和と愛を希求する教育「実践」にいよいよ邁進することを混迷の今の時代が切実に求めています。私たちはその期待に応える教育的使命を担っています。

第三次中長期経営計画――念願の初等部開設

学院は二年前、「二十一世紀初頭の基本構想」（ミッションステートメント）を公表しました。ここで言う二十一世紀「初頭」のタイムスパンについてよく聞かれますが、百年はおろか十年の計を立てることも容易ではない現在、私たちは学院が創立一二五周年を迎える二〇一四年頃までの八―九年を視野に入れ七項目の重点施策を掲げ、「変革の時代を乗り切るために、未来は過去の延長上にはなく……新たな挑戦がなければ将来展望は拓けない」という見地を開陳しています。その後、具体的な実施計画を確定する「アクションプログラム推進会議」（コンビーナ・理事長、サブ・学長）を構成し、そこで固められた大・中・小合わせて約四十項目の概要、その中には既に実施済みやあるいは緒につき現在進行中の項目も少なくありませんが、同時に、学院を取り巻く社会状況とニーズの変化に即応して、専門職大学院の拡充（司法研究科に続いて経営戦略研究科）、大阪梅田キャンパスの開設、三日月塾や丸の内講座など東京オフィス戦略、そして第三フィールド（上ケ原山田町）や宝塚ファミリーランド跡の土地取得を梃子に、学部、学科の新設・改編、そしてかねてから念願の初等教育機関の開設など種々大きなプロジェクトが盛り込まれています。それらを法人、中・高・大執行部から成る「本部会議」（議長・院長）で協議し集約した内容を踏まえ、さらに学院コア会議での摺り合わせを重ねながら「中長期経営計画」あるいは「キャンパスグランドデザイン（再整備）」の策定を行い、昨年十月十四日開催の定例理事会で大綱を承認致しました。

二〇〇八年四月、宝塚ファミリーランド跡地に開校予定の初等部（小学校）の入学定員は九十名、収容定員五四〇名を想定しています。すでに教員人事の第一次選考を終え、今年四月に就任予定の磯貝暁成初代部長は、日本一のKGエレメンタリー・スクールを創りあげる抱負を表明されています。初等部（男女共学）開設に伴い、二〇一二年以降、中学部、高等部は共学化に踏み切り健全な拡充（予定入学定員　中学部二四〇名、高等部三六〇名）を図ります。これまでのボーイズスクールから、新しい高中部への創造的変貌を遂げようとしています。

経営計画の実施予定と先行的予算措置（略）

責任体制強化のために寄付行為改正

「教学」の改革なき「経営」の独立は無意味でありますが、財政基盤の裏付けなき教育改革がついに画餅に帰すこともまた否めない事実です。私は役目上関係する審議会の委員として、今や横並びとなった国公私立諸教育機関の財務状況を調査し分析・評価する作業にも携わっていますが、国公立の場合は基本的に政府や各地方公共団体が税金による出資者、設置主体であるゆえ、情報開示や説明責任を課せられているとは言え、要するに「収支は概ね均衡がとれており、過大な支出超過になっていない」という紋切り型の結果しか出ない。自己資金というコンセプトもなく殆ど内部努力や監査の必要もない、私学から見るとまるで別世界に映ります。一方、わが国の大学生八割近くを受け入れてきた私立大学、短大の三十％以上が定員割れを起こし、慢性的赤字財政から経営破綻に陥る危険さえ孕んでいる。したがって今後は一応収支バランスがとれている私学間にも次第に大きな帰属収支差額の格差が拡がり、確実に深刻な事態が予想されます。「まさか関学が衰亡するような心配はないでしょう」と言われるその「まさか」が起こらない保証はありません。今こそ「基本構想」が強調してやまない教職員の意識改革が至上命題です。今日私たちがこのように一堂に結集しているのもオールＫＧががっちりスクラムを組み前進する内的姿勢を整えるためです。

学院の経営規模は大手の主要私立学校法人の中では比較的小さく、関関同立の中で最下位です。消費収支

（二〇〇四年度）を比較しますと、帰属収入合計では、関西大学が学院の約一・六倍、同志社一・八倍、立命館二・四倍、学生数（二〇〇四年度、夜間二部除く大学、大学院）は、関西大学が一・五倍、同志社一・三倍、立命館一・八倍となります。従って学院は教学改革を推進する上で予算面の余裕が極めて乏しく、基本姿勢として「選択と集中」による財源の重点投入が不可欠となります。国策として補助金の傾斜配分が図られ、学納金の伸びを上回る人件費、経費の支出が財政状況の悪化を招く財政難の中で、法人は学院の「真理探究」（マスタリー）を目指す教育・研究機関本来のアイデンティティーを再確認するとともに、従来の管理「運営」から「経営」努力へのスタンス転換を厳しく迫られています。

そこで理事会は、今後も財務体質強化のために、外部資金（寄付、補助金など）の導入策に本腰を入れ、入学志願者増や在学生収容定員数の確保、いわゆるスクラップアンドビルドを前提とした事業の見直しや組替え、諸経費削減に向けた施策の検討を早急に進める予定です。従って予算編成についても実情に即し思い切った構造的改革が必要となります。また学校法人は国から私学助成を受けている公的機関であり、教育・研究費の予算配分はもとより、教職員の給与等についても「社会的水準」を慎重に勘案し、従来の既得権を前提にした積み上げ方式からの脱皮も要請されます。理事会としては今直ちに他の私立学校法人で実施されている給与や賞与の大幅カットのような施策は取らずに、何とか現在の難局に処するべく努力を傾注する所存ですが、どうか皆様のよきご理解とご協力をお願い致します。

「基本構想」の中で重点課題の一つに挙げられているのが、学院全体のリーダーシップ確立を目指す理事会構成の刷新です。「建学の理念」という私学ことにキリスト教主義学校存立の根幹にかかわる問題をきちんと受けとめ、「教学」の活性化のために「経営」の責任を負う主体が理事会です。関西学院はこれまで民主的に構成員みんなの合意の上に理事会が意思決定するボトムアップ型の風土でした。従ってこれをトップダウン型のガバナンスに切り替えるという意味ではなくて、どのように理事会の健全な機能強化と責任あるリーダーシップの確立を目指すか、です。今後は教学サイドと経営サイドが二分法的な対置関係を超えて、むしろ総力挙げて両者の緊密な連携を図ることが要諦です。

今般の理事会構成変更に伴う「寄付行為」の改正は、上述の基本的な考え方に則り、二年近く重ねてきた議論を踏まえ、二〇〇五年十二月九日開催の理事会に上程、承認議決され、翌十二月十日開催の評議員会で同意を得たものです。

おわりに

本年関西学院は創立一一七周年を迎えますが、折しも今私たちは大きな社会的転機に際会しています。「団塊の世代」が主役であった高度成長期に構築されたわが国の社会経済システムが制度疲労に陥り、そこに組み込まれてきた私学のあり方が大変革を迫られています。「私立学校法」の改正あるいは「規制緩和」「自由競争」「差別化」政策への転換に伴う教育・研究機関の多様化が急速に進み、大学全入時代を目前にし、世界的なボーダレス化の直中で、関西学院がこれからどのように「建学の精神」に基づく教育・研究の高い質を保証し、固有のミッションを担いつづけることができるか、座標軸を再設定し、何にどうコミットするかを明確にすることが焦眉の急であります。厳しいクライシスの中でこそ狼狽したり敗北主義に陥ることなく、教職員打って一丸となり、将来に向けて大きな夢を描き、あくまで学生・生徒の目線に立ったＫＧリフォメーションを力強く推し進めなくてはなりません。

三年後、二〇〇九年に迎える学院創立一二〇周年を機に、「総合学園再創造」に向けてスタートを切り、所期の目的を達成することによって、二一世紀の関西学院はさらに大きな飛躍を遂げ、人類の幸福と世界平和実現の担い手たり得るのではないでしょうか。互いに心を高く上げ、新しい大きなビジョンを共有し、もてる知恵と力を糾合して一歩でも半歩でも前進したいと心から希って止みません。たとえ私たちの時代に実現できなくても、次の世代にしっかりバトンを託さなくてはなりません。

（関西学院広報『K.G. TODAY』二三七号　二〇〇六年二月二十八日　年頭所感より）

原点回帰で創造的改革

――初等部から一貫で全人教育（インタビュー）

――関西学院（兵庫県西宮市）は、二〇〇八年の初等部開設や聖和大学（同）の統合など、最近ニュースで登場する機会が増えている。学部学科の新設計画もあり、次々に新しい風を起こそうとする姿勢が印象的だ。改革が進む関西学院の今後、教育理念について、山内一郎理事長（七一）に聞いた。

――関西学院にはＯＢの山田耕筰、詩人の北原白秋による素晴しい校歌「空の翼」がありますね。歌詞にも出てくる「Mastery for Service」というスクール・モットーに込められた思いとは、どのようなものですか。

山内　「奉仕のための練達」と訳されていますが、私は「実力を備えた自由人」と解釈しています。ベーツ第四代院長が提唱した言葉で、今風に言えば、自分が学びインプットしたものを万人のために喜んでアウトプットする心の広さという意味です。学生には、自分自身でこのモットーを言い換えて、人生の指針にしてほしいと問いかけています。校歌、スクール・モットー、そして恵まれた教育環境が関学の誇り、喜びです。

――理事長は大学の類型として、伝統校はマンネリ型になり安楽死の可能性がある▽状況変化に過剰反応する大学

は焦燥型で憤死を遂げるかもしれない▽宗教系の大学は観念型で凍死を招くかもしれない――の三つを挙げています。

山内　関学も対応を誤ると、これらの類型に陥りかねない。私たちは「原点回帰」をバネにした「創造的改革」でこうした危機をチャンスに変えようとしています。原点とは米国人メソジスト宣教師の創立者ランバスの志。ランバスが何ゆえ日本の若者のために関西学院を建てたのか、その精神を想起することから未来が拓かれると信じています。

――二〇〇八年に予定している聖和大学統合の経緯はどのようなものですか。

山内　聖和大学は創立者の一人がランバスの母親であり、同じルーツと教育理念を共有する正真正銘の姉妹校です。経済行為として見れば大学の合併ですが、私たちは高次の理念に基づいた「夢のあるユニオン」を目指しています。大学が「生き抜く」ための健全な相乗効果も期待され、実現すれば、わが国の大学改革のあり方に一石を投ずることにもなると思います。

――関西では今春から同志社と立命館が、二〇一〇年から関西大が付属小を開設。関西学院も二〇〇八年四月から宝塚市の宝塚ファミリーランド跡地に関西学院初等部を開設します。小学校からの一貫教育の狙いは何ですか。

山内　単なる少子化対策ではなく、幼少期の教育が人間形成の基礎をつくるという考えに立ってのことです。私学が、国公立の教育機関と勝負できるのは一貫教育だと思います。今は、ボディ（肉体）は発達しても、マインド（頭脳）と分離しているためにさまざまな問題が起きています。人間がもっと本来の力を発揮して生きることが求められている今こそ、早い時期からボディとマインドを結びつける豊かな心（スピリット）を育む「全人教育」が必要なのです。

——確かに今後は偏差値よりも、個性が求められる時代になると思います。二〇〇八年は、さらに学部・学科の新設など関西学院の改革が具体化する年ですね。

山内　聖和大学との統合により教育学部が立ち上がれば、幼稚園から高校までの幅広い教職の資格取得が可能になります。聖和短大は地域ニーズが高いので存続の予定です。それに加え、二〇〇八年に三学科から成る人間福祉学部の開設、社会学部に社会表象学科の新設などを計画中です。

——教育プログラム改革も進んでいますが、四年間で二つの学位を取得できる「ジョイント・ディグリー制度」の導入はユニークですね。

山内　二〇〇四年度の入学生から適用されている日本初の制度です。現在の三年生が、この秋に行われる編入試験で初めてこの制度にチャレンジすることになります。

——「英語の関学」と言われますが、神戸三田キャンパスの教員の外国人比率は四割に及ぶそうですね。

山内　語学教育は言葉だけでなく、背後にある多様な文化や価値観を学ぶ大事な教育だと思います。言語は早期から継続して学習することが重要で、中学部や高等部でも力を入れています。高等部は二〇〇四年に文部科学省からより高いレベルの英語教育を行う「スーパー・イングリッシュ・ランゲージ・ハイスクール」に指定されました。

――関西学院の知名度は関西では高いのに関東ではそうでもない。東京オフィスの開設もそういう理由からですか。

山内　残念ながら関東での知名度は高くありません。同窓生からも「関学は社会に向けてのアピールがうまくない」と言われます。でも大学がコマーシャリズムに染まり、本来のアイデンティティを見失うと自滅すると思います。先日、キャンパスを訪れた同窓生から、「母校・関学に人格を感じる」との言葉をもらいました。これは国公立にはない良さだと思います。関学には目には見えないですが、百十余年の歴史を貫流する命の輝きがある。教育現場でこのスピリットを学生・生徒たちの魂に吹き込み、グローバル時代の中で信頼される優れた人材を育てていきたいですね。

（毎日新聞企画特集「学びの現場から」二〇〇六年九月二十日朝刊　聞き手　毎日新聞学芸部長　鈴木敬吾）

輝く自由、遙けし理想 Let's go K.G.! ——聖和大学とのユニオン

今、関西学院が問われているもの

関西学院は、二年後に創立一二〇周年、二〇一四年には一二五周年を迎えますが、折しもいま私たちは大きな転機、決して大仰な意味でなく「伸るか反るか」のターニングポイント（峠）にさしかかっています。理事会は二〇〇三年二月に「二十一世紀初頭の関西学院基本構想」（ミッションステートメント）を公表して以来、「原点回帰をバネに創造的改革」を合い言葉に新しい時代の総合学園再創造に向けて努力を重ねてきました。

「原点」とは創立者ウォルター・ラッセル・ランバスの志、ミシシッピー・パールリバーの記念碑銘にある World citizen and Christian apostle「世界市民にしてキリストの使徒」としての清冽な生き方、学院建学の精神は「キリスト教主義に基づく人間教育」です。ここで言う「キリスト教主義（principles of Christianity）とは、キリスト教のプリンシプル（複数）、その人間と自然、歴史と文化、あるいは社会と倫理にかかわる普遍的な価値観を教学と経営一切の根拠として主体的に選択し、文化の地平、教育一般の文脈の中で自らのアイデンティティー（個性と生命）を自覚的に表明する旗印（「寄付行為」第三条に明記）、拠って立つ「土台」であります。したがって、いつも申し述べている

ごとく、決して独善的「イズム」や排他的「ドグマ」ではない「キリスト教主義」を「建学の精神」とする関西学院は、そのすべての構成員が、キリスト者であると否とにかかわらず、この公共的なミッション実現のために共働する「使命共同体」（"purposeful community", cf. Parker Palmer, The Courage to Teach, 1998）であります。

人類がいよいよグローバル（全球）化時代に突入した今、澎湃として台頭するいわば新しい自由主義（pluralism）の波に抗して、単なる拡大路線に陥ることなく、スクール・コマーシャリズムに毒されず、文化のベクトルを効率や有効性（utility）を超える価値（value）の次元にしっかり定位させる関西学院の総合的な「教育力」が今深いところから問われ、またその使命達成の手立てを確保する健全な「経営力」が厳しく求められています。

総合学園再創造に向けての取り組み

二〇〇四年度よりＫＧハブスクエア大阪を「大阪梅田キャンパス」として拡充、専門職大学院「法科大学院」（ロースクール）に続いて二〇〇五年四月に「経営戦略研究科」（ビジネススクール／アカウンティングスクール）がスタートしました。そして昨年、上ケ原山田町の国有地五七〇〇〇平米（約一七〇〇〇坪）購入を機に、正課授業のグランドをはじめ硬式野球部、アメリカンフットボール、馬術部各施設をこの第三フィールドに移転し、二〇〇八年四月には（一）その跡に大学人間福祉学部の新設、そして（二）宝塚ファミリーランド跡にいよいよ初等部開設の準備が始まっています。さらに二〇〇九年以後、（三）神戸三田キャンパス既存二学部の改編と各一学科の増設、また（四）聖和大学との合併による教育学部開設、さらに（五）二〇一〇年を目途に関西学院の建学理念を具現化する新しい国際系学部の設置等、オールＫＧの創造的な教育改革を推し進める大きなプロジェクト構想が鋭意練られています。

「夢を育む」初等部に関しては、昨年六月一六日兵庫県に設置申請を提出、私立学校審議会の審議を経て県の実地調査後、許可を得て校舎着工、本年十二月竣工の予定です。また昨年九月二十七日、日野原重明先生（旧制中学部卒）を迎えて記念講演会、シンポジウムを開催（『K.G.TODAY』二四〇号に内容掲載）、さらに十一月から本年二月にかけて磯貝曉成先生（初等部長就任予定者）によるシリーズ「関西学院初等部の目指すもの」と題する教育講座を上ケ原、大阪梅田両キャンパスで延べ十回実施、大きな反響を呼んでいます。現在、井上勝雄担当理事、磯貝先生を中心に教員人事、「関学タイム六〇」を盛り込んだ独自のカリキュラム、入試広報など着々と準備が進められるなか、二〇一二年度以降、共学化に踏み切る中学部、高等部の拡充計画（予定定員中学部二四〇名、高等部三六〇名）についても具体的検討に入っています。

「実学の府」を目指す人間福祉学部は、現在の社会学部社会福祉学科とスポーツ科学・健康科学研究室を母体とする社会福祉、社会起業、人間科学の三学科構成で、「こころ」と「身体」の両面から人間理解を深め、現代社会が抱える諸問題と取り組む実学の拠点を築き上げます。この新しい学部を内包する講義棟「G号館」（地上三－四階、地下一階、鉄筋コンクリート造り）の建設工事も順調に進捗していますが、教育・研究機関としての理念および設置構想について『K.G.TODAY』二三八号に加え、とくに芝野準備室長を囲む座談会（同二三九号に掲載）をもう一度お読み下さい。

学校法人聖和大学との合併について

聖和大学とのユニオン・プロジェクト、その歴史的背景と今日的意義については、昨年一月十九日に行った新聞記者会見の詳報が『K.G.TODAY』二三七号に掲載されました。関西学院は一八八九年、アメリカ南メソジスト監督教会宣教師ウォルター・ラッセル・ランバスによって神戸原田の森に創立され、聖和大学は一八八〇年、アメリカ組合教会のJ・E・ダッドレーらが創立した神戸女子神学校、一八八八年にランバスの母メアリー・I・ランバスが開設した神戸婦人伝道学校（後にランバス女学院と改称）、ランバスの父ジェームス・W・ランバスが創設に関わった広島女学校（後の広島女学院）保母師範科を源流としますが、両校はランバスファミリーが南メソジスト監督教会を母教会とする縁で歴史的に同根の繋がりをもっています。さらに関西学院と聖和大学はともに十八世紀の英国で興ったメソジスト運動の祖ジョン・ウェスレーによる提唱「知識と愛の結合」「全年齢層を対象とする全人教育」という根本理念を共有しています。両キャンパスは徒歩十分余りの至近距離にあり、スクール・モットー Mastery for Service（関西学院）と All for Christ（聖和大学）の真意も深く響き合います。聖和の歴代理事長、学長も関学出身者が多く、まさに天の時、地の利、人の和に適った今般のユニオンを踏み台として、両校が互いに補い合い、健全な体質強化あるいは相乗効果を生み出し、幼稚園、保育所および初等部、中・高・大、大学院、専門職大学院を擁する一貫教育体制のさらなる拡充・強化を図ることによって、「キリスト教主義」に基づくわが国有数の総合学園再創造に向けて大きな飛躍を遂げることが期待されます。（中略）

理事会の継続性と機能強化

昨年末、私は国公私立の理事長、学長約四十名が参加した大学トップマネジメント会議に出席し、今わが国の高等教育界に大きな地殻変動が起こっている事実を改めて認識しました。国公立大学が法人化のスタートを切り、意志決定に係るガバナンス重視という新しい方向を選択し、ＣＥＯとしての学長をトップに予想以上に順調な歩みを進めているその一方で、財政基盤の脆弱な私立のマネジメント体制はきわめて多様で、法人間の経営力が格差を拡大し、いよいよ熾烈な淘汰の時代到来というのが実感です。

「基本構想」の中で「学院の進むべき方向性」の重要課題の一つに挙げられたのが「学院全体のリーダーシップを確立する」理事会構成の刷新です。そこで新たな体制づくりのために二年近くかけ検討を重ね、その結果に基づく寄附行為改正案および同施行細則改正案が理事会、評議員会の承認を得て、昨年三月十日付で文科省の認可を受けました。今年度四月から任期の始まる新しい理事会、評議員会はこの改正内容に則って構成されます。改正内容の要点ならびに理事、監事、評議員選出手続き等、詳細は『K.G.TODAY』二三八号でお知らせしたとおりです。

今や国公私立が横一線に並び法人間競争が激化する直中で、理事会には否応なしに経営戦略を練ることが求められています。しかし、何のための経営かと言えば、学生・生徒たちの豊かな学びと人間形成のより良い条件を整えるためです。財の確立なき教学の改革は画餅に帰しますが、教育改革を抜きにした経営至上主義は無意味です。建学の理念やミッション（社会的使命）という私学、ことにキリスト教主義に立つ関西学院存立の根幹にかかわる問題を、責任主体として最終的にきちんと受け止めるのが法人理事会です。昨年の年頭所感でも述べましたが、学院はこれまで民主的に構成員みんなの合意の上に理事会が意志決定するボトムアップ型の風土でした。従って、これをトップダウンアプローチに切り替えると言う意味ではなくて、ボトム（そしてミドル）アップ、つまりあくまで教学の自律性を尊重しつつ、いかに経営のガバナンスを確立するか。教学と経営の二分的対置関係の固定化、況や逆ガバナンスや縦割セクショナリズムの弊害を打破して、むしろ両者の緊密なインターフェイス（相互作用）による融合、ガバナンスの二重性をプラスに転ずる強固なパートナーシップ（協同体制）の構築こそが要諦です。

第三次中長期経営計画における今後の見通し（略）

おわりに

今年の干支は猪です。聖書の中ではただ一カ所、詩編八〇・一四に森を荒らす wild pig として登場しますが、亥の年二〇〇七年は地球人類世界が混迷の度を深める中、わが国でも地方、国政選挙を控え、教育基本法や関連法につづき憲法改正への動きなどさまざまに波乱含みの年であると思われます。しかし関西学院は教育基本法の前文に謳う「真理と平和を希求する人間」教育というミッションをこれからも変わることなく担いつづけ、今の時代に逆挑戦する真の意味でのプロテストスクールとしての役割を果たして行かねばなりません。学院の見えるキャンパスの姿は歴史の中で時々刻々変貌します。しかし目に見えないKGスピリットは歴史を超えて変わらない、変えてはならない「輝く自由」「遙けし理想」です。私自身、実は年男六回目を迎える巡り合わせの一人ですが、猪突猛進は厳にこれを戒めつつ、しかし与えられた持ち場で自己の責任を負い、上よりの導きを祈り求めつつ、右往左往せずに真っ直ぐ歩む志を新たにしています。学院の教職員、学生、生徒、同窓、校友すべてが一丸となり、創立者ランバスの抱いた気宇壮大なビジョンと熱いパッションを共有し、試練の中にも希望と勇気をもって私たちに託されたミッション実現のために邁進したいと希ってやみません。Let's go K.G.!

（関西学院広報『K.G.TODAY』二四一号　二〇〇七年二月二八日）

オール関学の「再生」――関西私学のリーディング・スクールを目指して

関西学院の「生命と使命」

今わが国の教育界全体が時代の潮流に即応して大きな変革を迫れている中、国公私立を問わず初等、中等、高等教育機関はそれぞれに自己点検や外部評価が義務づけられ、学院も昨年度に大学基準協会から高水準の認証を受けました。私は一昨年から学位授与機構の機関別認証評価委員に任ぜられ、昨年度は国公立大三十七校、私大一校の評価作業に携わりました。評価の趣旨には、大学存立の根幹に係る「建学の理念」が具現されているか否かを評定すること、と明記されています。しかし「大学の目的」に関する各校の記述内容は概して乏しく、学校教育法（五二条）が規定する内容を敷衍し学則に盛り込んだ類の陳述が多く、その背後には国公立の財源が基本的に国や地方自治体の交付金で賄われているゆえ、国益に役立つ人材の養成が義務であるという固定した議論の枠組みが看取されます。

日本の大学に欠けているのは思想性であると言われますが、University Identity の再確認、今何にどうコミットするか、座標軸の再設定こそが要諦であります。K予備校のアンケート報告では、大学案内パンフレットのどの項目を重視するかの問いに、「大学の理念」や「学長メッセージ」と答えたのはわずか三・五％と出ています。入学前の志願者の場合これはやむを得ないことですが、入学した学生、生徒たちに対してはギリシャ以来のeducation、すなわち人間に内在する能力を引き出し伸ばすだけでは全く不十分で、同時に外から普遍的な倫理的価値観、新しい人生のビジョンを吹き込むempowerment、広義の導入教育、リベラル・アーツの復権が求められます。

ランバス博士やベーツ院長の名前だけでなく、そもそも創立者の志は何であったのか、スクール・モットー"Mastery for Service"の今日的意義をどう考えるかについて、学生、生徒諸君はクラスやチャペルで日常的に問いかけられています。私は昨年、就職十二年までの若手職員研修グループが行った意識調査の結果を見る機会がありました。「関学で何を一番誇りに思うか」という質問に対して、入職一年目スタッフの回答は「キリスト教主義教育の一世紀を超える歴史」の項が群を抜き四十四％であるのに、二年目から経験年数を経るに従ってその意識が希薄になる傾向が窺えました。教職員をはじめ保護者、同窓、校友すべてが私学関西学院の拠って立つ「生命と使命」（Life and Mission）について、絶えず思いを新たにすることを抜きにして関西学院の存在理由も未来の展望もありません。私はそう思います。

現実直視と危機意識の共有

『井の中から出た蛙』

昨年秋、経済学部の生田種雄名誉教授が叙勲の栄を受けられ、十一月二十四日に開かれた祝賀会に私も招かれ、小宮孝先生の導きでクリスチャンになられた篤学の士、また大学や法人の役職者として尽力された先生への謝辞を述べましたが、その折りに頂いたご新著『井の中から出た蛙』の中で先生は次のように述べておられます。「学生時代を含めて五十年間在籍してすっかり関西学院の学風や雰囲気に慣れ親しんでしまい、外部の世界を知らなかったために、Ｆ大学に再就職した当初は、ひどいカルチャー・ショックに襲われた。……（しかし）民主的で教授会の権限があまりにも強く、このために全学的な計画の決定が停滞するボトムアップ方式の関学と、学長の権限があまりにも強く、このために何事も速やかに決まるトップダウン方式のＦ大学、この体質の全く違う二つの大学に勤めたことによって、今後の大学のあるべき姿（システム）について種々考えることができた。関学のような伝統校の教職員は、過去の実績・名声を過大評価し、自分の大学だけは大丈夫だろうと思い込み、危機意識が乏しいので、生き残りのための制度改革にはとかく消極的になりがちである。……（だが今や）伝統校も安閑としておれない。建学の精神を発揚するのにふさわしい体制の構築のためには……先ず学内からセクト主義を排除しなくてはならない。このためには、全教職員が全学的な立場に立って危機意識を高め、改革への強い意欲を持つようになることが必要であろう。Ｆ大学の関学出身の一教員が関西学院はこの大学から見れば天国である、と言った言葉は未だに脳裏に焼き付いて離れない。この言葉を思い出すたびに、関西学院に職を得たことの有り難さを痛感するとともに、現役の教職員諸君がこの有り難さを意識し、現状を直視して危機意識を持ち、セクト主義を排した上での組織の改革・仕事の改善に向けて尽力されるよう熱望する」（同書、一二〇―一二三頁参照）。

少し長い引用になりましたが、どちらかと言えば控え目な「仕事の虫」でありつづけられた生田先生が、関西学院という「井の中」では知り得なかったことを知り、このように警鐘を打ち鳴らされるその真実に私自身いたく共鳴しました。私もまったく同じ思いを持ちますので、私の考えをここに込めて皆様にもお伝えする次第です。

昨年四月から副理事長としてご尽力頂いている森下洋一同窓会長も『母校通信』あるいは「チャペル週報」を通じて二十万を超える同窓、そしてキャンパスに学ぶ後輩現役諸君に「変わらぬ理念、変わりゆく方途」という熱いメッセージを発信されています。

大きな地殻変動の中で

改めて申すまでもなく、教学と経営の両面で二極化に伴う格差がますます広がる厳しい現実、わが国高等教育界の大きな地殻変動のただ中に関西学院も置かれています。そして、さまざまな教育機関を対象にする外部評価機関のデータを過大に意識する必要はありませんが、関西私学の有力ブランド校と目される「関関同立」四校の中で、本学の相対的な評価が低下している事実は否めないと思います。近時における関学の地盤沈下をどう食い止め、どう再生を図るかが切実な今日的課題です。「再生」とは些か誇張と響くかもしれませんが、一からやり直すくらいの覚悟をすべきだとの思いから敢えてこう表現します。無論、ここで言う「再生への道」は単に学生数を増やし、予算規模を大きくする拡大路線を意味しません。数や規模で最大手でなくても、西日本のリーディング・スクール、国内外におけるオンリーワンとしての価値ある教育・研究の質を保持し、“Mastery for Service”を高揚する“Quality of KG”の確証と強化こそが根本眼目であります。まずは「関西私学のリーディング・スクール」の地歩を固めることを目指し、次に「全国私学のリーディング・スクール」たらんと努めることが今厳しく求められています。

意思決定体制の再構築

経営教学協議会の充実

毎週月曜日の朝にもたれる理事長室会（メンバーは理事長、副理事長、常務理事、教学担当の学長、高中部長を含む五人の常任理事）で検討中の重要イシューの一つは学内の意思決定体制をどう再構築するかをめぐるものです。先に引いた若手職員の自己啓発グループの報告でも、「意思決定の方法やプロセスが複雑で不透明」という意見が目立ちます。

現在私たちは、法人理事会、評議員会、大学評議会、各学部教授会、高等部、中学部、初等部の教師会、協議会などの位置づけや職務権限を確認した上で、法人と教学それぞれの下にある各部局が扱う固有の事柄、すなわち予算、学費、土地、施設・設備、職員人事、その他の法人マター、それに対して入試、カリキュラム、学則、教員人事などの教学マターを区分・整理し、今後、関西学院の意思決定のプロセスと仕組みをどう再構築するかを経営戦略の観点から検討中です。その際、二重体制の実質的一元化を進める上で有効な調整機能を担う学院コア会議（法人と大学執行部月例二回、高中初等部月例一回）、本部会議（法人と大学、高等部、中学部、初等部の代表者によって構成。毎週常務委員会後）に加え、月例の経営教学協議会が果たす役割がなにより重要と考えています。昨年末、諸般の事情でこの協議会が二回続けて休会となった事態に対して、大学の八学部長連名による院長、学長、理事長宛の強い要望書が出されました。決議機関ではない故もあってか、この経営教学協議会の役割に関して消極的評価が下されている向きもありますが、代表して文書を届けて下さったお二人の学部長と私、そこに同席した常務理事で、互いに胸襟を開いて意見交換を致しました。そして学部長方の意向がやはり「真理探究」（Mastery）を旨とする教育・研究機関としての関学「再生」のために経営教学協議会の充実がなにより必要であるという「切迫感」に裏打ちされた要望であることが分かり、その意味でこの要望書が理事会に対するすぐれてポジティブなチャレンジであるという共通認識を得ました。

大学執行部の交代

本年四月に、大学は執行部交代の時期を迎えようとしています。平松一夫学長を中心に組まれた現在の大学執行部が、これまで二期六年近くにわたり非常な努力を傾けて「二十一世紀初頭の関西学院基本構想」をベースに大学第三次中長期計画に即しながら果敢に改革を推し進め、数々の成果が生み出されてきたことは衆目の一致する所であります（「関学ジャーナル」二一三号　見開き頁参照）。今、関西学院は、教職員一丸となりスクラムを組んで立ち上がり、さらなる前進を遂げなくてはなりません。ルース・グルーベル院長も「関学の中で、すべての教職員が少しでもお互いに近く感じ、力を合わせる」ことを願って、昨年末に教職員に向けてメッセージを送られました。大学においては現執行部から新執行部へと継続性が健全に担保され、国際学部の設置や千里国際学園との提携問題など円滑にバトンタッチが行われることが切に望まれます。法人執行部と次期大学執行部との間でもこの年明けから時を移さず随時意見交換とポリシー調整を図り、高等部、中学部、初等部、そして事務部長会、管理職会議など職員組織との連携を一層密にし、喫緊の課題達成に向けて全学的コンセンサスの形成に努力を傾注せねばなりません。

再生に向けての展望

ミッション二〇〇八―二〇〇九

関西学院は今大きな転機、将来を左右するターニングポイントに直面しています。理事会は二〇〇三年二月に「二十一世紀初頭の関西学院基本構想」（ミッションステートメント）を公表し、「原点回帰をバネに創造的改革」を合言葉に、新しい時代に相応しい幹の太い総合学園創造に向けて努力を重ねてきました。具体的には、専門職大学院司法研究科、経営戦略研究科の設置、大阪梅田キャンパスに続く東京丸の内キャンパスの開設、第三フィールドの取得・整備をはじめとして、今春四月には福祉の学統を基盤とする「実学の府」、「健康・スポーツ」と融合した関学ならではの人間福祉学部の新設、すでに野球グランド跡地に新しい学部を内蔵するG号館がその偉容を現しつつあります。また今「地方の時代」が求めるリーダー育成のために経済学部・法学部連携による「地域政策コース」が誕生。そして宝塚キャンパスには、「夢を育む」全人教育の生きた「道場」として、オールKGの希望の徴である初等部がいよいよスタートします。立派に完成した校舎・施設の引き渡しも終わり、来週中に開設準備室が引っ越します。

二〇〇九年以降も西宮上ケ原キャンパスの社会学部改編構想をはじめ、神戸三田キャンパスでは総合政策学部に都市政策学科と国際政策学科が増設されて四学科体制によるさらなる強化・拡充が進み、理工学部は新たに数理科学科と人間システム工学科を加えた六学科体制となります。そして生命科学科に生命医化学専攻を新設、医学・薬学との連携を図ることにより、社会貢献の厚みを一層増すことが期待されます。

昨年十二月十九日、正式に「合併契約」を締結した学校法人聖和大学とのユニオンは、経済行為としての吸収合併の次元を超えるビジョナリー・プロジェクトであり、二〇〇九年四月に聖和キャンパスに新設される教育学部では、幼、小、中、高すべての教員養成が可能になり、幼稚園から大学院までを擁するキリスト教主義教育を実践する総合学園に相応しい堅固な一貫教育体制が整えられます。またこれまで聖和が実施してきた様々な幼児支援プログラムに関学の専門スタッフも参加してこれらを統合し、新たに現代社会のニーズに応える幅広い相談（ケア）機能を備えた「子どもセンター」の創設を構想、実現すれば両法人合併の意義を象徴する、そして広く社会にアピールする特色ある教育・研究事業として位置づけることになります。

再生プランの戦略的課題とビジョン

「二十一世紀初頭の関西学院基本構想」は公表されてからすでに五年の年月を経過し、これを受けつつ「新基本構想」を策定する必要性に迫られていますが、ここでは「関西私学のリーディング・スクール」を目指す学院の健全な競争力の向上と他校に対する優位性の確保のために、大学ならびに高中部第三次中長期計画との関連も踏まえて、現時点で取り組むべき再生プランの骨子ともなる重要な戦略的課題と将来に向けてのビジョンを項目別に提示しておきます。

入試／就職／教育／国際性／研究（**大学院の充実**）／**学生支援**（**キャンパス　ライフ**）／**高中部の拡充／系列・協定校との連携強化／交通アクセス**（**以上各項の内容は略**）

続いて学院行政の面からなおいくつかポイントを指摘します。

教職員の意識改革　はじめに生田名誉教授の「危機意識の共有を！」という訴えを私の考えを内に込めて紹介しましたが、教職員の間に、関学は一体何処に向かって、どう動こうとしているのか、先が見えないから「やる気」が出ないという「ぬるま湯病」や閉塞感が蔓延するならそれこそもっとも深刻な危機です。一一九年の歴史を刻んだ関西学院には弱さもあるが強みもある。未来に向かって翼を広げ、大きく羽ばたく可能性を秘めているという信念に揺らぎはありません。構成員全員が現実を直視する中で未来志向を貫くことによって、消極的なマイナス志向から脱却し、セルフ・イノベーションを努め、果敢に新しい挑戦に打って出なくてはなりません。そのためには学院の全構成員が、将来に向けての明確なビジョンを持ち、これを共有することが肝要です。

業務改革　昨年理事会から提案した学部等事務統合の計画は、経営教学協議会、学部長会などで協議を重ねましたが、全学的な合意に至らず、この計画実施は次のステップに譲るとして、パッケージシステムの導入を優先することを決めました。学院行政の体質強化のためには業務改革の歩みを一時も止めることは許されません。新しいシステム導入によって日常業務が支障なく、かつより合理的に効率よく遂行されるために「学部等業務改革推進本部」を設置しました。やはり若手職員グループの報告で、目指すべき職員像として「常にコスト意識を持ち、業務改善を続けていく向上心を備えたスタッフ」という回答が多数見られるのは心強いかぎりです。

広報戦略　関西学院のブランド力（知名度）は関西では比較的高いとは言え、関東では非常に低く、昨年度首都圏での関西四大学知名度は、立命館二五位、同志社三三位、関大七一位、これに対して関学は残念ながら一一〇位でした。これはリクルートによる首都圏の高校生に対する調査ですが、あえて厳しい数字を提示しようと思います。よく同窓からも「関学は外に向けてのＰＲがうまくない」と言われます。これまで広報室が入試部とも連携し、知名度を上げるための情報発信の強化に努め、昨年、最近二年間のブランド戦略の概要報告が『K.G.TODAY』二四一号に掲載されました。広報活動の効果測定は容易ではなく、予算面の制約もあり、教育機関としてコマーシャリズムに染まることを戒めながらも、学院からの発信は必要に応じて適切に行うべきだと考えます。受験生、中学・高校教員、保護者、社会、企業など各方面に対していかに有効な情報発信を行うか、これも周到な戦略を練ることが必要です。

以上、多岐にわたり課題項目を挙げ、多少とも先走った個人的コメントを加えましたが、言うまでもなく、すべてオール関学の教育・研究振興をリードしサポートするための理事会としての経営戦略思考に基づくものであります。この「再生」プランを実現させる道程に関しては、理事長、副理事長は二人三脚、常務理事と常任理事とも一体となり、法人執行部の協議を踏まえ、あらゆる機会を捉えて全学の基本ポリシーに関する意見交換と調整を行い、課題と問題点の共有化を図る所存です。大学評議会、高中協議会、初等部教員会議、事務部長会議、管理職会議等での協議を経る中で鋭意準備作業を進め、オール関学「再生」プランの実行ロードマップがまとまり次第、学内外に公表します。

財政基盤の強化（略）

一二五周年事業の意義（略）

おわりに

今年の干支は鼠です。日本には「窮鼠猫を噛む」、追い詰められた鼠は猫にも挑みかかるという諺があります。我々は窮地に立つ鼠のように自らの置かれている状況を正しく認識し、オール関学の再生に向けて果敢に行動を起こさなければなりません。そこでは「太山鳴動して鼠一匹」の轍を踏むことは許されません。私個人は正直非力ですが、全身全霊で働き、忠実に自己の責任を果たして行く所存です。教職員皆様のよきご理解、力強いご支援をお願いします。最後に学院旧制中学部の大先輩、聖路加国際病院の日野原重明理事長が母校でも後輩たちに提唱された私たちの目指す「三つのV」を掲げて、年頭所感と致します。

Vision, Venture, 然して真の Victory!（将来に向けてのビジョン（幻）は大きい方がよい。同労者たちと共に勇気をもって大胆に行動（ベンチャー）すれば、真のビクトリーが得られる！）

（一月七、九の両日、西宮上ケ原、神戸三田キャンパスで開催の「教職員の集い」における年頭挨拶より　関西学院広報『K.G.TODAY』二四五号　二〇〇八年二月二十八日）

V　学生・生徒へのメッセージ

MASTERY FOR SERVICE

新入生を迎える

目に見えないスピリット

新入生の皆さん、関西学院中学部に入学おめでとう。本当によかったですね。今日この入学式にご参列いただいている保護者、ご家族の皆様に対しましても、希望に溢れたご令息の関西学院ご入学、心からお慶び申し上げます。

中学部長尾崎八郎先生から温かい心のこもった式辞が述べられましたが、私自身、今からちょうど五十年前、新制二回生として中学部に入学を許され、入学式のあと満開の「白木桜」の下でクラスの記念写真を撮った時の感激を今も鮮やかに覚えています。そして還暦を過ぎた今、中学部で学んだ多感な少年期の三年間が私の生涯を大きく決定づけたことを思い巡らし、感謝の気持ちで一杯です。これは決して入学式での社交辞令ではありません。同期生が集まると皆が異口同音に「関西学院中学部に学んでよかった。生涯の喜びだ、誇りだ」と証言するのです。

当時、中学部の校舎や設備は粗末なもので、二年生時の教室はベニヤ板で隣と仕切るような状態でした。しかし私たちは矢内正一部長のもとで、キリスト教精神に基づく、それこそ命に火をつけるような教育を受けました。目に見えない関西学院のスピリットが柔らかい心の中に吹き込まれたのです。英語の spirit は「風」を含意しています。

「風」は目に見えない、手でつかめないものですが、木の葉が揺れるとその働きが分かります。ですから「校風」とは関西学院の歴史を貫いてずっと息づいている生命と力であると言えましょう。

中学部には今春待望の新館が竣工しました。今年の新入生は、見える中学部としてはこれまでの一番立派な校舎に入るわけです。しかし関西学院には見えない生命と力があるのです。どうか見えるものだけでなく、見えないものに心の目を注いで下さい。

先程、宗教主事川崎先生が聖書の言葉を読まれました。「互いに愛し合いなさい。これが私の掟である……友のために自分の命を捨てること、これ以上に大きな愛はない」（ヨハ一五・一二―一三）。関西学院では、中学部だけでなく、高等部、大学でもチャペルや授業で聖書を読み、学びます。ここに関西学院教育の個性と生命があります。大事なことは、聖書の言葉をただ目で読む、耳で聞く、頭で理解するだけではなく、私たちの心の糧として体得する、身につける、しっかり腹に入れることです。「腹に入れる」ということで忘れ得ぬ思い出があります。私が中学部に入学した時、名古屋大学で国際経済学の先生をしていた叔父がお祝いに来てこういう話をしたのです。「一郎君、中学生になったら先ず英語をしっかり勉強しなさい。小さな辞書を買ってどんどん単語を覚える。覚えたらそのページを食べて腹に入れなさい」。そう言って叔父は本当にピリッと字引を破ってむしゃむしゃ食べ始めたのです。私はびっくり仰天し、とても自分は実行できませんでしたが、とにかく勉強する勢い、本気で学ぶとはこういうことだと教えられ、今も心に残っています。

新入生一人ひとりの今日から始まる十年、あるいはそれ以上の長い関西学院における学びの生活の上に、神様の祝福と導きが豊かにありますようにお祈りし、私のお祝いの言葉とします。そしていま一度、関西学院中学部に入学おめでとう！

（一九九八年四月　中学部入学式祝辞）

I would be true

関西学院高等部に入学された新入生諸君、そして保護者、ご家族の皆様、おめでとうございます。

高等部長小村俊之先生が、式辞の中で関西学院高等部の特色について最初のよい手引きをされ、「氷がとけたら何になるか」という宿題を出されました。先生が説かれた「自由」の深い意味は、今すぐにパッと判るものではないと思います。「自由」の奥義、本当の光は少しづつ見えて来るものです。

先程皆さんと一緒に唱和した賛美歌（現行）四五二番は、恐らく高等部のチャペルで、いや日本中のキリスト教主義学校で最もよく歌われる賛美歌の一つであると思います。私自身も関西学院の中学部、高等部の生徒時代からこれまで五十年以上の間に、何百回も歌ってきました。一九一〇年代に作られたこの古い賛美歌がなぜ今なおポピュラーなのか。その秘密は、メロディーはやや古めかしいのですが、やはり歌詞の意味が私たちの心に響く豊かなメッセージを盛っているからだと思います。

作詞者ハワード・ウォルター（一八八三―一九一八）さんは、アメリカの名門プリンストン大学を卒業後、ハートフォード神学校を経て、さらにドイツ、スコットランドにも留学した学究肌のエリートです。学業を終え、宣教師として日本で働くことを決意し、ミッションボードに志願しましたが、心臓疾患の疑いがあり却下されます。しかし、どうしても日本人のために奉仕したいという熱い思い止み難く、一九〇六年、ミッショナリーではなく英語の教師として来日し、早稲田で教壇に立ちました。そして翌一九〇七年一月、母への手紙の中に綴った二節の詩がこの賛美歌の歌詞になったのです。I would be true「私は真実に生きたい」、for there are those who trust me「何故なら、私に信頼を寄せてくれる人々がいるから」。きっと当時の早稲田の若い学生、生徒たちと親しくなり、皆がこんなに自分を信頼してくれるのだから、もっともっと一所懸命日本の若者と共に学び、彼らのために働き続けたいという願いを込めた祈りのようなこの詩を、母親は家族だけで読むのは惜しいと考え、Harper's Bazar という雑誌に投稿したところ、友人の Joseph Y.Peek さんが読んで感動し、彼自身は特別に音楽教育を受けていなかったのですが、自然に浮かんだメロディーを口笛で吹いたのを、別の友人であるタラー氏が楽譜として書き留め、和声をつけて出来上がったのがこの賛美歌と言われます。

高等部の愛唱賛美歌が日本で作られたというのも興味深いことですが、早稲田の四つの高等学校や大学の四万人をこえる学生諸君は恐らくこの賛美歌について全く知らないでしょう。格調高い日本語訳は、関西学院の同窓で「きよしこの夜」の訳詞、イエスの生涯を美しく描いた賛美歌「馬ぶねの中に」（21）二八〇番の作詞者由木康牧師によるものです。I would be true.「正しく清くあらまし……完全に進みて歩まん」。新入生諸君が、この賛美歌を心の奥深いところで反芻しながら、さらに言えば、祈りながら唱和し、関西学院高等部における学びの日々を元気はつらつ闊歩してほしいと希って止みません。チャペルトークのようになりましたが、私の祝辞に代えさせて頂きます。

（一九九九年四月　高等部入学式祝辞）

求めよ、きっと与えられる

本日、関西学院大学に入学された皆さん、おめでとうございます。今、グリークラブ、聖歌隊、混声合唱団エゴラドの合同演奏によって見事に歌い上げられたハレルヤ・コーラスは、ヘンデルのオラトリオ「メサイア」のクライマックスと目される名曲で、教会ではイースターによく演奏されますが、大学の入学式で歌われるのは大変珍しいことだと思います。先程読まれた旧約聖書ゼカリヤ書（九・九以下）の「娘シオンよ、大いに踊れ、エルサレムよ、歓呼の声をあげよ」という言葉さながら、皆さんのKG入学を祝う喜びがピークに達した叫びのようにも響きました。

先程今田寛学長から私たちをインスパイアーする力強いメッセージが語られ、関西学院のスクール・モットーMastery for Service の意味についても最初のティーチインがなされましたが、私は先程田淵大学宗教主事が読まれた新約聖書マタイによる福音書五章七節以下のテキスト、その最初の一句に注目したいと思います。「求めなさい。そうすれば、与えられる」。「求める」とは、さし当たり「何を、何のために」「いつ、どこで」「どのように」という三つのアスペクトから考えることができるでしょう。

第一に「何を」求めるか。それは人間と自然、歴史と文化、政治と法律、そして経済と倫理、あるいは宗教と科学など、すぐれてヒューマンな事柄について、これまで学んだ知識や経験を基礎にして、さらに未知のものを探求することを内包しますが、しかもそれらは結局、私たちにとってただ一回かぎりの人生を「何のために」生きるかという問いに収斂してゆきます。そしてこの what と for what の二つが実は一つのことであるというのがイエスの真意であり、私たちのスクール・モットー“Mastery for Service”が呼びかける積極的意味に繋がります。

第二の「いつ、どこで」に対する聖書の答えは「いま、ここで」（here and now）であります。旧約コヘレトの言葉三章の初めに有名な詩があります。「すべてのわざには時がある。植えるに時があり、植えたものを抜くに時がある。求めるに時があり、失うに時がある」。一日一生、人生の一瞬一瞬が深いクライシス（分岐点という危機）を秘めているにもかかわらず、日常私たちは時の量や長短については敏感であっても、今がどういう時か、時の質を自覚しないまま、ただ漫然と適当にお茶を濁して生きている。だがほんとうに一生このままで終わってよいのかという自分に対する厳しい問いかけから関西学院大学でのキャンパスライフを始めて頂きたいと思います。

最後に、それでは「どのように」求めるのか。見せかけやポーズとしての問いではなく、自分自身の生き方の根幹にかかわることなら、どんな小さなことでもよい。具体的に、徹底的に、見出すまで求めつづける他はありません。聖書のキーワードは「しきりに」（ルカ一一・八）とか「ただこの一事」（フィリ三・一三）でありますが、日本語には「一心不乱」「一所懸命」というよい言葉があります。四年という歳月は、あっという間に飛んで行きます。Time flies! 加えて、高校までとは異なり、大学ではすべてが学生皆さん一人びとりの自主と責任に委ねられます。したがって、何事にも受身的ではなく、能動的かつ果敢に立ち向かってゆくベンチャー精神が必要不可欠です。

もう一度、聖書の言葉を塚本訳で読みます。「求めよ、きっと与えられる。捜せ、きっと見つかる。戸をたたけ、きっと開けてもらえる」（岩波文庫『福音書』）。

新入学の皆さん一人びとりが、関西学院大学における豊かな学びのコースを力強く走り抜くことができるように、神の導きと祝福をお祈りし、私の祝辞といたします。

（一九九八年四月　大学入学式祝辞）

心を新たにして

本日、関西学院大学大学院研究科の博士課程前期ならびに後期課程に入学された皆様に対し、心からの祝意を表し、お慶び申し上げます。

関西学院大学はわが国私学を代表するアカデミックコミュニティーの一つであり、ことに大学院は、各専門分野で高い評価が期待されるリサーチセンターであります。しかしそれだけではありません。グローバルスタンダードを目指す教育・研究機関として excellent であることは当然のこと、この点でマイナス・アルファは許されませんが、関西学院大学にはプラス・アルファがあります。すでに今田学長から力強い式辞が述べられましたが、私は先程大学宗教主事が読まれた新約聖書の一句（ロマ一二・二）から皆さんへのメッセージを読み取りたいと思います。

ここで使徒パウロが言う「この世に倣ってはなりません」とは、決して「この世」自体の軽視や否定ではありません。むしろ「この世」をどう捉え、今の時代にどのようにかかわってゆくか、私たち自身の生き方が深いところから問われているのだと思います。英訳には "Do not live according to the fashions of the times." (O.M.Norlie)「移り行く時代のファッション（経済至上主義、科学万能主義、外見主義など）に幻惑されてはならない」。あるいは "Don't let the world around you squeeze you into its own mold" (J.B.Phillips)「世間体や因習にはまらないようにせよ」などの意訳が見られます。流行を追うことは楽しく心地良いことかも知れませんが、それはまた儚く空しいことです。カッコウ悪くてもよい。クソ真面目な変人だと言われても構わない。ひたすら外見にこだわる生き方から抜け出て、むしろ「心を新たにし」自分自身が内から変革されることこそが要諦だという勧めです。

ではその「心」とは何か。新約ギリシャ語の nous は kardia = heart, psyche = soul, pneuma = spirit にも繋がる人間学的用語で、英語の mind ドイツ語の Gesinnung に対応しますが、日本語で一つに括ることは容易ではありません。聖書の用法も一義的ではなく、思考、分別、理解、洞察、想像などすぐれてヒューマンな精神活動を内包する多義的なタームです。互いがいよいよ知性と感性を研ぎ磨いて、日毎に内面を新しくされ、何が善であり、何が悪であるかをしかと弁え知るべきである、という呼びかけです。

新しい世紀は「根拠」の時代だと言われます。人間が生きる意味や根拠を見失い、規範的な学問が衰退している今、大学院各研究科に入学された皆さんが、新しい「知」の創造を目指す関学アカデミズムの担い手として、一筋の道を着実に歩みつづけて下さるように、神の導きと祝福をお祈りし、祝辞といたします。

（一九九九年四月　大学院入学式祝辞）

卒業生を送る

A Song for Kwansei

関西学院中学部を巣立ってゆく一八三名の諸君、卒業お芽出とう！　先程廣山部長から卒業生に贈る力強いメッセージが語られましたが、私は今年もこの卒業式で皆さんと一緒に歌ったA Song for Kwansei について一言述べ、祝辞に代えたいと思います。

この英語の校歌については前学長今田寛先生もよく話されましたが、関西学院が創立六十周年を迎えた一九四九年、当時私は中学部二年生でしたが、英国から文化顧問として来日中の高名な詩人E・ブランデン氏が、親交のあった英文学者寿岳文章教授の友情に応えて関西学院を訪れ、数日間滞在して学院の歴史を繙き、キャンパスを散策しながら思いめぐらし、A Song for Kwansei、関西学院の「ために」心を尽くして作詞して下さり、作曲は「空の翼」と同じ山田耕筰先輩による素晴らしいスクール・ソングです。すごい名曲なのですが、旋律が洗練され過ぎているせいか、大学でもグリークラブや聖歌隊以外の学生諸君によって歌われることが少ないのは大変残念です。しかし中学部では一年生で一節、二年生で二節、三年生になると三節まで全部歌詞を覚え、かなり難解な英語の意味もきちんと理解し、完全にマスターして毎年卒業式で高らかに斉唱するよい伝統が守られ、参列者一同心を打たれます。

冒頭 "That we may both receive and give" という含蓄豊かな願望の言葉で始まります。少しパラフレーズして訳せば、「我らがしかと受け取り、しかしまた喜んで与えるために、学ぶために生き、生きるために学ぶ、ああそのために、我らは関西学院に結集するのだ」と謳いあげます。throng は相集うという意味ですが、ここで Kwansei, to you we throng と呼びかけ、関西学院が you（二人称）、すなわち人格として表現されている点が大変重要だと思います。私たちは見える建物ではなく、見えないスピリットが息づくKGのキャンパスライフを通して、しっかり学び、吸収し、あらゆる知識や知恵を自分の中にインプットします。それをまた喜びと誇りをもって惜しみなくアウトプットし、地球人類社会のために役立てる。そこに学ぶ楽しさや生きる意味を見出すことができるように、というブランデン先生の歌詞の中に込められた祈りのような心と第四代ベーツ院長が提唱された "Mastery for Service"、すなわち関西学院の「建学の精神」が実は深いところで響き合っていることに賢明な中学部の諸君はもちろん気づいていると思います。

今ここで A Song for Kwansei の歌詞全体について詳しく話すことはできませんが、繰り返し出てくる "strong and true"、ブランデン先生が強調される「力強さと誠実さ」は、人間の能力と言うよりは神への「信仰」によって与えられる「愛」と「希望」に結びついていることが分かります。三節の終わりに "In faith....your love, your hope" と謳われている通りです。そのことがまた宗教主事福島先生によって読まれた聖書のテキストと符合一致することに注目したいと思います。

「最後に言う。主に依り頼み、その偉大な力によって強くなりなさい。悪魔の策略に対抗して立つことができるように、神の武具を身に付けなさい」（エフェ六・一〇以下）。

今は悪魔的な力が私たち人間の心や身体にあらゆる手段を用いて激しく襲いかかってくる時代です。私は神の力を信じますが、悪魔の誘惑があることも認めます。恐ろしい悪魔の策略に打ち勝つために「神の武具を身に付けなさい」。これは「本気で祈りなさい」という勧めです。「主に依り頼み」静かに心を集中して祈ることのできる人は、弱いようで実は強い人なのです。

新しい出発をする中学部卒業生一人びとりがA Song for Kwanseiに込められた祈りの精神を体し、「力強く誠実に」豊かな学びと意志の鍛錬をつづけられることを心からねがい、お祝いの言葉といたします。

（二〇〇四年三月　中学部卒業式祝辞）

私は母校に人格を感じる

関西学院高等部を卒業される皆さん、おめでとうございます。「おめでとう」という日本語は単なる社交辞令ではなく、「芽が出る」とも書くように、これは高等部で諸君一人びとりの「こころ」と「からだ」の中に蒔かれた良い種が、これから芽を出し、次第に成長して、やがて美しい花を咲かせ、将来豊かな実を結ぶようにと願う、祈りのような言葉なのです。ですから、これまで諸君を育て導き、懸命に支えてこられた先生方やご両親に感謝するとともに、今日、きっと多くの人々から受ける「卒業おめでとう」というグリーティングを一人びとりに対する熱い期待を込めた祈りとしてしっかり受けとめてほしいと思います。

先ほど澄田宗教主事が朗読され、小村高等部長が式辞の中で引用された聖書の言葉を私も心の中で反芻しています。「草は枯れ、花はしぼむ」。人間もみないつかは土にかえる。これは間違いのない真実です。万物流転。しかしバイブルのメッセージは東洋的諦観の勧めとは異なります。「わたしたちの神の言葉は永遠に立つ」（イザ四〇・八）。

私は役目上、全国また世界各地の関西学院同窓会支部を訪れ、多くの卒業生との新しい出会いの喜びを与えられていますが、昨年十一月、関東の茨城県支部総会に出席した折り、農林水産省から東京のキリスト教系大学に移り、いま環境問題を専門としている諸君の先輩で平松学長と高等部同期の村上公久氏が講演に立ち、開口一番こう語りました。「自分は最近、本当に久しぶりに母校関西学院を訪れた。西宮上ケ原キャンパスの正門に入り、甲山を背にした時計台を見た瞬間、懐かしさが胸一杯に広がった。かつて学んだ高等部の旧校舎は残念ながら無くなっていたが、中学部に隣接する新しい学舎の正面玄関に立派な揮毫《きごう》による『すべての人の僕たれ』という有名な聖書の一句が掲げられているその前に立ちすくみ、全身が震えるような感動を覚えた。このような体験は一生のうち何回もあるものではない。若き日にチャペルで聴いた聖書の言葉やイエスの教えがにわかに甦ってきて、ああ、自分の人生の原点がここにあるのだということを、本当に思い知らされた。私は母校関西学院に『人格』というものを感じる。以前務めていた農林水産省には東大をはじめ国公立出身者が私の部下に何人もいたが、彼らが自分の恩師に尊敬の念を抱くことはあっても、母校に『人格』を感じることがあるだろうか、私はないと思う」。

「母校に人格を感じる」とはどういう意味でしょうか。私たち教員は皆、弱い普通の人間で、特別に高潔な人格ではありません。それは院長、学長、学部長でも同じだと思います。ですから村上先輩は、「すべての人の僕たれ」という聖句の前に立って、関西学院の精神史の背後にはイエスという人格が生きていることを直感した。そして三年間の関西学院高等部生活を通して、自分に究極の価値観、人生の新しいビジョンを吹き込んでくれた「学び（Mastery）の道場」に対する深い感謝と誇りを覚えたに相違ありません。「母校に人格を感じる」、これは珍しい表現ですが、意味深い証言です。

英国詩人エドモンド・ブランデン作詞、同窓山田耕筰作曲による英語の校歌 "A Song for Kwansei" の歌詞にも you（人格）としての母校に呼びかける "Kwansei, to you we throng" という一句があることをここで想起したいと思います。

高等部を巣立つ一人びとりが聖書の言葉やスクール・モットー“Mastery for Service”をただお題目として唱えるのではなく、そのスピリット（いのち）を全身に充満させ、さらに前に向かって力強く歩みつづけて下さることを心から祈り、私の祝辞とします。いま一度、ご卒業「お芽出とう！」。

（二〇〇三年二月　高等部卒業式祝辞）

完全に向かいて

関西学院大学での学びを終え、新たな歩みを始められる皆さん、ご卒業おめでとうございます。卒業式に当たる英語のcommencementが「新しい出発」を意味することは理由のあることです。平松一夫学長からはスクール・モットー“Mastery for Service”を引いて卒業式に相応しいメッセージが語られましたが、私は皆さんがこの喜ばしい旅立ちの日に、先程田淵大学宗教主事が読まれた聖書のテキストを母校が贈るはなむけの言葉として心に刻んでほしいと思います。

「わたしの道はあなたたちの道とは異なる、と主は言われる」（イザヤ五五章八節）。「道」とは、東洋のすぐれて形而上学的なコンセプトですが、天が地を高く超えているように、「人の道」とは異なる「神の道」があるという呼びかけによって、私たちは水平に流れる「時」の中でいわば上から垂直に介入する「永遠」の次元への開眼を与えられます。しかし聖書の世界はまた意外性を伴う「パラドックス」を内包しています。paradoxとはpara＝beyond, doxa＝common senseすなわち常識的に受容されている判断を、果たしてそうか、と問い直すことを促す逆理（非常識ではない！）を意味します。

新約Ⅰコリント九章一九節以下の「わたしは誰に対しても自由なものですが、すべての人の奴隷になりました」という言辞はまさしく論理的には矛盾でしかないパラドックスです。しかし続く「すべての人を得るためです」の一句によって謎が解けます。関西学院のスクール・モットー“Mastery for Service”も、通常は反対語であるMaster（主人）とServant（仕え人）が目的を指示する前置詞“for”によって結ばれ、弁証法的な統合を示唆しています。それ故、この聖書テキストをMastery for Serviceに関する一つのコメンタリーとして読むこともできるでしょう。もとより、このようなパラドックスをきちんと受けとめ、自分で納得することは容易ではありません。全国そして世界各地の関西学院同窓会で諸君の先輩たちが異口同音に交わすのは、在学中それこそ耳にたこができるほど聞かされたMastery for Serviceの極意が、齢を重ね、人生経験を積む程に少しづつ分かってきたという真率な告白です。

先ほど皆さんと一緒に賛美歌（21）五二〇番を唱和しましが、よくチャペルで歌った旧版四五二番には「正しく清くあらまし、完全（またき）に向かいて進まん」という格調高い訳詞が見られます。「完全」は聖書のキーワードの一つに数えられますが、新約聖書における「パーフェクション」とは、ギリシャの美徳論でいう「完全無欠」ではありません。「完全」の原語「テレイオス」は、もと「テロス」に由来し、その中心的意味は「目標」（ゴール）です。ではその目標の中身は何でしょうか。皆さんがＫＧキャンパスライフを通して吹き込まれたスクール・モットーMastery for Serviceの「サービス」の意味は決して安価で薄っぺらなものではない。ここにLove, Peace, Justiceなど人類究極の価値観を代入することができます。どうかＫＧの卒業生一人びとりがMastery for Serviceのモットーをただお題目として唱えるのではなく、心の底から謳い上げ、そのスピリットを全身に充満させ力強く歩みつづけて下さるように、そしてこの暗黒と退廃の時代だからこそ、星のように輝く「世の光」、無くてはならぬ「地の塩」としての真に美しい使命ある生涯を全うされるよう神の豊かな導きと祝福をお祈りして、私の院長として最後の祝辞といたします。いま一度、ご卒業おめでとうございます。

（二〇〇四年三月大学卒業式祝辞）

見よ、わたしの選んだ僕

本日、関西学院大学七学部研究科の前期課程、後期課程をそれぞれ修了し、修士学位記、そして博士学位記を受領された皆様に対し、心からの祝意と敬意を表します。この喜ばしい学位授与式に当たり、私は先程読まれた聖書のテキストを皆様が母校関西学院が贈るはなむけの言葉として受けとめて下さることを心から願っています。

新約マタイによる福音書一二章一八節以下は括弧に入っていますが、実は旧約イザヤ書四二・一―四からのいくらか自由な敷衍訳で、福音書記者マタイがイザヤの預言を引きながらイエスの人格と働きを総括し、その意味について証言する有名な箇所です。

「見よ、私の選んだ僕」。「僕《しもべ》」と訳されている新約ギリシャ語の pais には親に対する「子」という含意もあります。すなわち、イエスは「神のみ子」であったが、人類の罪の贖いと救いのために、自分の願望ではなく、ただひたすら神の御心に従う Servant（仕え人）としての道を生き抜いたことを暗示します。そこからして、これは Mastery for Service の奥義、「サーバント」こそ実は真の「マスター」であるという関西学院の逆説的スクール・モットーと響き合う根源的な問いかけであることが容易に了解されると思います。

「この僕《しもべ》に私の霊を授ける」。彼は「異邦人」、すなわち世界万民に正義を知らせる。しかし「彼は争わず、叫ばず、その声を聞く者は大通りにはいない」。格好よく振る舞ったり、パーフォマンスで人気を博することはない。むしろ「正義を勝利に導くまで」、いつ折れるか分からない「傷ついた葦」、いつ消えるかわからない「くすぶる灯心」、つまり弱い立場にある隣人を決して見捨てないで、むしろ虐げられた者、病める者を探し求め、貧しい者、悲しむ者、悩む者、苦しむ者、友なき者の友となり、彼らのために全身全霊を擲《なげう》ったナザレのイエスの全生涯、全活動は真に「偽り無き愛」の身証であるゆえに、「世界万民は彼の名に望みをかける」と証言されます。

このあと一同で唱和する賛美歌（21）四六四番は「世界の民よ、たたえうたおう」と繰り返します。作詞者エレン・ゲイツ夫人はよく知られたアメリカの賛美歌作者で、二十八才の若さで天国に旅立ちましたが、常に I will sing for Jesus と歌い、イエスの心をわが心として生きることを最大の喜びにしたと伝えられます。

「見よ、わたしの選んだ僕《しもべ》」。今日、修士、博士学位を取得された皆さんは確かに選ばれたエリートです。これからいよいよKGマスターズ、KGドクターズの一人として世界万民に仕える愛と希望の星として輝いて下さい。日本の各地に、世界の国々に送り出される一人びとりの歩みの上に神の祝福と導き豊かならんことを心からお祈りし、私の祝辞といたします。

（二〇〇四年三月　大学院学位授与式祝辞）

チャペル講話

チャペルへの招き

関西学院では、今この時間帯、午前中のゴールデン・アワーを用いて、全学ほぼ一斉にチャペル・サービスを守っています。毎週、大学八学部、高等部、中学部、それにランバス・チャペルを含めると、一つの学園が十一カ所で四十回を越えるチャペル・アワーを設けているのは、全国でも極めて珍しいと思います。これは、関西学院が「建学の精神」を単にお題目や建前として掲げるのではなく、具体的に、本気で実践しようとしている自覚と意志の表れであり、キリスト教主義に基づく人間教育の最重要プログラム、学院の根本姿勢が問われる場であります。ことに神学部では、われわれのアカデミック・コミュニティーの中心にチャペルがあるとブレティンに謳っていますが、ではチャペルとは何かについてあらためて問うと、答は必ずしもはっきりしていません。

チャペルの歴史的起源やその変遷について、今詳しく話すことはできませんが、通常は大聖堂（カセドラル）の中の小礼拝堂、または教会以外のキリスト教公共機関（学校、病院、社会福祉施設など）に付設された礼拝所にこの名が冠せられました。したがって、チャペルで営まれる礼拝は、教会における日曜日の公同礼拝とは異なり、週日

（ウィークデー）の勉学の合間に、あるいは日常業務の中で時を定めて行う祈りと黙想（ディボーション）であり、その限り日常的、世俗的な性格を帯びています。しかし、だからといってチャペル・サービスが教会の聖日礼拝に対して二次的な意味しか持たないとは必ずしも言えないと思います。抑も、キリスト教の礼拝行為を日曜日の午前に教会の礼拝堂で営むプログラムに限定するという考えは、原理的にも実際的にも成り立ちません。新約聖書の時代、人々は盛んに集まりましたが、最初期には特定の場所や時も定めず、いわば「家の教会」（ハウス・ゲマインデ）における極めて自由な形で頻繁に愛餐や礼拝を共にしていた事情が知られます。

ところで、私たちがキリスト教主義学校で営むチャペル・サービスについては、狭義の宗教行事というよりは、むしろ聖書やキリスト教学の授業とともに広義の教育プログラムの一環であるという理解が基本だと思います。以前私が『キリスト教礼拝辞典』（一九七七年）に「学校礼拝」の項目を執筆した際、この教育的側面を強調したところ、ある神学者からそういう理解に立つと関西学院のキリスト教教育が曖昧になると名指しで批判されましたが、私自身は今も基本的に同じ考えです。チャペルで話されるメッセージも厳密には「説教」と言い難く、しばしば「チャペル・トーク」と呼ばれる理由も頷けます。すなわち、学校のチャペルで語られる事柄が、直接的な伝道（「ケーリュグマ」）による信仰告白と教会形成を目指すというよりは、むしろ学びの共同における間接的ないしは「ディダケー」（教育）的呼びかけという性格を有するからです。教育は人間の厳粛な優れて文化的な営みであるゆえに、チャペルでは若い魂に文化の深みの次元としての究極的価値観を意味深く伝達し、新しい人生のビジョンを吹き込む霊性（スピリチュアリティー）、豊かな「いのち」の涵養が目指されます。そこに国公立や他の私立学校や、大学とは異なる関西学院教育の個性と生命が秘められています。従って中学部、高等部では全員参加ですが、大学、大学院においても、上ケ原、神戸三田両キャンパス共通の時間帯を定めたチャペルアワーが決して任意の課外活動ではないかぎり、すべての学生・生徒に対して自覚的かつ継続的な参加を保証し呼びかけるとともに、その内容が形骸化しないために絶えず中・

高・大の一貫したチャペル・カリキュラムの創造的再編に取り組まなくてはなりません。もっとも神学部の場合は、逆にチャペルアワーという呼称にもかかわらず、他学部とは異なり、学部自体が小さな広義のクリスチャン・コミュニティーですから、チャペルに集う互いがキリスト者として神のみ前に内的姿勢を整えるいわばファミリー・ワーシップ（家族礼拝）、仏教用語を借りれば日課としての「お勤め」と類を等しくするものであると言えます。従って同じ「礼拝」という語を用いる場合でも、その基本的性格や形態の違いを明確にしないと混乱が起こります。

何れにせよ、この少し古めかしい「勤め」を、押しつけられた「義務」と受け取ると、「チャペルに何の意味があるか」「チャペルに出席するより、友達とおしゃべりするか、自分で本を読んでいる方がましではないか」という消極論に陥ります。もう数年前になりますが、文学部心理学科のＭ教授が、私が舎監をしていた清風（女子）寮の夕べの集いでこういう話をされました。「自分は仁川の川沿いに住んでいるので、だいたい毎朝八時三十五―四十分頃に関西学院の正門からキャンパスに入り、まず甲山を仰ぐ。そして本部棟前の花壇を右手にとって宗教センター掲示板にある『今週の聖句』を読み、その言葉を反芻しながら神学部前をゆっくり歩き、右折してハミル館の方に下りて行く。丁度その時分に図書館の時計台から讃美歌のチャイムの音が鳴り響く。私はクリスチャンではないが、何かあのチャイムの音が天来の声のように聞こえる。それで、今日も実験室で学生たちと少しでもよい研究をしよう、頑張ろうという気持ちになる」。こういういい話は清風寮の女子学生たちも絶対忘れないと思います。チャペルアワーを告げるチャイムの讃美歌メロディーを「神様が呼んでいる」招きの声として聞く素直なジョイフル・リスポンスがそのままで積極的な「勤め」＝「努め」となる。学生諸君がチャペルを受身の姿勢ではなく、むしろ能動的に自己の修練道場として活かすことによって、講義やゼミナールでの学びの動機付けが日々更新され、研鑽（マスタリー）の成果にも一層磨きがかかるに相違ありません。

数週間前、宗教センターの「今週の聖句」として詩編一二一篇「都もうで」の歌が掲げられていました。二年前の阪神淡路大震災の後、人の命の儚さを思い、科学・技術の進歩によって築かれた文明というものの脆さを目の当りにし、今なお心のトラウマから解かれないままの私たちにとって、この古への詩人の歌が、軽妙なリズムやレトリックを越えて、骨太な信仰の表白として新しく迫ってきました。

「我山に向かいて目をあぐ。わが助けは何処より来たるや。天地を造りたまえる主より来たる」。

（神学部チャペルでの奨励　一九九七年六月二日）

ランバス監督愛用の聖書

昨一九九八年九月二八日の学院創立記念日の式典で、創立者W・R・ランバス監督が愛用した聖書の受納式が行われました。贈り主はランバス先生令妹ノラさんの孫に当たるフロリダ州在住のオリーブ・シェレツ・ラーハム夫人です。この聖書はもとミシシッピー州マディソンのパール・リバー・メソジスト教会（ランバス一家の母教会）の説教台に置かれていたもので、後に州都ジャクソンにあるミルサップス大学（メソジスト系）のランバス・ルームに移され、大切に保管されていましたが、それを今般ランハム夫人が関西学院に贈りたいとして、J・B・ケイン牧師から譲り受け、ディラード大学の藤田允先生（元学院国際センター・ディレクター）を介して宮田満雄前院長が訪米の際に預かり携えて下さいました。

革表紙にWALTER RUSSELL LAMBUTHの金文字が印されていますが、むろんランバス愛用の聖書だから特別に値打ちがあると言うのではありません。印刷されたブックという意味では私たちの聖書と何ら変わりないからです。

しかし、ランバス先生がこの聖書をどう読んだか、先生が愛用のバイブルから読み取ったメッセージは何であったかを知ることは大事だと思うのです。百年近く前の書物ですから、持ち上げると手に皮の粉がつくような時代物ですが、そっと頁を繰ってゆくと所々にアンダーラインや丸印がつけられているのが目に入りました。今朝は新約ガラテヤ五章一―六節に心を集中したいと思います。

この聖書テキストのテーマは「自由と愛」、そして「と」で繋がれた両者の関係が深いところから問われています。「自由」とは、通常さまざまな拘束からの解放を意味します。人間には誰でも義務やルール、あるいは他人や社会からも自由になりたいという願望があります。しかしそういう「～からの自由」はついに気まぐれな野放しの自由にずり落ち、時として破壊的にも作用します。しかし、ここで使徒パウロの証言は、そのような消極的な「～からの」逃避の自由ではなく、むしろ積極的な「～への」決断の自由、すなわち他者や社会への自由、それが本当の「隣人愛」と「奉仕」に他ならないという呼びかけです。

ガラテヤ五・一―六のテキストが、宗教改革者マルティン・ルターの有名な『キリスト者の自由』（岩波文庫）冒頭に掲げられた二つの命題の典拠であることはよく知られていますが、私たちはまたこの聖書のメッセージが関西学院のスクール・モットー“Mastery for Service”の精神と深く響き合うことに改めて気づかされます。〈マスタリー〉とはすなわち実力をつけ自由を獲得することの謂れであります。しかしその「自由」を奉仕という「愛」への意志的な自由として活かして用いること（ガラ五・一三も参照）、それが真の意味における〈サービス〉であり、〈フォア〉という目的を指示する前置詞で不可分に結びついたMasteryとServiceの正しい関係、学院教育が目指すゴールであることがよく分かります。

今、上ケ原キャンパス高等部玄関ロビーの正面に野中浩俊先生揮毫による聖句「すべての人の僕《しもべ》たれ」（マコ九・三五）という立派な書が掲げられています。普通に考えると、「主人」（Master）と「僕」（Servant）というのは正反対のイメージであります。にも拘わらず、Servantこそ実は本当のMasterなのだという謎のような逆説（パラドックス）がこのように堂々とスクール・モットーで謳われること自体、今の時代の私たちには何か不思議にさえ思われます。

しかし、私はランバス先生が愛読した聖書のこの箇所で、特に「キリスト」の一語にアンダーラインが付されていることに注意を惹かれ、ここに謎を解く鍵があることを改めて知りました。ランバス先生は、イエス・キリストこそ、すべてを与えたすえ十字架にかけられ、真の〈サーバント〉となった本当の〈マスター〉であったことを心底から信じ、そのイエス・キリストに従って、世界万人に仕える献身の生涯を生き抜かれました。今から一一〇年前、アメリカ人であるランバス宣教師が、日本人のために建てた関西学院はその生きた証であります。

一九二一年九月二十六日、ランバス先生は横浜で天に召されましたが、十月三日、原田の森キャンパスの神学部チャペルで執り行われた追悼礼拝において、第三代院長J・C・C・ニュートン先生は追憶の言葉の中で次のように語られています。「ランバス監督は、非凡な能力をもったファウンダーであった。あらゆることにおいて革新的であったが、ただ一つのことにおいて保守的であった。それは、常にイエス・キリストを見上げ、この永遠に変わらない土台に堅く立って信仰と希望の中に新しいより良いものを計画した」。

終わりにランバス先生の「コールレクチャー」から一節を引きます。

キリスト教は教理ではなく、真理である。倫理綱領ではなく、福音である。神学の体系ではなく、生命である。宗教一般を超えて、キリストご自身である。キリストを抜きにすれば、いっさいが崩れ去る。ただひとりキリストのゆえに、信仰が確証される。人類の希望はこのキリストにかかっている。世界にキリスト教を伝えるということは、受肉のキリストを人々に証し、彼らがキリストのうちに、キリストが彼らのうちに生きることをひたすら祈り求め

ることである。（前掲 The Cole Lectures p.200）

（神戸三田キャンパス合同チャペル　一九九九年五月八日）

「聖書と礼拝なくして学院なし」

中学部、高等部の皆さん、お早うございます。私たちの関西学院は本年、創立一一一周年を迎えました。昨日九月二十八日の創立記念日、学院発祥の地、神戸旧原田の森での記念式典には中学部、高等部をそれぞれ代表して何人かの教職員、生徒諸君が参加されましたが、今日、皆さんが勢揃いして守られるこの中高合同の記念礼拝に出席することができ、大変うれしく思います。

私はこの夏、中学部、高等部の先生方もみな同じだと思いますが、殆ど休みを返上して北海道から沖縄まで全国各地を訪れ、また今回はフィリピンのマニラ、タイのバンコクでの同窓会にも参加する機会を得ました。様々な新しい経験の中から今日は北海道での二つの出会いについて話させて頂きます。

九月三日の日曜日、私は学院聖歌隊の一行と合流し、札幌教会での礼拝を終えて旭川に向かいました。午後三時頃旭川六条教会に着き、クワイアーのメンバーは早速夜の賛美礼拝とコンサートに向けて練習を始めましたが、私は関学中高出身の芳賀牧師の勧めもあり、この教会で受洗しクリスチャンになった作家三浦綾子さんの記念文学館を訪れることができました。そこには日本国中の多くの人々に生きる喜びと希望を与え続けている三浦さんの全作品、直筆の原稿、「氷点」「塩狩峠」「道ありき」など映画化された作品のビデオや星野富弘さんとテレビ対談した折りの録画など、彼女の信仰を証する展示品が溢れていましたが、私は記念館からの帰りにエッセー集『風はいずこより』（集英社、一九九四）という文庫本を手にすることができました。その中に、十数年前、文学部水谷昭夫教授の紹介で三浦さんが関西学院に来られたときの印象記が載っていることをある同窓から聞いていたからです。教会に戻り、聖歌隊の賛美歌練習を聴きながら、私は早速「聖書と礼拝なくして学院なし」という第二代吉岡美國院長の言葉を標題にしたその一文を読み大変心を惹かれたので、夜の礼拝メッセージで会衆の皆さんに紹介しました。短いエッセイなので今ここでも一部読ませて頂きます。

私は二年前（一九八七年）、関西学院大学に招かれて講演に行った。そして同大学の歴史をビデオによって見たのだが、その歴史の中で、もっとも重大な危機は、文部省訓令第十二号が出された時であったことを知った。当時関西学院は中学校であった。従って上級学校への進学資格と徴兵猶予の資格が与えられていた。ところがこの訓令第十二号によって、宗教上の教育も儀式も捨てねばならぬことになったのである。当時のミッションスクールのなかには、この訓令が発せられるや、あわてふためいて教会との密接な関係を断つものもあれば、普通教育に転ずるものも出た。だがその時、関西学院の吉岡院長は、「聖書と礼拝なくして学院なし」の名句をもって、宗教教育の継続を明らかにした。当然、関西学院は私立中学の資格を失うとともに、学院を卒業しても上級学校への進学を阻まれた。進学を希望する生徒たちは学院を見限った。生徒たちは一人また一人と他校へ転校し、ついには卒業生ただ一人となり、さらにその翌年はゼロとなった……幸いにしてこの悪名高き訓令第十二号は、多くの純粋な信徒たちを苦しめた後、十三年後の明治四十四（一九一一）年には姿を消した。私は、現在一万四千名余の学生を擁する名門関西学院大学のキャンパスに立って、かつての卒業生ゼロの歴史を思い、深い感動に浸ったことであった。

三浦綾子さんは北海道出身でこの旭川六条教会の会員でしたから、夜の讃美コンサート後にもたれたお茶の会席上で、皆さんが三浦さんの生前を偲びながら、関西学院といえば芳賀牧師先生の母校であり、グリークラブやアメリカンフットボールが有名な学校と思っていたが、今夜三浦さんの訪問記を聞いて、初めて関西学院が本当に聖書と礼拝を大事にしているクリスチャンスクールであることがわかりました、とこもごも話されました。

そしてその折、気楽にみんなで和やかに話しているなかでしたが、今夜関西学院の聖歌隊による賛美礼拝がこの教会でもたれると聞いたので、遠方の教会からやってきたという一人の壮年男子が「山内先生、私を覚えておられますか」と語りかけてきました。私がとっさに思い出すことができず「いや、どうも」と頭をかくと「関学中学部で先生から聖書を教えてもらった今井哲朗です」と自己紹介をされました。私は中学部で三年半宗教主事を務めましたが、クラスを担任しなかったので、卒業生の顔は思い出せても名前と一致しないことが多くて申しわけないかぎりなのですが、今井君から彼が中学部事務長太田義治さん、同じく事務スタッフの宇多田さんや文学部でドイツ文学を教えている倉賀野先生などと同期でサッカー部に属していたこと、そしてなぜ今北海道の旭川からさらに北方のクッチャン、オコッペという辺地で牛や馬を看る獣医として働いているか、中学部時代から四十年近くに及ぶ「自己史」を聞くことができました。

この夏、北海道で読んだ三浦綾子さんの短いエッセー、そして吉岡院長が「聖書と礼拝なくして学院なし」と喝破された学院「建学の精神」を、今日本の北国で立派に生き抜いている中高卒業生今井哲朗さんとの新しい出会いによって、私はほんとうに大きな希望と勇気を与えられました。関西学院は創立の当初から、イエス・キリストが身をもって証した神への信仰と普遍的な隣人愛を「土台」（Ⅰコリ三・一一）として選択し、そこに賭けて一筋の道を歩んで来ました。日本の社会においてキリスト教徒は全くの少数派であります。しかし少数であるからこそ、多数のなかで「世の光」「地の塩」、すなわち創造的なマイノリティーとしての使命（ミッション）を担うことができるのではないでしょうか。

関西学院高等学部の第二代部長K・C・アームストロング宣教師は常に学生諸君に向かって"Kwansei Gakuin depends upon you"と呼びかけ、使命の自覚を促したと言われます。中学部、高等部の部長先生をはじめ私たち教職員もみな同じ思いです。諸君一人一人の豊かな学びがいよいよ祝され、全うされることを心から祈り願い、創立一一一周年記念礼拝のメッセージとします。

（学院創立一一一周年高中合同記念礼拝　二〇〇〇年九月二十九日）

「建学の精神」とMastery for Service

あなたがたの中で偉くなりたい者は、皆に仕える者になり、いちばん上になりたい者は、すべての人の僕《しもべ》になりなさい。（マルコ福音書一〇章四三節―四四節）

皆さん、お早うございます。私たちの愛する関西学院は、本年創立一一一周年を迎えました。去る九月二十八日には、学院発祥の地である旧原田の森におきまして、同窓会、現役の学生諸君、そして教職員それぞれの代表が一緒に記念式典を執り行いました。また、翌二十九日には、中学部と高等部が合同でやはり創立記念礼拝をもちました。そして今日、私たちはここに、ちょうど西暦二〇〇〇年、新しいミレニアムの幕開けに一一一周年を迎えるということで、大学の合同宗教運動のチャペルを創立記念礼拝として守ることになったわけです。今朝は現役の学生諸君、教職員、そして同窓会からも木村会長はじめ何人かの方がこの中央講堂でのチャペルに参加下さっております。また久しぶりにグリークラブが奉仕してくださり、たいへんうれしく思います。関西学院グリークラブは、ご存知のように昨年創立百周年を迎えました。日本における一番古い男声合唱団として輝かしい伝統を担っているわけですが、もともとグリークラブも、原田の森の小さな寮の中で、讃美歌を歌うグループから出発したチャペルクワイアーという性格を有しています。

ステージのオルガンの前に、学院創立一一一周年のシンボルマークが掲げられています。学長の今田寛先生は心理学者ですから、イメージやキャッチフレーズをつくる達人ですが、あの算用数字が横に三つ並んだ111というシンボル、これはあたかも人間が前を向き、しっかり姿勢を正して、新しい一歩を力強く歩み出そうという姿をあらわしていると説明されました。私もなるほどと共鳴したのですが、さしづめ一番先頭の一は、今学んでいる現役の学生・生徒諸君でしょう。すぐ後ろで、私たち現職の教職員がそれをサポートしていく。最後の一は、十九万をこえる同窓の大きな力、これが背後にあって、いつも母校を後押ししてくださっている、そういう姿をイメージすることができるわけです。今日のこの記念チャペルアワーが、私たち一人一人にとって、見かけの格好ではなくて、内なる姿勢を正す一つの機会となることを願っております。「チャペル週報」の中に、文学部の武久先生が、二十一世紀にかける架け橋、その担い手は現役の学生諸君だと呼びかけておられますが、どういう方向に、何を目標として架け橋となるのか、そのことが今深いところから問われていると思います。私も「チャペル週報」に短い一文を寄せました。院長の文章はいつも堅苦しいとお叱りを受けるのですが、ちょっとそこに目を落としていただきたいと思います。

建学の精神、いきなりそう言われてもピンとこない人がこの中にいるかも知れません。国公立の大学に学んでいる人たちにとっては、「建学の精神」という用語自体が必ずしも馴染みやすいものではない。しかし、西洋の多くの学校、大学がチャーチ（教会）から出発したように、関西学院の経営母体も、最初の二十年間はアメリカ南メソジスト監督教会のミッション・ボードに属していました。その後「社団」「財団」と法人名は変わりますが、要するに戦後の学制改革によって「学校法人」に組織が変更される一九五一年まで、関西学院は、法的には公の学校として認められないまま、祈りと志を同じくするものが力を合わせ、寄付を集めて創立されたいわば特別な各種学校としての歩みを続けてきたわけです。これは、関西学院だけではなくて、日本の私学はみな同じ扱いを受けながら営々として教育・研究活動に携ってきたのですが、その根底に息づいているのが「建学の精神」であります。

学院「建学の精神」を象徴的に表現するスクール・モットー"Mastery for Service"この一句は、第四代院長C・J・L・ベーツ先生が、一九一二（大正元）年四月、高等学部が開設され部長に就任されたときに提唱されたもので、その中心的意味について『商光』という雑誌の創刊号に"Our College Motto"と題して説かれています。その一部をここに引いていますが、皆さんぜひ在学中に、ベーツ先生が残されたこのかなり長い文章ですが、"Our College Motto"というテキストを英文で読んでほしいと思います。たいへん豊かなメッセージを盛り込んだすばらしいステートメントで、そこにポイントだけを挙げています。人間の本性（ネイチャー）には二つの側面がある。一つは個人的、私的、すなわちインディビジュアル、プライベートなもの。他は公共的、社会的、つまりソーシャル、パブリックな側面。そして今やこの二つの側面が、私たちのモットー"Mastery for Service"において統合される。ベーツ先生は「我らは弱きを欲しない。強からんこと、また主たらんことを願う」、先生自身の言葉では"We aim to be strong, to be master"となっています。しかし、我々がマスターたらんと願う目的は、己れ個人の富を積むことではなく、それによって世に仕えることでなくてはならない。ベーツ先生はそれをソーシャル・サービスと表現し、「我らは広義における人類の仕え人たらんことを目指すのである」とこの段落を結ばれています。

今、ここで全文を引用することはできませんが、英文のテキストをなぞってゆくと、そこにキーワードとして二つの対語が出てきます。一つは self culture（自己修養）と self sacrifice（自己献身）、他の対は、mastery と service とりわけ後者ですね。すなわち、mastery と service という二つの単語がどういう接続詞で結ばれているかということです。and の場合は並列的、or だったら二者択一的、as であれば同格、あるいは of だったら対象を指しますが、その何れでもなくて、for という目的を指示する前置詞で不可分に結びついた両者の正しい関係の中に関西学院の教育・研究が目指す究極のゴールがあるという提唱です。

通常、マスター（主人）とサーバント（僕《しもべ》）は正反対のイメージとして映るわけです。にもかかわらず、サーバントこそ実は本当のマスターだという、ある意味では謎のような逆説（パラドックス）を含むこの一句が関西学院のスクール・モットーとして掲げられる、そこに関西学院のユニークな個性、独自の教育的使命があることを私たちはしかと受け止めなくてはならないと思うのです。そして、こういうモットーを提唱されたベーツ先生が、ただ頭がよくて美しいレトリックを用いて立派な標語を作られたということではなくて、実はその背後にイエス・キリストの教えと生涯（マコ一〇・四三以下参照）に倣う先生自身の生き方、献身の証しがあったことを想起しなくてはならないと思います。

ベーツ先生のことをあまり詳しくお話する時間はないのですが、カナダのトロントにマッセイホールという、コンサートや講演会場にもなる多目的大ホールがあります。その会場で、一九〇二（明治三十五）年、世界学生ボランティア大会が開かれ、ベーツ先生も学生時代マギール大学から代表に選ばれ出席されました。当時、中国北部で義和団事件が起こり、二百五十人もの宣教師が犠牲になり命を失った。現地からトロントのマッセイホールに一通の電報が飛び、その悲報を伝える電文を、有名なキリスト教青年運動の指導者で、後にノーベル平和賞を受けたジョン・R・モットー博士が読み上げたのです。"North China calls. Fill up the gaps."「北中国が諸君を呼んでいる。この大きな間隙を埋めよ」というたいへん感動的な電文アピールが読み上げられたときに、出席者の中から実に三百人もの学生が立ち上がり、アジアの国々のため自分のタレントを生かして用いますという献身の誓いを立てた。その中に、若き日のベーツ先生がおられた。ベーツ先生は、もし宣教師として来日されなかったら、カナダの首相に選ばれていたかも知れないと言われるほど卓越した指導者であったことが知られています。しかし、ベーツ先生自身は、晩年自分の生涯を振り返り、関西学院という日本のクリスチャンスクールで若い人たちと一緒に学んだ、そのことによって自分の一生は大きな意味と喜びを与えられたと述懐されたそうです。そこにミッショナリー・スピリットと言いますか、通常の価値観を超える人生の清冽なビジョンあるいは純乎たる使命に生きる個性の輝きというものを見てとることができるのではないでしょうか。

さて、この「チャペル週報」の結びのところに、関西学院の創立者W・R・ランバス先生の言葉を一節引きました。これはビショップ・ランバスが母校のヴァンダビルト大学で行った講演（コールレクチャー）の一節でありますが、「人生においてあまたの偉業を達成した人たちは、皆自ら人生の目標を設定したというよりはむしろ高次の目標を与えられ、それにとらえられた人々である」と記しています。では、このランバスという関西学院の創設にかかわった宣教師はどういう人物で、どういう生涯を送ったのか。残念ながら、ランバス先生自身は関西学院が創立されて間もなく日本を離れ、その後はメソジストのワールド・エヴァンジェリスト、ミッショナリー・ビショップとして世界中を駆け巡り、大きな働きに挺身されたにもかかわらず、滞日期間が短かったために、その全体像はほとんど知られていません。ですから、慶応の福沢諭吉、早稲田の大隈重信、同志社の新島襄といった明治の著名な先覚者たちに比して、関西学院のランバスは殆んど無名に近い存在です。しかし、アメリカの歴史人名辞典や当時のWho's whoを見ますと、必ずランバスの名が出てきます。ヴァンダビルト大学の『百年史』には、ウォルター・ラッセル・ランバスは本学が生み出した最も優れたパイオニア・ミッショナリーであり、日本にキリスト教主義に基づく名門校関西学院を創設したと記されています。ヴァンダビルトは南部のハーバードともいわれ、ノーベル賞受賞者も輩出している立派な一流大学でありますが、ランバスという一人の宣教師の働きをこのように高く評価しています。ここに私が手にしている“Walter Russel Lambuth-Prophet and Pioneer”と題する「ランバス伝」は親しい同僚W・W・ピンソンがランバス没後四年の一九二五年に著した英文二百六十一ページの一番信頼できる大部のバイオグラフィーです。今、社会学部の半田一吉先生、前院長の宮田満雄先生が翻訳しておられるので、出版されるとランバスという人物が私たちだけではなく日本の社会にも広く知られるようになるでしょう。今日は時間の関係上、ランバス先生の生涯をスケッチすることさえできませんが、ただピンソンがランバスの学生時代について触れている一部を紹介したいと思います。

ランバスの勤勉ぶりはよく知られ、高校生時代から早寝早起きを励行したと記されています。現に、父親に送った一通の手紙、これは十年ほど前に入手し、学院史編纂室で保管しているものですが、「Dear Father　いま夜の九時です」という書き出しで、いろんな生活報告に続けて、中国のミッション活動のためにアメリカの教会で献金を呼びかけるので、「具体的な目標を知らせて下さい。そうしたら、アピールができます……九時を過ぎたので私はもう寝ます。明朝五時に起きなくてはならないからです」。そこでいったん筆を置き、翌朝その続きが書かれている。「いま、朝六時です。五時に起きて、いつものようにラテン語とドイツ語を勉強しました。朝の時間は集中できます。だから夜読んでもピンとこないことが、早く起きるとすぐに理解でき、たいへん勉強の能率が上がります」。

一八七一年、ランバスはテネシー州レバノンの高校を終え、十七才でバージニア州のエモリー・アンド・ヘンリー大学に進学。大学生活を通して、彼は自分の好きな勉学に励んだわけですが、同時に学内でのボランティア活動にも挺身し、エモリー・アンド・ヘンリー大学のキャンパスで学生YMCAを組織し初代プレジデントに選ばれました。ランバスは後年中国で最初のYMCAを設立しましたが、すでに学生時代から、広い心で万人に奉仕するボランティア精神を豊かに培われたことがわかります。一八七五年、二十一才でエモリーを卒業後、ランバスは先程話しましたヴァンダビルト大学に進みます。ヴァンダビルトでは、驚くべきことに、医学部と神学部の二つの部に籍を置きます。関西学院大学も、最近は複数専攻が可能になりましたが、当時アメリカではすでにダブル・メジャーが制度上認められていたのでしょう。そして、記録を見ますと神学部も医学部も両方首席で卒業しています。大学は、学業成績の記録を永久に保存するのでしょうか。十数年前ヴァンダビルトのアーカイヴを訪れ、ランバス先生のレコードを見ましたが、確かに六十人中のトップで卒業したという記録が残っています。ですから、在学中にランバス先生のいろんなプライズをもらっています。関学でも、全学あるいは学部で特別なスカラシップやプライズが出ていますが、ランバス先生は学生時代あらゆるプライズを総なめにしたのかもしれません。けれども、それを自慢の種にすることは全くなくて、両親宛にしょっちゅう手紙を書いていますが、そういう褒賞を受けたことは家族にも知らせなかったとピンソンは書いています。ですから、彼にとって好きな学問に打ち込めるのはきっと楽しいことだったにちがいありませんが、その動機づけは、決して個人の利益やこの世の名利栄達ではなくて、全くその反対の極に立つものでした。きっと少年時代から過ごした中国の人々の窮状をいつも念頭において、聖書のパウロの言葉にありますが、「喜ぶ者とともに喜び、泣く者とともに泣く」（ロマ一二・一五）、そういう生き方をしたいという願いが心の底に刻まれていて、「学ぶ」ことの軽視ではなくて、むしろ学ぶことと、自分がどういう道を選び取り「どう生きるか」という根本の問いをいつも結びつける仕方でキャンパスライフを過していたことがわかります。

先程、グリークラブによって歌われた“A Song for Kwansei”、これは英国の高名な詩人エドモンド・ブランデン先生が、学院創立六十周年の折りに上ケ原キャンパスを訪れ、文学部寿岳文章先生との友情の証しとして関西学院のために作ってくださったカレッジソングです。作曲は「空の翼」と同じ同窓の山田耕筰で、すばらしい名曲なんですね。今、グリークラブによる演奏で皆さんよくわかったと思います。ところが旋律が洗練され過ぎているせいか、誰でもすぐには歌えないのが残念です。しかし皆さんがぜひこの歌詞の意味を正しく読み取ってほしいと思います。

この後、グリークラブは“OLD KWANSEI”を歌ってくれます。これもプリンストン大学のカレッジソングをアレンジした素晴らしい関西学院賛歌であります。そこに“Banzai”とありますね。私は中学部生のとき、英語にも

"Banzai"という単語があるのかと思って、一生懸命辞書を引いたことがありますが、これは明らかに日本語の「万歳」です。なぜ「万歳」なのか。決して薄っぺらな愛校心を煽り立てるものではなくて、先ほどから話していますように、一一一年の歴史を貫流する「建学の精神」、"Mastery for Service"というスクール・モットー、これを今ここに学んでいる私たち一人一人が、絶えず新しく受け取り直していく。モットーというのはお題目になったら死にます。いつもその場、その時に、それぞれが新しく受け取り直す。そして、あの「111」のシンボルマークのように、私たちがうわべのポーズではなくて、内なる姿勢を整えるその中で、「万歳、万歳」と叫ばずにはおれない、その強靭な意志の表白です。"Mastery for Service"この私たちの真に誇るべきスクール・モットー、そして"Banzai, Banzai, Kwansei"このスクール・ソングのフレーズを私たち一人ひとりの心の中で反芻しながら、チャペルから出て、また勇躍学びの道場であるクラスルームやゼミナールに戻っていきたいと思います。

（関西学院創立一一一周年記念礼拝　二〇〇〇年十月十九日『KGキリスト教フォーラム』第一三号）

輝く自由――関西学院の個性

あなたたちは真理を知り、真理はあなたたちを自由にする。（ヨハネ福音書八章三二節）

お早うございます。今朝は少し曇天でしたが、だんだん晴れ間が見え、午後は五月晴れになるといいと思います。

この四月に希望を抱いて関西学院大学の門をくぐった新入生の皆さん、そしてこれは上級生も同じだと思いますが、ゴールデンウィークが過ぎますと、これまで張り詰めていた緊張感がほぐれて知的にも肉体的にもリズムを崩し、いわゆる「五月病」にかかるケースが多いと言われます。今日このチャペルアワーに集まっておられる皆さんは大丈夫でしょうね。グリークラブの皆さん、メンタル・ハーモニー、どうもありがとうございました。田淵先生が言われたように、ぜひ校歌の英語歌詞を味わい、噛みしめてほしいと思います。たぶん明日は神学部長の神田先生が"A Song for Kwansei"について解釈を加えたお話をされると思います。すばらしい内容を盛った関西学院の「ために」つくられた有名な英国詩人、E・ブランデン作詞、同窓山田耕筰作曲による校歌です。

今週の「チャペル週報」が手元にあればちょっとご覧ください。「輝く自由・関西学院の個性」というサブタイトルの拙稿です。「私学の個性と生命は『建学の精神』に宿っている」。今、わが国の私立高等教育機関が短期大学を含め九百を数えるわけですが、最近、私立大学の総長、塾長、院長、学長などが書かれる文章を読んでいますと、さかんに「建学の精神」に立ち帰ろう、いわゆる「原点回帰」志向がよく読み取れ、カレッジ・モットーを改めて高揚する機運がたいへん高まっているように私は思います。たとえば慶応は「独立自尊」、同志社は新島襄の言葉「良心の全身に充満せる丈夫の出でんことを」がモットーになっている。関西学院のそれは、既に皆さんよく耳にしている英語の"Mastery for Service"です。

関西学院が専門学校令に則り高等学部（文科、商科）を設置した一九一二年以降、第四代ベーツ院長の招きで、東大新人会のメンバーから有力な教授が次々招かれた。後に社会党党首で「十字架委員長」と呼ばれた河上丈太郎先生は、一九一八年に学院に招聘されたのですが、着任早々、宣教師のアームストロング部長と会い、「私は単に関西学院に雇われたのではない。あなたたちが祈りと多額の献金を捧げて行っているミッショナリー・ワークをヘルプしに来た。そのことをご了承願いたい」と言って、文科社会学科の学生たちを前にしては、諸君はもっと関西学院に学ぶ誇りと自信をもってほしいと呼びかけた。慶応には富に関する万巻の書があり、東大には幾多の俊英が集まる。しかしMastery for Service、これほどすばらしいスクール・モットーをもつ学校がほかのどこにあるかと、熱っぽく語り励ましたと言われます。

「週報」の文章に戻りますが、Mastery for Service の後半部、すなわち「奉仕」の意味を「建学の精神」のなかに探る努力は絶えずなされてきました。しかし今あらためてモットーの前半部、すなわち「マスタリー」が「サービス」のためにいかに肝要であり、真の「仕え人」にとって「主人」の資格が不可欠であることをしかと肝に銘じなくてはなりません。すなわち皆さんは、先ず何よりもマスタリーのために関西学院大学に入学した、あるいは在学しているのです。

この三月末で、東京大学を退官された安藤忠雄さんが、阪神淡路大震災のメモリアル・プログラムのために関西学院を訪れて、私たちに語りかけられました。安藤さんは世界的に知られた建築家でありますが、自分は高等学校を卒業したときに、残念ながら経済的理由で大学に進めなかった。しかし、いまこの関西学院大学に学んでいる諸君は幸せだ。ヴォーリズさんの設計によるこのすばらしく美しいキャンパスで、経済的な条件も整えられて、ともかく四年間あるいはそれ以上の年月、思う存分学ぶ機会を与えられているのだから「死にもの狂い」で勉強してほしい。安藤さんはそう呼びかけられました。

Mastery for Service の提唱者ベーツ先生自身が、「マスタリー」とはどういうことかを、一九六二年、関学文化総部の名門ＥＳＳ創立六十五周年に寄せたメッセージの中でこう述べられています。「人間はみな唯一無二の存在（no two the same）であるゆえに、各自がそれぞれの個性とタレントを存分に伸ばし活かすべきです。諸君が自分で選択した様々な分野で力の限りを尽くし、Masters of knowledge になることを期待します。しかしとりわけ（But above all）、私たちは人間の本能的な衝動や際限のない欲望の『主人』とならねばなりません（we should be masters of our natural impulses and desires.)」。これは、人間性の中に潜むいろいろな願望や desire 自体を否定しているのではないのですね。人間の情念（passion）の中には、例えば親子兄弟の情愛とか友情、そういう美しい自然的、本能的なバイブルで言う「フィリア」の愛があります。また私たちが学問に打ち込む、あるいは芸術やスポーツ活動に熱中しエネルギーを燃焼し技を磨く。これはギリシャ語の「エロス」に当たり、広い意味での価値的、功利的な人間の願望でありあます。フィリアとかエロス、そういう健全な欲求がなければ、人間生活の向上や文化の発展はない。けれども、人間の情念の中には、エゴイスティックな自己本位のミーイズム、どす黒い何かどうしょうもなく醜い情欲、宗教的に言えば罪というものがある。その奴隷になってはならない。むしろそれに打ち克って主人となりなさい。これがベーツ先生が訴えたい真意でしょう。

そして、ベーツ院長は続けて有名な新約聖書のヨハネによる福音書第八章三十二節の言葉を引かれます。「真理はあなたがたに自由を得させる」。関西学院がスタートしたときに、この聖句が神学部ディビニティーホールの正面玄関の上に刻まれていた。同じ聖句が、現在社会学部玄関右下の黒い大理石に刻まれていますが、第二代吉岡美國院長は、この聖句を揮毫する際に「自由」という和訳に代えて「自主」（self master）という漢訳を採られた。すると、ベーツ先生によれば、この聖書テクストの英訳は The truth shall make you Master of yourself となる。これが、実は関西学院のスクール・モットーが掲げる「マスタリー」のリアルで本当の意味を的確に言い表している、と説明され、今、世界はあらゆる知識に通暁し応用力を備えたマスターたち、しかも決して自己本位、悪しきエゴの奴隷ではなく、むしろ弱い自己に打ち克つマスターズ（masters of self, not selfish men）、そういう有為の人材を求めている、とこのメッセージを結ばれます。

私は役目上、全国また世界各地の学院同窓会支部を訪れ Mastery for Service の精神を実践し体現している卒業生の美しい生き様を目撃する喜びを与えられています。三年前の七月下旬、ヘルシンキで開催された国際聖書学会からの帰途、デュッセルドルフに立ち寄って当地の同窓会に招かれました。デュッセルドルフは、ヨーロッパ経済の一つの中心で、日本からもおそらく企業が一番たくさん進出している拠点だと思いますが、先ず日本人クラブに案内され、そこで同志社出身の橋口会長が私にこういう話をされました。現在、デュッセルドルフで、日本企業の駐在員として一番大勢来ているのは、国立を除けばまず慶応、早稲田、三番目は上智で、四番目が関西学院です。そして、橋口さんが言われるのに、早稲田は巨大な集団なのでまとまりがよくない。上智は優れた人材を送り出しているけれどもどちらかというと個人主義的だ。そこへいくと、慶応と関西学院はたいへん同窓の絆が強く、みんなが母校愛に燃えて一つになっている。これが同志社出身橋口会長のコメントでした。事実、その夜の同窓会にはスイスのチューリッヒ、あるいはオーストリアのザルツブルクから、同窓諸氏が文字通り飛んでくるわけですね。席上ハンブルグから参加された一九五七年経済学部卒の宮林昭雄先輩によるスピーチを聞きました。宮林氏は、ヨーロッパミノルタの元社長、日産とルノー合併の橋渡し役を担った有力者で、英国のサッチャー元首相やアメリカのキッシンジャー元国務長官などといつでも電話で話せる間柄という大人物ですが、その方が語られた内容をメモしておいたので紹介します。

私は経済学部堀経夫先生のゼミ出身だが、上ケ原キャンパスではたいへん楽しく、のんびり学生生活を送った。しかし卒業後、先輩の一人から、人間は一生に一度、もうこれで死んでもよいと言えるほど完全燃焼する時が無くてはならないと促され、一念発起してアメリカの大学に留学、ＭＢＡの学位を取得し、ミノルタに入社。以来四十年間馬車馬のように全力疾走で頑張った。ヨーロッパ全土に新しい会社を四十四立ち上げ、アメリカとシェアがフィフティ・フィフティになるまで競争力を伸ばすことができた。ところが、三年前、思いがけず肝臓を患い、ドクターストップがかかった。原因はアルコールやウイルスではなく、ともかく年間百七十日から百八十日に及ぶ飛行機出張の時差による慢性睡眠不足と強度のストレスで病に倒れた。しかし、宮林さんは、このドクターストップのおかげで、自分は人生の新しい出発をすることができたと言われるのです。一年間近くベッドに横たわって、何もできない生活を余儀なくされた惨めさの中で、自分は初めて人生とは何か、一体自分は何のために生きてきたのか、静かに熟考するチャンスを与えられた。そして、学生時代にあの上ケ原キャンパスでそれこそ耳にたこができるくらい聞かされたMastery for Serviceというスクール・モットー、自分が「受ける」サービスを貪るのではなくて、他に「与える」サービスを喜びとする。そういう奉仕に徹する精神、これこそ校歌「空の翼」の中で謳う「輝く自由」、我が内なる精神の自由だということが漸く分かってきた。自分の生涯は、ただ自分だけのものではない。自分の利益以外のために何かができるし、しなくてはならい。それが人間として生きる証しであり、本当の喜び、生き甲斐なのだということを自分なりに心底から納得することができた。だから、私は肉体の健康を失ったが、精神の健康を回復することができた。こういう人生哲学を勝ち取ることができたのは、実に我が母校関西学院のキャンパスで吹き込まれたガイスト（精神）の賜物である。自分は先週も三十時間以上かけてオーストラリアに飛び一時間あまりの講演をした。そこで、企業の戦士たちあるいはビジネス界のリーダーたちに向かって、地球人類社会を動かしているのは決して単に政治、法律、経済だけではない。いわんや軍事力ではない。結局は人間一人一人の心の有り様だということを訴えた。だから、自分は招かれたら、世界中どこへでも飛んで行きます。大要こういう話をされました。

時間が残り少なくなりましたが、もう一人だけ紹介したいのです。

二年前の七月一八日、木村同窓会長、中嶋大阪支部長、前島宗教総主事らと同行し、関西学院同窓会マニラ支部の設立総会に出席し、当地で二〇〇〇年の春、総合政策学部を卒業した紫垣《しがき》伸也君という最も若い同窓の一人に出会いました。紫垣君は今年六月から、ＮＰＯ法人「21世紀協会」のボランティアスタッフとしてフィリピンのミンドロ島に渡り、少数民族マンニャンの子どもたち支援の教育活動に携わっています。最近まで文字や数字、時間の観念や暦も持たず、採集・狩猟生活を営んでいた貧しい先住マンニャン族は、近年他の島々から渡来したタガログ人に土地を奪われ、奥地の山間部に追いやられて食材にこと欠き、慢性の飢餓状態にあるといわれます。紫垣君は彼らの中に飛び込み、子どもたちの就学支援の他、マンニャン族全体に対する農業指導や医療活動のヘルプなどさまざまな奉仕活動に従事しています。

海外での無給ボランティアを志願することに両親は反対されたようですが、紫垣君は今の時を貴重な自己研修の機会として活かしたいと説得し、同窓の私たちにも、ここで社会的不平等の中にある子どもたちの教育支援活動にコミットし、将来とも異文化の中にとけ込み、発展途上国での働きを続けたいと胸を張って語ってくれました。彼の熱い志と離れ島マンニャン族の窮状を聞き、心を打たれたマニラ支部の同窓諸氏は直ぐその場で支援のカンパを募り、木村会長から同君に手渡されました。紫垣君は大変感激して「マニラの関学同窓会に招かれ、二カ月ぶりに美味しい日本料理をご馳走になり、諸先輩からこのような温かい励ましと資金援助を頂き、今夜は天にものぼる心地です」と謝辞を述べましたが、同席した私たち一同も肩を組み校歌「空の翼」を高らかに歌い上げながら、関西学院のスクール・モットー Mastery for Service の精神が今ここにも生き続けていることを体感し、希望と勇気を与えられました。その後、母校の総合政策学部や中学部のチャペルでの紫垣君のアピールに応えて、後輩たちが支援活動を始めました。これらの同窓はみな「輝く自由」を生き抜く「世の光、地の塩」としての生き証人です。

今日は、午後からこの中央講堂で、やはり関西学院旧制中学部先輩の聖路加国際病院理事長日野原重明先生が特別講演をされます。講義のない人はぜひ聞いてほしいと思うのですが、タイトルは「ビジョンと実践のエネルギーの源としてのスピリット」、恐らくこのスピリットは、日野原先生にとって関西学院のチャペルでベーツ先生から吹き込まれた Mastery for Service のスピリットを指すと思います。今この困難な時代に、将来に夢と希望を持つ、その源泉は何か。それがはっきり掴めれば、たとえ厳しい試練が予想されても、果敢に逆挑戦していくベンチャー精神が生まれてくる。それが真のビクトリーにつながる。そういう話をされるのかなと、私も期待しております。

スポーツの応援席では、メガホンを持って「レッツゴーＫＧ」と叫びます。しかしグランドやスタジアムだけではなく、クラスやゼミナール、そしてチャペルアワーで、互いに心の中で“Mastery for Service”“Let's go KG!”を交わす、そういうスピリチャルな一体感がキャンパスの内に醸成されると、それがキャンパスの外の世界に対して「関西学院ここにあり」という存在感になる。学生諸君、教職員、同窓が一体となって、私たちの関西学院が日本と世界に無くてはならないスクールであることの誇りと喜び、そして揺るがぬ希望をいよいよ確かなものとしなくてはなりません。

このチャペルアワーの最後に、同窓由木康牧師作詞の讃美歌「馬槽のなかに」を歌いますが、これは英語やドイツ語にも訳されている素晴らしい「イエス賛歌」です。関西学院の個性と輝きは、イエスの教えと生き方に倣う「自由」の輝きであります。歌詞の意味に心を集中して高らかに唱和したいと思います。

（春季宗教運動・上ケ原キャンパス大学合同チャペル　二〇〇二年五月十三日『ＫＧキリスト教フォーラム』第一六号）

クリスマスの喜び

「その頃、皇帝アウグストウスから全領土の住民に、登録をせよとの勅令が出た」（ルカ二・一）。ルカ福音書はこのようにクリスマス物語を始めます。これは医者であったとも言われる著者が、続く二節には総督キリニウスの名も見られますが、冷静かつ客観的な態度で歴史上の人物名を挙げ、イエス・キリストの誕生が、決して神話やフィクションの類いではなく、ローマ帝政下、この人類世界の直中で起こった紛うことなき歴史的（historical）出来事であることを証言するものです。マタイ二章一節にはユダヤのヘロデ王への言及もあり、これら為政者のリストからイエスの生年を推定することも可能となります。

次いでルカは、八節に天使を登場させ、さらに十三節以下では天の軍勢が現れ、天使と一緒になって神を賛美する有名な栄光頌が高らかに響きわたります。「いと高きところには栄光、神にあれ。地には平和、御心に適う人にあれ」。マタイ版は、博士たち（マゴイ＝占星術の学者たち）が東方で見た不思議な星に導かれてみどり子イエスを拝しに来たと記し、何れも、クリスマスが実に壮大な宇宙的（cosmic）な広がりをもつ出来事であることを伝えています。

しかし聖書は、クリスマスが実は宇宙的、歴史的事件である以上に、むしろ究極において、私たち一人一人の人生、この私の生き方にかかわる、すぐれて人格的（personal）な出来事であることを強調するのです。「わたしは、民全体に与えられる大きな喜びを告げる。今日ダビデの町で、あなたがたのために（for you!）救い主がお生まれになった……あなたがたは、布にくるまって飼い葉桶の中に寝ている乳飲み子を見つけるであろう。これがあなたがたへのしるしである」（二・一一以下）。クリスマスは「あなたがた」つまり読者である私たちにとって、普通ではない、とてつもない大きな（メガス＝メガトン級！）の喜びの時であると証言するのです。

有名なヘンデルのオラトリオ「メサイア」は "For unto us a child is born" と歌います。赤子の誕生というものが、その家族にとって、また周囲の人々にとってどれほど大きな喜びであるかを知らない人はないでしょう。私たちはたといこの世が暗闇に包まれていても、新しい生命の誕生のなかに、人間の喜びと希望の源をみる思いを抱きます。ただよく考えてみると、そもそも私たちがバースデーを祝うのは、決してたんにベビーの誕生という生物的現象が重大であるからではない。むしろ一人の生命の誕生によって、その彼、彼女と一緒に生きることができる、その出会いの喜びが大きいからであるに違いありません。だから誕生日というのは、自分だけで祝うことはあまりない。「ハッピー・バースデー・トゥ・ユー」を歌ってくれるのは自分以外の家族や親しい友人仲間たちです。

私の誕生日は八月十一日ですが、若い頃から教会や学校のキャンプ、修養会などの行事、成人してからも夏は出張や旅行などと重なることが多く、どうかするとすっかり忘れていることもあります。ところが、思いがけないことに他人が覚えている場合がある。一九六三年、ちょうど三十五年前の七月中旬、私は中学部の宗教主事在任中に米国デューク大学に留学のため、神戸から英国客船オーカディス号に乗船。波止場で大勢の中学部の先生方や生徒諸君から色とりどりの紙テープを浴び、大変盛大に見送られたので、インド人の船客が近づいて来て「あなたは小さい青年なのにこんなに大勢の見送りを受けるのはエンペラーの親戚だからか」と冷やかされました。二週間の船上バカンスを楽しみ、ハワイを経てカナダのバンクーバーに上陸、大陸横断グレイハウンドバスで米国に入り、スポケーンの同窓島田重雄牧師を訪問後、さらに南下してサンフランシスコ・バークレーでウィリアム・ポーター先生夫妻に迎えられました。ポーター先生は、私が中学部二年生のとき、J3（Japan for 3 years）宣教師として関西学院に派遣され、英語とバイブルを教えてくださった恩師です。三日間お宅に泊めて頂いたのですが、二日目の夕刻、カリフォルニア大学バークレー校の見学から帰ってシャワーを浴びた後の夕食時に「イチロー、今夜は小さなサプライズがある」と言われるので何かと思ったら、ぱーっとドアーが開いて、ポーター先生一家と近くに居られる令兄のご家族が一緒になって、突然「ハッピー・バースデー・トゥ・ユー」と歌い始めたのです。何しろ私は初めての外国旅行で非常に緊張していたせいもあり、その日が誕生日であることは全く頭になかったので吃驚しました。それにしても何故、どうしてポーター先生が私の誕生日を知っているのか不思議に思い尋ねると、先生は小さなノートを出してきて、「ここにイチローのバースデーが記してある」と言われるのです。そこには先生が毎週金曜日の放課後、自分の住居（現在のベーツ先生記念ゲストハウス）の一室を開放して英語で聖書を読み、その後ビンゴゲームに興じたバイブル・クラスのメンバー全員の名前と誕生日が書き留められていたのです。関西学院での三年間、ポーター宣教師は教室では英語を、自宅ではバイブルを教え、グランドではタッチフットボールのコーチを務め、三年という短期滞在であったにもかかわらず非常に大きな人間的感化を与え、今なお中学部二回生やアメリカンフットボール関係者の間にポーター先生との絆を大切にしている人たちが多いのも不思議ではありません。私は何よりも生徒一人一人の名前と誕生日を書き込んだあの小さなノートを見て、先生が本当に関西学院中学部で日本の少年たちを愛し、自分がアメリカ人であることを忘れたかのように私たちの間に溶け込み、兄貴のようなハートで一人ひとりを導いてもらったことにあらためて深い感動を覚えると同時に、親しい者の誕生を祝うということが何を意味するのか、なぜそれが喜びであるのかということについて、目から鱗が落ちるような覚醒体験を与えられました。

クリスマスを迎えるこの時、やはり私たちがなぜイエスの誕生を祝うのか、なぜそれが大きな喜びなのか、そのことに思いをいたしたいのです。互いに声をあげ「メリー・クリスマス」を交わすのは、今は亡き過去のイエスを記念し祝うのではなくて、現在のイエス、今ここで平和の君として私たちと共に歩み、この私を生かし、世界に希望を与え、人類の勇気を鼓舞しつづける「まことの光」（ヨハ一・九）としてのイエス・キリストの到来を、小躍りして祝わずにはおれない、溢れ湧き出る内発的な歓喜によるというほかはないでしょう。

終わりに、「ベツレヘム」と題する清純な一篇の詩を読みます。作者青木哲男氏はは学院の中学部から予科を経て法学部を卒業した（一九四六年）優れた同窓ですが、生涯病苦を身に負い、三十三歳で天の国に旅立たれました。

ベツレヘム

わたしは知っている　イエス・キリストが何処から来られたかを
いまのわたしたちには　ゆめのようなでんせつとなってしまった
あのエデンの園から　遠い焼け野原をつきぬけて
今から二千年前の　ベツレヘムにお着きになったのだ

それから三十三年　くるしみとなやみのなかに
私達とあしなみを合わせて下さった
そして十字架の受難のあと
オリブ山をふみだいにして
未来のおおうみを飛び超えて
はるかに天にお昇りになったのだ

イエス・キリストは　わたしたちとおはなしをし
なみだをながしはげますために
はるばる私達の処へ旅して来られたのだ
それでわたしたちも
ほんとうに神様のおちかづきになれたのだ

それはほんとうのことだ……
わたしたちはみんな
イエス・キリストのおともだちで
神様のおちかづきなのだ

（関西学院クリスマス音楽礼拝ａｔザ・シンフォニーホール　一九九八年十二月二十一日）

羊飼いと博士

福音書のクリスマス物語の中には、幾重にも織りなす際立ったコントラストが見出されます。天から響くみ使いの歌声と荒野に聞こえる羊の鳴き声、いと高きところに輝く神の栄光と馬槽の中に生まれたみどり子。静かに思いをひそめて聖書に聴く時、イエス・キリストの「福音」が、実はこのような驚くべき対照のシンボリズムによってしか表現できない真理であることにあらためて気付かされます。

天と地、神と人間が結び合わされた。しかもこの事実は、比喩的に言えば、地上のもっとも偉大な人間が懸命に背伸びをして、天のもっとも低い部分に達し得たということではなく、逆に、いと高き尊い君が、低く卑しい僕《しもべ》に対し、向こう側から救いのみ手を差し伸べるという仕方でしか生起し得なかった出来事であります。クリスマスはその意味で、神の救いに対する人間の切実な願いを新たにし、上より射し来る唯一の光に互いの心を明け開く時であります。そこで今、最初のクリスマスの夜、天来の声を聞いた二組の群像、ルカ福音書が描く「羊飼い」（ルカ二・八―二〇）とマタイ福音書に登場する「博士」（マタ二・一―一二）、彼らが織りなす著しいコントラストに注目することによって、私たちに対する聖誕節の使信を聴き取りたいと思います。

羊飼いたちは、素朴で名もない、どちらかといえば貧しいユダヤの普通の人々、博士（マギ）たちは占星術の学者と目されますが、幅広い教養を身につけたフィロソファー（ウェスレー）とも呼ばれ、世間に名を成した異邦のエリート集団でした。聖書は、このように民族や背景、立場をまったく異にする二様の人々が、それぞれ個別に神からの良き知らせと招きを与えられた、と告げます。東方のマギたちは、夜空に輝く導きの星を見た。羊飼いたちは、夜通し野宿しながら羊の群れの番をしていたとき、み使いの幻を見た。しかし聖書は、二つの徴のうちどちらが本当の徴であるかについては一言も触れていません。羊飼いたちは「幻」（vision）によって、博士たちは「星」（star）によって主の知らせを受けた、と述べるだけです。

もし仮に、これが反対のケースであれば、結果はどうでしょうか。自らインテリをもって任ずる博士たちなら、天使の幻やお告げの声など愚にもつかぬ戯言として一笑に付したでしょう。無学な羊飼いにとっては、広大な宇宙天体の運行など、それこそチンプンカンプンであったに違いありません。しかし神は、人それぞれにもっとも相応しい、一番ぴったりした方法でみ旨を明らかにされる。私たち人間に語りかけ、働きかけられる神の手段・媒体は決してただ一つではなく、むしろ多様です。大事なのは、時々刻々私たちに向けて発せられている静かな細い神の声に、私たち、いや私自身がどのように応えて行くか、です。

天からの徴に心を開き、全身全霊をあげて応答したという点では羊飼いも博士も全く一致していました。み使いたちが天に去った時、羊飼いたちは「さあ、ベツレヘムに行こう。主が知らせて下さったその出来事を見ようではないか」と話し合い、急ぎ出発した。博士たちも、東方で星を見たので、その導きの光を求めて自国を後にし、旅立った。しかもそれは、何れの場合も「夜」、人々が何も知らずにみんなが眠りこけているその時、彼らは心眼を開き、精神的に目覚めていたのです。

羊飼いと博士の間に横たわる第二のコントラストは、彼らがベツレヘムの馬小屋を訪れたその動機に認められます。博士たちは、「ユダヤ人の王としてお生れになった方」を拝むため、羊飼いたちは、「主が知らせて下さったその出来事」、救い主の誕生をこの目で確かめるためにやってきたと記されています。しかも聖書は、ここでも人間の行動や精神の発動にかかわる動機付けの画一化を注意深く警戒しています。私たちが、究極の救いを求め、心の旅を始めるきっかけはさまざまです。ある人は、自己を内と外から苛む不安と苦悩、深い絶望の淵から必死に叫び求め、またある人は思いがけない幸いを受け、ただ喜び感謝したい一心から神の門を打ち叩くかも知れません。悲しい時に祈る人、嬉しい時に祈る人、聖書の真理を学問的に探求したい人、いや実践的に体験することを願う人、求道の出発点、心の旅立ち、その動機や機会はみな異なります。しかも、それが本心から出た切実で真摯なものであるかぎり、みな同様に尊く意味をもつ。私たちが誰であろうと、その動機が何であろうと、老若男女「すべて求めるものは得、捜すものは見出し、門をたたくものは開けてもらえる」（マタ七・八）からです。それゆえ、羊飼いと博士たち、これほど互いに異質な彼らが、何も問われることなく、全く無条件で馬小屋に招き入れられたということ自体、私たち一人一人にとって大いなる慰めのメッセージであるに相違ありません。

第三のコントラストは、彼らがベツレヘムで飼葉桶の中の救い主に出会うまでそれぞれが歩んできた道程、そのプロセスにおける対照です。羊飼いたちは、おそらくベツレヘムのすぐ東、一キロも離れていない野原から、一方博士たちは、「東から」という注釈が暗示するように遠い異国、あるいは何千キロも離れたペルシヤ辺りから、山を越え川を渡り、砂漠を踏破し、遙かな旅の果てにやっとの思いでここに辿り着いたと思われます。羊飼いたちは、天使の知らせを聞き、ほとんど迷わず真直ぐ救い主を拝みに来たが、博士たちは、不思議な星に導かれ、ある時は途方に暮れ、様々な紆余曲折を経てここまでやって来たのでしょう。学問のある人、富める人は、懐疑心や己れの欲望が強くて、救いに至る道はかえって遠いのかも知れません。何れにせよ、私たち人間にとってもっとも美しい一事、それは正しい方向を求めて一筋の道を歩み続けることであります。遠い道、近い道、険しい道、平坦な道、人によってその条件や選択は異なるでしょう。しかしとにかく自分の道を見出し、具体的に第一歩を踏み出すことによって、初めて私たちは生き甲斐のある生涯の証しをたてることができるのです。

二千年前、最初のクリスマスに、ベツレヘムの馬小屋のなかに見出されたこのような様々なコントラストが、．実は今も変らず私たちの間に存在することを認めない人はいないと思います。一人一人のこれまで歩んできた道、育った境遇、真理探究・求道の動機、あるいはライフ・スタイルなどみなさまざまです。にも拘わらず、私たちの祈りと願いは、あの羊飼いと博士の場合と同じように、高きも低きも、大いなる者も小さい者も、富める者も貧しい者も、健やかなる者も病める者も、男も女も、大人も子供も、老いも若きもただ一点、飼葉桶の「救い主にまみえること」において一つにされることです。クリスマスは、天と地、神と人間が結び合わされることによって、国と国、民族と民族、人と人が新しくつながれ、あらゆる違いを越えて「共に生きる」可能性を拓く根源的な「和解」の出来事であります。それゆえ今、激動するこの混迷の世の直中で、地球人類すべてのものが、根源において一つでなくてはならない、否、すでに「一つである」というクリスマス・メッセージが、正しく伝えられ、正しく聞かれなくてはなりません。主の使いが告げたあの「インマヌエル」（神われらと偕に在す）と呼ばれる「イエス」の名がそのことを証示しています。

後代の信仰者たちは、この根源的「和解」の出来事を人類が忘れないように、暦の呼び方をキリスト・イエス生誕の時を中心に、以前をB・C、以後をA・Dと表記しましたが、その際、Before Christ に対して After Christ とはしないで、とくに Anno Domini というラテン語を当てたことが注目されます。これは今の時が、単にキリストの「死後」ではなく、「主の支配」される時であることを意味します。そのことを、羊飼いや博士らと共に、いま私たちが受け入れ、確信することのできる深い内発的な喜びをいだいてクリスマスを迎えたいと祈りねがうものです。

（関西学院クリスマス音楽礼拝ａｔザ・シンフォニーホール　一九九三年十二月二十日）

ヘンデル「メサイヤ」の誕生

クリスマス・シーズンになると、わが国でも、ヘンデルの「メサイヤ」演奏会がずらり並びます。私は学生時代、関西学院の聖歌隊でオーガニストをつとめたので、毎年「メサイヤ」のなかから、有名な「ハレルヤ」や壮麗なフーガ形式の「アーメン」合唱など十数曲をハモンドオルガンで伴奏することを命ぜられました。その頃、準備の打ち合わせをかねて、隊長・指揮者であられた故田中彰寛教授のお宅でよくレコードを聴き、シェルヘンとサージェント二人の指揮をききくらべて、田中先生はマルコム・サージェントの量感溢れる、ややテンポの緩やかな解釈を好まれ、私にもとくにオルガンによる序曲の演奏には、この安定したフィーリングを活かすように求められました。

ヘンデルのこのオラトリオは、宗教音楽とは言っても、教会の礼拝のためにつくられたものではなく、音楽史的には、「バロック的協奏様式を基礎におくオペラ音楽の延長である」という説明も可能です。私も長い間、バッハの厳格さと対比して、ヘンデルのこの作品を明快で軽やかな、万人向きの音楽であると解していました。ところが四十年前、米国留学中に、Duke Chapel で恒例の「メサイヤ」をきいた時、指揮者ヤング教授の個性が強すぎると思われる部分もありましたが、とにかくその劇的な高度の表現によって、この作品全体のもつ宗教的な内面性にはじめて開眼を与えられ、一種霊的な高揚を体験したのです。それからというものは「メサイヤ」を聴くたびに、この作品が同じヘンデルによるオラトリオのなかでもまったく独自の性格を保ち聴衆をこれほど圧倒せずにはおかない秘密はいったい何であろうかと思い巡らしていたのです。数年前、シュテファン・ツヴァイクの『人類の星の瞬間』(Sternstunden der Menschheit) を読んで、その謎が解けました。

一七三七年四月、当時大陸からロンドンに渡っていたヘンデルは突然脳溢血に倒れ、右半身不随になったのですが、医者たちを驚愕させるようなものすごい意志力によって健康を回復し、再び仕事に身を投じていました。しかしその後、女王の死やスペイン戦争など、時代の逆らいのために劇場はがら空きで、借金はかさみ、批評家たちは冷笑し、ヘンデルは苦境に追いこまれました。奮闘する彼も、次第に心を挫かれ、作曲する創造のよろこびも全く枯渇するのを感じ嘆息します。「もし人間たちが、私を再び葬り去るくらいなら、なぜ神は私を病気から蘇生させたのであろうか」と。そしてあの十字架上のイエスの言葉をつぶやきます。「神よ、私の神よ、なぜあなたは私をお見捨てになったのですか。」

一七四一年八月二十一日の夜、過労と困窮のためにロンドンの町をさ迷い歩き、へとへとになったヘンデルは、もうドイツに帰るほかはないと心に決め、やっとの思いで自分の部屋に戻ってきます。いまは机の上に、始めようとする何ものもなく、終えようとする一枚の楽譜もあるはずはなかった。が、空虚ではなかった！　見よ、そこには白い一つの小包が輝いているではないか。表紙には、聖職者で詩人、チャールズ・ジェネンズの字で、「救世主」(The Messiah) と書かれていました。それは、アイルランドの王と孤児のための慈善音楽団体からの作曲依頼の台本原詞でしたが、だめになった両手は思うようになりません。しかし、テキストの最初の言葉を読んで、ヘンデルは突然立ち上がりました。「慰めあれ」(Comfort ye)。それは通常の意味での台詞ではなく、まさに天の声、神からの答えを彼は聞いたのです。一瞬にしてヘンデルの心から悲しみと暗黒が拭い去られ、一切の重荷と疲れが消え失せ、「主はかく語る」(Thus saith the Lord)、一語一語が、抗しがたい力をもって迫り、彼の全身をつかみ、それがそのまま音楽となって彼の中からほとばしり出ました。"For unto us a child is given."「ハレルヤ、ハレルヤ」(神を讃えよ)。ヘンデルの息は詰まりそうになり、涙が彼の眼を曇らせ、どうしようもなくパトスが流れ出て、「彼は本当に救世主だ！」と歌わずにはいられなかったのです。それから三週間、昼夜の区別もなく、ヘンデルは自分の部屋に閉じ籠もったきり聖書に基づく三部曲詩、キリストの「預言と誕生」「受難と死」「復活と永生」に立ち向かい、無我夢中で作曲をつづけ、ついに九月十四日、「メサイヤ」を脱稿。ペンが手から落ちた時、彼はベッドの上に倒れ、まるで死人のように眠りました。しかしその実、ヘンデルはこの「メサイヤ」によって奇蹟的に救われ、新しい「いのち」に復活したのです。多くを悩んだ者のみが、歓びを知っている。試練に耐えた者のみが、終局の恩恵を予感する。ひとたび死を体験したゆえに、人びとの前で新生の復活について証することができる。それが彼のなすべき課題であった。（前掲ツヴァイク著、吾妻雄次郎訳）

ヘンデルの「メサイヤ」が西欧諸国で、クリスマスだけではなく、イースターにもしばしば演奏されるのは理由のあることです。「あなたがたは、キリストを見たことがないのに愛し、今見なくても信じており、言葉では言い尽くせないすばらしい喜びに満ちあふれています。それは、あなたがたが信仰の実りとして魂の救いを受けているからです」（Ⅰペトー・八―九）。

迫害の状況下にあった初代クリスチャンたちの信仰に倣い、私たちも主イエス・キリストの生と死、そして復活の出来事を、全身全霊をもって体験し、救いと新生に与ることを祈り求めましょう。

（千刈セミナーハウス、クリスマスディナーコンサート　第一部礼拝メッセージ　二〇〇〇年十二月二十三日）

「笛吹けど踊らず」——今の時代

今の時代を何にたとえたらよいか……『笛を吹いたのに、踊ってくれなかった。葬式の歌をうたったのに、悲しんでくれなかった』と言うのに似ている（マタイ福音書一一章一六節—一七節）。

「笛吹けど踊らず」の句で知られるこの有名な譬えは、イエスの時代のパレスチナで、リズムや旋律を伴って歌われたアラム語の風刺ソングのようなものであったかも知れません。ともかく背後には、子供達の具体的な遊びの場面が想定され、おそらく玩具やゲーム・マシンなど何もなかった当時、笛を吹いて踊る「婚礼」ごっこ、あるいは胸を叩いて泣きまねをする「弔い」の遊びに興じていた一方のグループが、別のグループに誘いをかけたのに、呼び掛けられた連中は全然これに加わろうとせず、楽しいはずの遊びの場がぶち壊しになったというのでしょう。

古来この譬え話から様々なアレゴリー（寓喩）を導き出す解釈も試みられましたが、やはりこれは子供たちの振舞い全体が「今の時代」の特性に比べられるパラブルの典型であり、しかも本来は一一節につづく前後の文脈に照らして、この譬え自体がある種論争的なアピールの機能を担っている点が注目されます（同一一・六、一一以下、一五・二〇参照）。

「今の時代」は同時代の人々（people of this generation-J.B.Phillips）、「大人」一般を指し、平行するルカ版はそう記しています（ルカ七・三二）。イエスの目には「大人」の振舞いが総じて「子供」じみたものとして映ったに相違ありません。何故なら、彼らが謂われなくして相手の呼び掛けを拒み、反対のための反対を仕掛け、あるいは故意に無視を装うなど、とんでもない無作法ぶりを発揮するからです。幼い子供のなかには、単純で天真爛漫な反面、自分の気に入らなければ、すぐにすねてだだをこねる身勝手な甘え、我が侭や怠惰、子ども一流の嘘や演技が一杯あります。それだけではなく、平気で他人を傷つけ、それこそ我欲むき出しの、幼稚で未熟な振舞いは、身の程を知らない高慢、飽くことなき自己主張とも結びついています。一八節以下で、人々が洗礼者ヨハネを「悪霊につかれた」禁欲主義者と片付け、あまつさえ、主イエスを嘲笑して「大食漢で大酒飲み、罪人の仲間」である快楽主義者と決めつけるのは、無知、未熟さゆえの無理解、倒錯した思い上がりに他ならないことを示すものです。

もとよりここでは、いきなりヨハネをイエスの先駆者と認める聖書の「救済史」あるいはナザレのイエスをメシア、神の子と告白する「キリスト論」といった神学が基準となっているわけではありません。むしろ神学「以前」の、ヨハネやイエスとの出会いにおける人間としての成熟度、ものの見方や考え方を統御するトータル・センシティヴィティーというものが深いところから問われているのです。そのかぎり、イエスはけっして子供を楽天的に理想化せず、かえって非ロマン化し、いわば拒否態、批判の対象としての子供の問題を介して、時代と人間のあり方を鋭く問われているのだと言えます。無邪気に泣き笑いする子供の振舞いがひとたび根底から疑問視され、「今の時代」の大人に比べられるというのはイエスのアイロニーでしょうか。

現代は「アパシー」、人間のハートが燃えない底なしの「しらけ」時代と言われて久しいわけですが、無関心、無関係、無責任といういわゆる三無主義に加えて、無気力、無感動、無理解、無神経、無作法など、物質的豊さを求めるきりのない欲望のなかで耐え難いまでの精神的貧困が蔓延する一方であります。まさしく「笛吹けど踊らず」と呼ばれた幼児の未熟性（childishness）の問題であります。大人が子どもっぽい幼稚な状態に退行し、世界的規模で悪しき「幼児化現象」を惹起しているのが「今の時代」ではないでしょうか。うわべの流行（ファッション）だけを追う自己本位のミーイズム、他人がどうなろうが平気な人格障害に係る倫理的、宗教約無関心、あるいは近代以後の科学・技術文明の発達と経済至上主義の選択の中で、ついに人間の精神や遺伝子も含め、すべて物質に還元するような新しい唯物論、そして生きる意味や根拠を喪失し、人間存在が根底から壊れていくような現代のニヒルな風潮も、この「笛吹けど踊らず」という譬えが描く悪しき幼児化現象と無縁ではありません。したがって、「知恵の正しさはその働きによって証明される」（一九節）という最後の適応句が甚だ重要で注目されます。イエスと「知恵」を同一視するのはマタイの特徴ですが、平行するルカ七・二五の原文は、譬えの素材としての「子ども」（paidion）と区別される知恵の「子」（teknon）を付加しています。文法で言うこの属格は起源、所属、関係を指示し、真の知恵（イエス）に結ばれている神の子＝イエスの弟子の謂れであります。それ故、キリスト教主義に基づく教育共同体としての関西学院のミッション（社会的使命）は、虚無の反対の極である「希望」への教育を勇気をもって推し進め、「今の時代」に果敢に挑む新しい「知」のパラダイムの構築とその担い手たる若い世代の豊かな「人格」形成を追求しつづける働きにあります。

（神学部チャペル奨励　一九九〇年一月十日）

柔和の精神

柔和な人々は、幸いである。その人たちは地を受け継ぐ。（マタイ福音書五章五節）

今朝このチャペルで、ハンドベルクワイアの演奏による美しい調べを聴きました。ハンドベルというのはベルが上向きなのですね。普通、ベルは下向きですが、上に向けて鳴らす理由は何だろうと思っていました。これは以前アメリカの教会で聞いた話ですが、ハンドベルの調べは人間だけではなく、むしろ天国におられる神さまに捧げる音楽だからしてベルは上向きだというのです。なるほどと納得しました。あわせて、最初に讃美歌（21）一八番を歌いました。「心を高く上げよう」。これは関西学院のチャペルで、中学生も高校生も、そして大学各学部のチャペルでもよく歌われるポピュラーヒムの一つです。何故ポピュラーか。今一緒に歌って皆さんはどういう感じでしょうか。メロディーが音楽史で言うグレゴリアン・チャントの様式で、たいへん明るく活き活きとしているのも一つの理由だと思いますが、しかし、何と言っても、歌詞が私たちの心に意味深く、力強く響く内容を盛っている点が挙げられると思います。

楽譜の左上に記されている作詞者ヘンリー・バトラーは、イギリスのパブリック・スクールの名門ハロー校を卒業し、ケンブリッジのトリニティ・カレッジに学んだ秀才で、牧師の資格を得ましたが、母校のハロー・スクールで二十六年間にわたって校長の責任を負った人です。晩年はロイヤル・ファミリー付きのチャプレンも務めましたが、この讃美歌は、バトラー先生がハロー・スクールの校長時代に、チャペルで若い生徒諸君と一緒に歌うために作詞したと言われます。“Lift up your heart. We lift them, Lord, to Thee.”最初のスタンザがやはりここに記されています。そして「心を高く上げよう。わが力の限りに、心を高く上げよう」というこの格調高い日本語訳は、関西学院同窓の由木康牧師によるものです。

「心を高く上げる」とはどういうことでしょうか。それは自分の将来に夢をもち、ただ一度限りの人生をどのように生き抜きたいか、自らの想像力を逞しくして思考することではないかと思います。四月中旬、ランバス礼拝堂での合同チャペルアワーに講師として招かれたアレン・ネルソンさん、元アメリカの海兵隊員で、現在は平和運動家としてすばらしい活動をされている人物ですが、そのアレン・ネルソンさんが、しきりに“imagine! imagine!”と熱っぽく呼びかけました。今から百五十年前に、人間は月旅行ができると言っても、信用する人は殆どいなかった。しかし、その不可能と思われることにあえて挑戦して、月旅行を実現するために努力した科学者たちがいた。その結果、今宇宙旅行がもはや夢ではなく現実となりつつある。私たちも、この地球人類社会が一つになり、国や民族の壁を越えて、ワン・グローバル・ソサイエティが実現することをイマジンしよう、そのために心を一つに合わせようではないか、ネルソンさんは私たちにそう呼びかけました。"imagination"という英語は「想像力」とも訳されます。そこに一つの意味があると思います。イマジンするということは、ただ漫然と夢を描くということではなくて、その実現のために果敢に行動を起こす。それがまさに「力」として働き、人間の歴史に作用し影響を及ぼすということを意味します。ですから、私たちが自分の知性や感性を磨き、何よりも「想像力」を働かせて、将来に向けての希望、真の世界平和の実現のために、今ここで何をなすべきかを互いに本気で考え、内的姿勢を整えることが深いところから求められていると思うのです。

先程田淵大学宗教主事が読まれた聖書テキスト、有名なマタイ福音書の五章五節、「柔和な人々は、幸いである」。続いて原文に忠実に訳しますと、「何故なら、そういう人たちこそ、地を受け継ぐであろう」。この一句にしばらく心を集中したいと思います。

「柔和」という日本語は、手元の国語辞典によりますと、「刺々しいところのない、ものやわらかい態度や様子」とあります。温厚・中庸を含意しますが、そこにいくらか消極的で弱い響きが感じられることも否めません。時々刻々変化するこの激動の時代に、ただ穏やかでバランス感覚のあるというだけの人間には優柔不断、日和見主義というレッテルが貼られると思います。しかし、私たちはこの言葉が決して無性格な老人の戯言、あるいは無責任なオポチュニストによる処世訓の類いではなくて、他ならぬナザレのイエスによって呼びかけられた言葉であることを想起しなくてはなりません。イエスは自分のことについてあまり多くを語りませんでしたが、しかし一カ所「私は柔和で、心のへりくだった者である」という自己証言があります（マタ一一・二九）。またキリスト教の歴史上最大の伝道者と言われる使徒パウロも、キリスト者がどういう生き方を選択するか、それは「聖霊の結ぶ実」としての「柔和」だと勧めています（ガラ五・二三、六・一他）。

一世紀のパレスチナといえば、聖戦や革命の思想が渦巻いていた動乱の世であります。そういう状況下であえて「柔和」の精神が強調されたのは一体何故でしょうか。言葉は生きものですから、実際にそれを用いた個人やグループの、その時その場におけるニュアンスあるいは意識というものが無視され得ません。新約聖書という書物はもと「コイネー」というギリシャ語で書かれました。これは古典ギリシャ語、ホーマーやプラトンの格調高いギリシャ語とは異なり、文学的には洗練されていない通俗的な日常語、つまり誰が聞いてもよく分かる平易な言語であったと言われます。しかも、その日常的な言葉が、実は非日常的な真理としての「福音」を伝えるバイブルの言語として用いられた、その意義は大きいと思います。

ところで、ここに「柔和」と訳されているコイネー原語は〈プラーュス〉という形容詞で、大きな辞書を引きますと、この語はもと動物の訓練に関して用いられたらしい。たとえば、サラブレッドを立派な競走馬に育て上げるために、初め調教師は大変苦労します。暴れまわる馬を鞭で打ち、強制的に向きを定めて、無理矢理走らせなくてはなりません。しかし、やがて時の経つほどに、馬はトレーナーの強制の枠から抜け出て、自主的にセルフ・コントロールしながら走るようになり、ついには騎手と一体になってゴールを目指し全力疾走することができる。このような素直で温和しいが、よく訓練され、実力を備えたすばらしく速い名馬に対してきっとこの〈プラーュス〉という形容詞が当てられたのだと思います。

最近、日本中で競馬熱が高まり、ことにヤングの間で人気を呼んでいると聞きます。関西学院大学の馬術部は伝統ある名門クラブですが、キャンパスに近い仁川には阪神競馬場もあります。ギャンブルという暗いイメージが消えて、「人馬一体」となって走る美しい勇姿がやはり非常な魅力になっているのだと思います。あるいは禅の立場で「鞍上人なく、鞍下馬なし」、鞍の上に人がいるようでいない、下に馬がいるようでいない、という言葉が引かれます。これも人と馬とが一体となって走る絶妙の有り様を言い表したものだと思いますが、もはや騎手が馬の上に乗っているとか、乗せているとか、そういう余計な意識がなくなって、気が付いたら一体となって走っていたということですね。日本語には「無我夢中」とか「一心不乱」というよい表現もありまが、哲学で言う一種の純粋経験、そういう境地が示唆され、私たちに本当に走る、本当に生きるとはそういうことだと諭し促しているように思います。

バイブルで言う「柔和」の精神とこの「人馬一体」の有り様、両者の間には何か一脈相通ずるものが感知されます。ですから、この〈プラーュス〉というコイネー・ギリシャ語の英訳を見ますと、「チャペル週報」に記していますが、meek や gentle これは普通「柔和」に当てられる訳ですが、その他に例えば patient, humble-minded あるいはフィリップ訳では Those who claim nothing ぶつぶつ不平を言わない、また who renounce the use of force つまり持てる力を自分だけのために使うということを抑制するという敷衍《ふえん》訳もあります。ドイツ語ヴィルケンス訳は gewaltlosen、絶対に暴力を振るわないという意味ですが、何れも的を射た動的等価訳だと思います。

だとすると「柔和」な精神に備わる基本的な二つの資質がすぐ明瞭に浮かび上がってきます。一つはセルフ・コントロールのできる鍛えられた「自立」、二つは他者に仕える「共生」への意志。そしてこれはそのまま関西学院のスクール・モットーが掲げる「マスタリー」と「サービス」に置き換えることが可能です。そこで問題は両者の関係です。いつも話しますように、「練達」（self-culture）と「奉仕」（self-sacrifice）の結びつきが and（並列、緊張）や or（二者択一）あるいは of（対象）や as（同格）の何れでもなく、前置詞 for（動機・目的）によって表現されている点が甚だ重要と思われます。他者に「仕える」（隷属ではない！）という究極のゴールがはっきり見据えられることによって、自分が「学ぶ」方向を正され、内なる姿勢が整えられるからです。先程話したイエスが呼びかけるいわば「鎧える柔和」と関西学院のモットー "Mastery for Service" を反趨しながら、いつも私の心に浮かぶのは「あなた自身の内に塩を持ちなさい。そして互いに和らぎなさい」というマルコ福音書九章二三節の一句です。

柔和の精神、柔和な人というと、皆さんは具体的にどういう人物、あるいは生き方を思い浮かべるでしょうか。主イエスやお釈迦さまは特別ですが、マハトマ・ガンジーとかマザー・テレサの名をあげる人もいると思います。私自身は三十数年前に、米国のデューク大学に留学中、その年ノーベル平和賞を受賞したマルティン・ルーサー・キング牧師の謦咳に接し、その後間なく凶弾に倒れたこの牧師のことを思い起こします。これらの人たちによって確かに歴史がその方向を正されてきました。しかし、今日私はそういう歴史上よく知られた人物についてではなくて、中国で四十年間、医者として働き続けている日本名小川邦男さん、中国名張起さんのことを皆さんに紹介したいと思います。

この方はいわゆる日本人残留孤児の一人なのですね。一九八四年に日本を訪れて、熊本在住の父上や兄上と無事に再会ができ、たいへん楽しい十日間を過ごされたようです。その折り、早く日本に帰って家族と一緒に生活してほしいという温かい誘いがあったのですが、張起さんは「家族との絆は切っても切れないものだけれど、自分は中国に留まって、これからも残る生涯を中国で全うするつもりです。何故なら、自分には一本のニンジンの忘れ得ぬ思い出があるからです」と言って語りはじめた。

この話はつい先週、私が関西学院高等部で教えを受けた広瀬保先生が送ってくださった「中国の盟友たち」という小冊子の中に紹介されているものです。戦後の大混乱の中で、日本から中国に渡っていた小川家は戦禍の中を逃げ惑う日々を余儀なくされていた。一家は、父母に加えて邦男さんの兄と姉の五人家族でしたが、当時五歳の邦男さんを連れて逃げることは、やがては一家全滅につながりかねない。そこで、両親は心ならずも、信頼していた張さんというファミリーに末っ子の邦男さんを預けたわけです。ところが、その後中国の内戦が激化し、張一家の住む村も戦場と化した。そして、実はこの張さん一家にも実子が二人、姉と兄がいた。だから日本人の邦男君を加えて五人家族だったわけです。その後のストーリーはこの冊子から一部引用します。

一家は一昼夜逃げ回り、やっと銃声の聞こえないところにたどり着いた。恐怖から解放された子どもたちはいっせいに泣き出した。食べる物は何一つない。長い戦禍のためか、あたりは荒野さながらで、トウモロコシ一本も見当らないのだ。子どもたちは火がついたように泣き叫んだ。その前で母親は野良着の袖口から一本のニンジンを取り出した。何かの拍子で紛れ込んだものだろう。十センチあるかなしかの小さなニンジンだった。そのニンジンを挟んで、母と父が何やら話し合った。その後、母は二人の実子に話しかけた。一人一人にニンジンを見せながら、懸命に説得しているようだった。そのうちに兄と姉は納得したように泣き止んだ。母はやがて少し離れたところにいた邦男のところにやって来た。そして、ほほ笑みながらニンジンを差し出すのであった。食べろというのだ。邦男は一瞬躊躇した。なぜだろう。なぜ自分の子どもに食べさせないで、日本人の自分にくれるのだろう。その理由を聞くには邦男はあまりにも幼く、そのうえひもじかった。養母の勧めるままにニンジンを食べてしまった。

幸い、張一家はその後ある農家にたどり着き、急場を切り抜けることができた。だが、邦男にはみんながあのように飢えているときに自分だけがニンジンを食べさせてもらったことが頭から離れない。それが何か後ろめたさにもなって、なかなかあの夜のことを聞くことができなかった。十四歳になったときに、自分を育て養ってくれた養母が亡くなった。通夜の晩、聞くのは今だと邦男は思った。あの時養母は姉と兄に何を言ったのか。なぜ自分だけがニンジンを食べることができたのか。邦男の問いに姉は答えてくれた。「起よ、よく聞いてくれた。実は私たち姉と兄は母から口止めされていた。起が聞けばよし、聞かないのにお前たちの口から、私がお前たちに言ったことを決して話してはいけないよ」と。あのとき母親は姉と兄にこう言ったという。「私たちにはこの一本のニンジンしか食べるものがない。この小さなニンジン、五人で分けても、腹の足しにもなりそうにない。誰か一人でも食べて生き延びる手立てはないか。父ちゃんとも相談をした。誰が食べるのがいいか。」子どもたちには難しい質問だった。二人はただ泣いていた。母は諄々と説くように話した。「私も父ちゃんもお前たち三人の子どもたちに食べさせたい。さて、どの子に食べさせるか。私たちにもそれは決められない。でも、神さまが見ておられる。神さまを悲しませたり、神さまに叱られたら困る」と養母は言った。「よく考えてみて、このニンジンは日本人の起に食べさせるべきだと思うけれど、お前たちはどう思う？」。「起は日本人のお父さん、お母さんが私たち家族を信頼して預けてくれた大事な命である。みんなが死んでしまったら仕方がないが、ほかの誰かが生き残って、もし起が死ぬようなことになったら、神さまは悲しまれる。この世にせっかく命を授けてやったのに、無駄だったのかと苦い顔をされるだろう。反対に起が生き残ってくれたら、後の四人が全部死んでしまっても、神さまはきっと無駄な生き方をしたのではなかったね、とほめて下さるだろう。立派に生きた、この世に命を授けてやった意味があったと喜んでくださるに違いない。私も父ちゃんも、神さまに喜んでいただけるに違いない」。母はこう言って、二人の自分の子どもたちをなだめたという。

これは私たちの心を打つ実話です。しかし、これを単に感動的な一つの美談として聞き流すことではすまないと思うのです。この張起さんこと小川邦男さんの養母は、自分はもちろん、夫も自分の子どもたちも犠牲にして、しかし喜んで「人間はいかに生きるべきか」を証していると思います。そして、この一人の中国人女性のすばらしい隣人愛の証しが引き金となって、中国の養父母を支援するボランティア活動が日本で始まったことも記されています。中国で育てられた小川邦男さんが、自分が今生かされていることを感謝して、努力を積んでメディカルドクターになり、中国の大地に踏み留まる。私の生かされている意味がここにあるのだと言って、今も医療活動に挺身されている。一体こういうことを可能にする根拠は何でしょうか。先程のストーリーの中に、この養母が語った素朴な、しかし真実を言い表わす一言があります。「神さまが見ておられる」。答えはこれに尽きると思います。私たち人間は、人が見ている前では、あるいはみんなが拍手喝采してくれるためなら、自分でもびっくりするような立派なことをやってみせます。しかし、それが単なるパフォーマンスであれば空しい。

今週の「チャペル週報」に理学部の宗教主事松木真一先生が神学者パウル・ティリッヒの言葉を引用しながら書かれています。「究極的な根拠に立つこと、その中に生き、そこから生きるということ、これこそ究極的な強さである」。いま、私たちは深い混迷と退廃のニヒルな時代に生きています、二十一世紀に果たして人類の希望はあるのかという否定的な問いかけも出ています。日本に存在する六百を超える大学の中で、私たちの関西学院大学は私学であり、しかもキリスト教主義という「建学の精神」を掲げています。これまで一世紀を超える歴史を貫いて、先輩たちが祈り、努力し、そして証しを立ててきた目に見えないスピリットがキャンパスに息づいています。今この暗闇の世にあって「星のように輝く」（フィリ二・一五）ことのできる生き方、その根拠が今私たちに問われ、求められています。関西学院の教育的使命は、ティリッヒが言う意味での「究極的な強さ」を備えた人格の形成にあります。どうか、みなさんがＫＧキャンパスライフを通して Mastery for Service の精神に共鳴し、これを体現すべく想像力を逞しくし、知性と感性を磨き上げ、豊かな学びを全うされるように祈ります。

「柔和な人たちは救われる。なぜなら、その人たちこそ、この地を受け継ぐものとなるからである。」（マタ五・五）

（春季宗教運動・上ケ原大学合同チャペル　一九九八年五月十八日『ＫＧキリスト教フォーラム』第十一号）

蛇と鳩

蛇のように賢く、鳩のように素直になりなさい。（マタイ福音書一〇章一六節）

いよいよ二十一世紀の幕開け、今朝、上ケ原キャンパスの大学合同チャペルに相集い、新しいミレニアムの初めに立つ互いの内なる姿勢を整える機会を持てることを大変うれしく思います。福音書を繙くと、イエスが生前、弟子たちを自分の側に集めて教えると同時に、彼らに対し使命（ミッション）の共同を呼びかけ、立ち上がって勇躍出で行くことを促したことが随所に記されていますが、彼らの派遣に際して、ここでは、私があなたがたを遣わすのは「羊を狼の群れのなかに送り込むようなものだ」と言われ、つづいて命令形で綴られたこのユダヤの格言に類する有名な勧告がなされます。「蛇のように賢く、鳩のように素直になりなさい」（マタ一〇・一六）。もとより、これは弟子たちが優しく温和しい「羊」で、彼らが送り込まれる世間の人間がみな恐ろしい「狼」だと断定する意味ではありません。むしろここでは、「ような」（ホース）ものという一種の比喩の論理に注目する必要があります。聖書の見方からすれば、この世は神が支配される神の場と言えますが、しかもいきなり天国の楽園ではない。それどころか「渡る世間は鬼ばかり」ではありませんが、この世の旅路は風吹き荒れ、波逆巻く多事多難の道であることを「羊と狼」にたとえ、冷厳に現実を直視しながら、しかも、イエスに従う弟子としていかに生きるべきか、必要な指針を与えることがここでの眼目と思われます。皆さんがやがて母校関西学院から巣立って行く二一世紀のグローバルヴィレッジ（地球村）には、それこそ狼よりも恐ろしい怪獣が跋扈《ばっこ》するかも知れない。その中で生き抜くためのヒントとして、まず「蛇」が登場します。

今年の干支は「巳」（蛇）ですが、旧新約聖書を通して蛇は蝗を含めて約八十回出てきます。しかし良い印象は乏しく、何よりも狡猾で（創三・一）、悪しき権力者の毒（詩五八・四）、悪人の舌（詩一四〇・三）、酒の害毒（箴二三・三二）、嫌悪されるもの（マタ七・一〇）、偽善者（同二三・三三）、害を及ぼすもの（マコ一六・一八、ルカ一〇・一九）、神の敵対者（黙一二・九他）など、ひどく悪いイメージで描かれています。

また蛇が特に賢いのかどうかも疑わしい。生物学的には、手足はもとより、贅肉もなく、蛇は最もシェイプアップされた動物だと言われますが、しかしボディ全体に対して頭部が極端に小さく、もともと血のめぐりの悪い愚かな爬虫類なのかも知れません。しかし、この蛇が、ひとたび自分の獲物に狙いを定めると、どんなにすばしこく巧妙に立ち向かうか、これは誰もがよく知っているところです。「蛇に睨まれた蛙」というたとえのように、蛇には、あの最初の人間アダムとエバを巧みに誘惑し、相手を刺し通す悪魔のような鋭利な賢さが備っています。おそらくユダヤの格言もこの一点を取り出して、周到で賢明、瞬間を逃さない敏捷で果敢なあり様の比喩にしたと思われます。またこのテキストの背後に、ローマの権力者たちに抵抗したキリスト者の迫害の状況が想定できるという指摘があり、看過できません。

他方、「鳩」についてはどうでしょうか。こちらは、聖書の中でも概して良い鳥の代表として現われます。目が可愛いので「あなたは美しく、その目は鳩のようだ」（雅一・一五）、「おまえの声は快く、おまえの姿は美しい」（同二・一四）などと称えられます。もっとも「クックー」という呻きにも似た鳴き声はお世辞にも快いとは言えませんし、鳩は不潔で強情も甚だしいという指摘もあります。しかし、にも拘わらず、聖書には「ハト派」というレッテルに象徴されるような「平和の使者」（創八・一一）、「柔和」の代表（雅五・一二）として鳩が登場し、新約聖書では神の「聖霊」の生きたイメージとなっている点も注目されます（マタ三・一六、ヨハ一・三二）。

ところで、その鳩のとくに「素直」という性質に倣えと勧められている意味は何でしょうか。単純に蛇の「賢さ」の反意語ととれば、知恵のない鳩の「愚かさ」を指すことになります。現に旧約聖書には「エフライムは鳩のように愚かで、悟りがない」（ホセ七・一一）という記述もあります。また日本語の「素直」には、我を張ったり、突っ張りをやめて「言うことを聞け」、つまりあまり自分の個性や主体性を発揮するなという消極的なニュアンスもあります。しかし、〈アケライオス〉という原語に対しては、**simple, innocent, blameless, harmless, ohne Hinterlist** など、純粋で、無邪気な、混じりけや企みのない、要するに二心なき純乎たる態度・振舞いを表現する訳語が当てられます。さらに加えて、鳩の「帰趨本能」、具体的には「自分の巣に帰る」という特性が想起されます。ノアの洪水の際、陸地の有無を確かめるために、ノアが箱舟から最初に鳩を飛ばし放った理由もそこにあります。陸地がなければ無論のこと、陸地があった場合でも、鳩だったら、嘴に何かくわえるか、胃袋に何か入れて、間違いなく帰ってくることをノアはよく知っていた。鳩の一番良いところ、それは、どんなに遠く飛び立っても、けっきょくは自分の帰るべきところへ真っ直ぐ帰る「素直さ」です。自分の行き着くところ、帰るべき巣を知っているからこそ、自由に大胆に飛び回ることができるに相違ありません。

現代は、故郷喪失の時代、人類が帰るべき魂のふるさとを見失っている時代だと言われます。イエスが「求めよ、そうすれば与えられるであろう。捜せ、そうすれば見出すであろう。門をたたけ、そうすれば、開けてもらえるであろう」（マタ七・七）と言われる時、それは私たち人間の「究極の故郷」としての「天国」への招きであり、深いところからの問いかけであります。

終わりに、「鳩の素直さ」と「蛇の賢さ」の関係について一言します。前者が宗教的な「神への信仰」、後者が科学的な「人間の知恵」を意味すると解せば、一方は消極的、依存的な「神頼み」、他方は積極的、非依存的な「自立の精神」を暗示し、両者は互いに矛盾し、自力と他力の正反対の位置を占めるように見えます。しかし、イエスの意図が「信」と「知」の二様の立場、あるいは近代以後の「宗教」と「科学」、「自律」と「他律」など、その「これか・あれか」の二者択一を迫ることではなく、却って両者の相互媒介による高次の一元化、「素直さ」と「賢さ」の新しい統合の可能性を開示することにあったことは明瞭です。聖書の真理は、一見矛盾するような対立や二重性の中に、ただ文字面を訓詁注解的に読むだけでは掴めない豊かな生命と力を秘めています。

曾て東大の総長を務めた矢内原忠雄先生が、大学卒業式の日、卒業証書をくるくると巻いて空を見上げると、左のほうに勉強のために読んだ万巻の書物が見えた。右の方には、内村鑑三から手ほどきを受けた聖書一巻が見えた。そして、自分の一生にとって両方を計りにかけると、バイブル一巻の方がはるかに、はるかに重いことを知った、と述懐されています。皆さんが関西学院のチャペルでバイブルに親しみ、そのメッセージを正しく読み取り、ただ一度限りの人生、自分自身の生き方にかかる「いのちの糧」とされることを希ってやみません。

（大学合同新年礼拝　二〇〇一年一月十日）

知識と愛

今年度春季宗教運動の総主題は「新しい時代に向かって——関学生に期待するもの」です。今新入生の皆さんは希望に胸を膨らませて、意欲的に授業に臨み、それぞれの課題に立ち向かっていると思います。入学式の祝辞で私は「求めよ、さらば与えられん」という聖書の一句（マタ五・七）を引いて「何を、何のために」学ぶかというキャンパスライフのモティベーションについて述べ、そしてこのwhatとfor whatの二つが実は一つのことであることをスクール・モットー“Mastery for Service”が私たちに呼びかけているとコメントしました。キリスト教の歴史上最大の伝道者と言われる使徒パウロは新約聖書第Ⅰコリント八章の冒頭で「知識は人を高ぶらせるが、愛は造り上げる」と喝破しています。ここで言う知識の原語は「グノーシス」、愛は「アガペー」です。パウロはこの箇所で「グノーシス」（知）という語を繰り返し、しかもかなり専門的、術語的な意味合いで用いています。たとえば「この知識を誰でもが持っているのではない」（八・七参照）と言われます。もとより、ここでのパウロに反対する論敵の立場をいわゆるグノーシス主義、つまり紀元二世紀以後徐々に固まった哲学的思想体系と同定することは行き過ぎで、間違いです。

ではここでの「グノーシス」とは何か。「知識」一般ではない。文脈に即して言えば、それは「偶像なるものは存在しないこと、また、唯一の神のほかに神は存在しない」（八・四）という知識、つまりプリミティヴな偶像神ではなく、いわば「根源知」あるいは「存在の根拠」（ground of being）としての神を知る、そういうグノーシスとして言い表され、当然ながらパウロはこの「神の唯一性」にかかわる知識をきちんと踏まえています（八・一a参照）。そしてこれは論敵のグノーシスでもあるわけです。ところが、パウロの反対者たちの間では、このグノーシスが、人間を神以外の一切から解放し、自由にするというラディカルな宗教的熱狂主義、あるいは放埒な倫理的快楽主義と結びついていたようです。

現に彼らは「すべてのことは許されている」（六・一二、一〇・二三参照）と豪語し、誰に憚ることもなく自分勝手に振舞い、「偶像に供えられた肉」をも平然と食するようなエゴ剥き出しの我儘勝手（ミーイズム）をほしいままにしていた。その結果、エリートを自認する彼らの「知識」と「自由」が、グノーシスに弱い他の仲間たちを躓かせ、ついには滅ぼし倒すことになる（八・七、一一参照）。このような倒錯した思い上がり、恐ろしいエゴ中心の傲慢（ヒュブリス）は、イエスによって批判されたあの悪しきパリサイ派の分離・排他主義や「偽善」と同質の問題、宗教的に言えば罪になります（マタ二三・二以下参照）。パウロは元来知性派のエリートと目されますから、決してグノーシス（知）自体の否定ではありません。それがどういう「生き方」を生み出すかが鋭く問われるのです。

「しかし、愛（アガペー）は造り上げる」とパウロは続けます。ここには「人の徳を高める」（口語訳）という儒教的ニュアンスとは異なる原語「オイコドメオー」の動的な響きが感知されます。人を高ぶらせる「知識」が却って愚かさを露呈し、破壊的に作用し、ついには互いの滅びをもたらすのに対し、「愛」は建設的に作用し、新しい創造をもたらすという意味です。この「愛」が「キリストを通して示された神の愛（アガペー）である」という神学的説明は見られませんが、脈絡からして、一一節が注目されます。「この弱い兄弟のためにも、キリストは死なれたのである」。あなたがたは、己れの知識を誇り、自由を主張し、エゴ中心の身勝手な振舞いによってあなたがたより弱いものを躓かせ、滅ぼしているが、キリストはこの弱いものをこそ顧み、彼らのために自らを空しくされた。そのことによって弱いものも滅ぼされないで救われ、立ち上がる道を開かれたのである。それゆえ、この「愛」は、この世の名利栄達と結びついた功利的「エロス」や人間の情念から発露する本能的「フィリア」の類いではなく、それらを超えるイエス・キリストの生と死を通して身証された、敵対する者のためにも祈る「アガペー」、すなわち神の戒めとしての意志的、普遍的な「全き隣人愛」を意味します。ですから、私たちも自分より弱い兄弟を躓かせ、滅ぼすことがないように「断じて肉を食べることをしない」（八・一三）とパウロはこの段落を結びます。これはイエス・キリストを模範とし、万人と共に生きる、今までとは違った「和解」の道を選択し、新しい一歩を踏み出そうという清冽な挑戦であります。

知識か愛か、その「あれか・これか」ではありません。愛なき驕れる知は互いに滅ぼし合い、健全な知を欠いた狂おしい愛は軽挙妄動に陥ります。パウロに倣い、キリストに従う道に賭け、「世界市民」（world citizen）として生き抜いた関西学院創立者W・R・ランバス監督の生涯は、真の知（グノーシス）を伴う隣人愛（アガペー）こそ人類の未来を拓き世界平和を実現する原動力であることの生きた証しでありました。

終わりに、ランバス先生や関西学院のスピリチュアル・ルーツであるメソジスト運動の指導者ジョン・ウェスレーの有名な呼びかけを掲げます。

"Without love, all learning is nothing but splendid ignorance."

（総合政策学部春季宗教運動チャペル　一九九八年五月二十日）

真理と自由

本日ここ関西学院会館に相集い、新制神学部開設五十周年、聖書でいうヨベルの年、ジュビリーの喜びをこのように分かち合う記念礼拝の機会が与えられましたことを神様に感謝いたします。

関西学院大学神学部は、大学という基盤の上に立つ伝道者、クリスチャンワーカー養成のための「プロフェッショナル・スクール」です。言うまでもなく、大学とは互いが学び問う、自己練達、セルフトレーニングの道場です。そして伝道者、クリスチャンワーカーは、みなそれぞれ神を信じ、隣人を愛する、その志を抱いて教会とこの世に仕える者でありますから、神学部においては真摯な知的探究心と信仰に基づく旺盛なディアコニア精神、アカデミズムとパイエティズムの健全な統合が不断に追求されなくてはなりません。それはまた、知恵と聖化、wisdom と holiness の再結合を志向した Wesleyan heritage の継承を意味すると思います。

学院発祥の地、神戸旧原田の森キャンパス神学館（Divinity Hall）の正面玄関の上に掲げられたヨハネ福音書八章三二節のみ言葉「真理は汝をして自由たらしむる」、これは関西学院の現在に至るまでのスクール・モットー "Mastery for Service" の典拠の一つと目されますが、私たちの神学部にとって、今も変わらない重要な指針であります。

「真理」とは〈へー・アレーセイア〉、すなわち、定冠詞のついた唯一の真理としてのイエス・キリストを指します（ヨハ一・一七、一四・六参照）。ウェスレーは彼の Notes の中で、ここに「霊」を代入しています。「真理の霊」、すなわち〈パラクレートス〉としてのイエス・キリストこそが根源的「自由」、人類究極の「光」の源であるという「福音」がヨハネに特徴的な証言です。この〈パラクレートス〉という表象は、一四章以下の「告別説教」に集中して出てきます。離別の悲しみと憂いに満たされ、不安を隠しえない弟子たちに対して、今や最後の約束が与えられます。〈パラクレートス〉は、イエスが地上を去るにもかかわらず、否、むしろそれゆえにこそ成就されるというパラドックスにおける約束の具現者であり、地上を去った後のイエスの新しい代理者、いわば「もう一人のイエス」として父から遣わされる、そのようにヨハネ福音書は証言します。一四章一六節以下をいま一度読みます。「そして、わたしも父に願おう。そうすれば、父はいつまでもあなたがたと共にあるように、もう一人のパラクレートスをあなたがたに与えるであろう。すなわち、パラクレートスこそ真理の霊であり、この世の人々はそれを受けることができない。なぜなら、世の人々は、パラクレートスとしての真理の霊を見ることも知ることもないからである。しかし、あなたがたはそれを知っている。なぜなら、パラクレートスとしての真理の霊が、あなたがたの内にとどまり、あなたがたの内に働くからである」（私訳）。ここで〈パラクレートス〉に付加された「もう一人の」〈アロス〉という限定は、「別の」〈ヘテロス〉とは区別される意味で用いられていますが、そのことは地上のイエスと〈パラクレートス〉との間に際立った対応関係があることと相俟って、地上のイエスご自身がいわば第一の〈パラクレートス〉であったという事実を暗示していると考えられます。

今日この記念礼拝後、荒井献先生による「イエスと現代」と題する記念講演をご一緒に聞きますが、ヨハネにおけるイエスは、一方で〈パラクレートス〉を第三人称的に語りながら、他方でいわば自己の分身としての〈パラクレートス〉を語っていると言えます。ですから、先ほど引用しました一四章一六節に続いて、「わたしはあなたがたを孤児として放置しない。あなたがたのところに帰ってくる。もう少し経つと、世の人々はもはやわたしを見なくなる。しかし、あなたがたはわたしを見る。なぜならわたしは生きており、あなたがたも生きるであろうから」（一八―一九）と言われるように、ヨハネ福音書においては復活・顕現と〈パラクレートス〉の賦与〈ペンテコステ〉が同時的となり、さらに言えば復活体験を通して確証された終末（再臨）の現在化が大変リアルに証言されていることを読み取ることができます。

もう一点、ヨハネ福音書を丁寧に繙くと、ここでは真理の霊としてのイエス・キリストを正しく「知る」ことと「信じる」こと、両者の間には、「区別」以上にむしろ深い「関係」のあることに気づかされます。知的探究の極致が新しい信仰の地平を拓き、そして「信じる」ことの深化がまた「知る」ことの徹底化を求める、そういう精神の循環運動、そして唯一の「真理」またその「霊」としてのイエス・キリストに結ばれているゆえのわたしたちの根源的自由、積極的な目的としての自由というものが神学部における学びの共同を通して、切実に追い求め続けられ、また豊かに体現されることを心から希うものであります。

使徒パウロは「あなたがたを召し出す神は真実であり、必ずそれを実現してくださる」（Ｉテサ五・二四）と証言します。新制神学部のこれまでの歩みを記録した『資料編』が間もなく刊行されます。そこに収められた資料そのものが、新制神学部五十年の歩みを暗に物語り、さらに近い将来、それらの原資料に基づいて「正史」が編まれる予定です。神学部が、新しい世紀における真に創造的な改革に挑もうとしている今、私たちは大きな転機に際会しています。互いが過去を振り返ることによって主の恵みを「想起」し、これに応答していく「希望」を確かなものにしたいと思います。そして、厳正な現実認識とともに、しかしそれ以上に、将来に向けての信仰による新しいビジョンを共有することができるように、上よりの導きを切に祈り願うものであります。

（二〇〇二年十一月二十二日　新制大学神学部開設五十周年記念礼拝）

平和への強靭な意志

今年秋の大学キリスト教週間は「平和への祈り」という主題を掲げましたが、そのきっかけとなった八月一日早朝の広島平和記念公園内「折り鶴」放火事件という悲しいニュースを、私は公務出張先のニューヨークで聞き、大きなショックを受け愕然としました。キリスト教主義に基づき平和の希求をこそ教育の究極目標とする関西学院の学生によるこのような心無い行為によって、平和を愛し願う無数の人々の心を痛め、教育の現場責任を負う者として痛恨の極みでありました。その夜、関西学院同窓会ニューヨーク支部の集いがあり出席したのですが、すでにこのニュースが伝わっており、初めは重苦しい雰囲気でした。しかし国際携帯電話を通して時々刻々学院の対応が伝えられ、平松学長が真っ先に広島市を訪れ謝罪の意を表するとともに「学長声明」が出されたこと、宗教センターには学生、生徒、教職員、同窓をはじめ学院内外から何十万羽もの折り鶴が届けられ、償いと平和への願いを込めた自発的な行動が始まっていることを知り、同窓の皆さんから「関学らしいアクションが見えるのはうれしい」という声が上がり、また前日までボストンで開かれていた全米メソジスト系大学長会議の統括責任者（Dr. Ken Yamada）からも早速に関学ファミリーのラリーに対する評価と激励のファックスが届き、私も勇気づけられました。八月六日の平和記念式典に間に合わせ、学生代表らがとりあえず集まった折り鶴の一部を現地に持参し、同日夕刻、私も前島宗教総主事と共に「キリスト者平和の集い」に参加し、祈りを合わせました。

今回の悲しい事件を貴重な契機として、関西学院が使命ある教育共同体として力強く歩み続けるために、ランバス協定姉妹校広島女学院とも連帯し、中高大一貫の「平和学習」の継続・徹底を図り、平和への意志を「実践」に結びつける新たなプログラムを全学挙げて展開しなくてはなりません。

人類は今、平和への脅威に心痛む重苦しい時代に際会し、グローバル化が進む中であらゆる戦争がすべて「地球村」内戦の様相を呈してきました。一昨年十二月、関西学院大学が元オランダ首相アンドレアス・フォン・アフト氏（総合政策学部客員教授）に名誉法学博士の称号を授与した際、「九・一一テロ事件以後、世界に平和はあり得るか」と題する記念講演が行われ、その中でアフト元首相は、世界の平和と安全を脅かしている最大の要因としての深刻な社会的不正・不公平（social injustice）の問題を取り上げ、現在世界総人口の五十パーセント、三十億以上の人々が一日の生活費二十（ＵＳ）ドル以下の貧困に喘ぎ、さらに二十パーセントの人々は一―二ドル以下の飢餓生活を強いられ、その一方で二十パーセントの人々が世界の富すべての八十五パーセントを所有している。この極端な貧富の差、また今なお第三世界において続く人口爆発、そして環境破壊、これら三者の悪循環が加速度的に増幅され、今や人類はどうしようもない（out of control!）自滅の危機に瀕しているという冷厳な現実認識を踏まえ、私たちに諄々と呼びかけられました。

アフト氏は敬虔なクリスチャンですが、あらゆる宗教が、無論キリスト教も含め、自己主張ではなく他者受容、衝突・対立ではなく和解・共生を求める宗教本来の生命と使命を回復し、私益や国益あるいは宗教や文化の相違を超える平和の公共性と精神性を次世代の若い魂の中に倦まずたゆまず吹き込みつづけなくてはならない。そこにしか希望はないゆえに、平和と正義への強靱な意志鍛錬こそ要諦であり、教育の究極目標である、と結ばれました。これは一私学関西学院だけでなく「教育立国」日本に対する熱い期待の表明であるとともに、私たち一人びとりに対する根源的なチャレンジであります。

今朝はここに新約聖書マタイによる福音書からテキストを二箇所あげました。いずれも有名な山上の説教の一部で、五・九はマタイにしかないイエスの古い言葉伝承です。「平和を実現する人々は幸いである。その人たちは神の子と呼ばれる」。原文前半を直訳すると「この上なく幸いだ、平和を創り出す人々よ！」という、これは感嘆符つきの強烈な呼びかけと読めます。「平和に暮らしなさい」という道徳的教訓は当時の旧約知恵文学やラビ文書あるいはギリシャ・ヘレニズムの世界でも殊の外重んじられ、日本社会にも昔から「和をもって尊しとする」風がありますが、それは概して平素の親しい穏やかな人間関係の和合を意味するのに対し、ここで言う「平和を創り出す人々」hoi eirehnopoios（ホイ・エイレーノポイオス）は、英文法で言う定冠詞プラス形容詞の複数形 those who work for peace で、この一句には、親しい仲良しグループの「甘えの構造」を前提にしない、むしろ自分と敵対関係にある相手とあえて向き合ことを求める厳しい、したがってより能動的、積極的なインパクトが感知されます。しかも、これは決してイエスの理想主義的な神学、あるいは格好良いポーズ、況やレトリックなどではありません。そのことを裏付けるテキストが同じ五章少し先のこれも有名なイエスの倫理的教えのピークを成す「愛敵」の教え（同五五・四四―四八）です。「あなたがたも聞いているとおり、『隣人を愛し、敵を憎め』と命じられている」。括弧で括られた部分は当時のユダヤ教文書の中に見出されるもので、恐らくイエスもその内容を知っていたでしょう。「隣人」をユダヤ民族の仲間うちと解せば、同胞以外のペリシテ人、バビロニア人、あるいはサマリア人など異邦人はみな「敵」になり、結果として愛の対象を限定し、憎しみを生み出す排他的な悪しき選民（エリート）思想に染まることになります。「しかし、私は言っておく」（ego de legoh hyumin— But now I tell you!）。「敵を愛し、自分を迫害する者のために祈りなさい。あなた方の天の父の子となるためである」。ここには未聞の導入、強い語調で呼びかけたユダヤ人としてのイエス自身の自己批判的な問いかけと独自のメッセージが響きます。すなわち、イエスは敵と呼ばれる人々を自分の方に引き寄せ、相手を自分と同じ立場に立たせ、彼らを打ち倒し滅ぼすことではなく、むしろ逆に、自分の方から敵と呼ばれる人々に近づき、自分の主張を相手に押しつけることをひとたび断念して、自分が彼らと同じ目線に立ち手を携える、そういう「共生」への道を一歩踏み出そうではないか、と呼びかけるのです。したがってこの「敵」をも愛する愛は、人間の自然的、本能的な親子の情愛や美しい友情を指す「フィリア」の愛、あるいは学問、芸術、スポーツ、そしてビジネスも対象とする価値的、功利的な「エロス」の愛を超える「神の戒め」としての意志的な赦しの愛、平和と希望の源としての普遍的な隣人愛、聖書で言う「アガペー」の愛を指します。

しかも、イエスは弟子たちにこのような崇高な教えを垂れて、お釈迦様のように天寿を全うしたのではありません。そうではなく、イエスはまさしくこの「愛敵」の教えを身をもって生き貫いたゆえに、十字架上で、人間的に見れば非業の死を遂げた。ここに実はキリスト教の原点、そして平和の原点があります。

後ほど皆さんと一緒に歌う讃美歌（21）二八〇番は、学院の同窓由木康牧師がイエスの生涯とその意味を見事に証言した日本人によるイエス・キリスト賛歌として遍く世界に知られています。

馬ぶねのなかに　産声あげ、木工《たくみ》の家に　ひととなりて……
すべてのものを　あたえしすえ、死のほかなにも　むくいらで、
十字架のうえに　あげられつつ、敵をゆるしし　この人を見よ……

実はつい先日、このチャペルアワーの司会者辻学宗教主事の岳父剣持信夫さんがガンのため逝去されました。剣持さんは関学の経済学部在学中に洗礼を受けクリスチャンになり、生涯を銀行界で活躍された皆さんの先輩ですが、甲東教会で執り行われた葬送式で歌われた愛唱讃美歌がこの二八〇番でした。剣持先輩だけでなく、イエスの生涯を物語るこの歌詞を心に刻み、イエスに倣って人生を歩んだ、また現に歩んでいる関西学院の同窓は決して少なくないと思います。

私は四十年近く前、米国デューク大学神学部に留学中の一九六四年秋、ノーベル平和賞を受けたマルティン・ルーサー・キング牧師の受賞記念講演を聴く機会に恵まれました。あの“I have a dream”という、声に独特の響きのある

祈りのような、しかも大変インスパイアリングで力強い講演の後、学生が質問し、「キング牧師、黒人解放運動に命を賭けておられるあなたにとって一番手強い敵は誰ですか。保守的な白人集団ですか、それとも過激なアフリカン・アメリカンの運動家たちですか」。キング牧師は、ややあって「いや、そのどちらでもない。一番怖い相手は、実は私自身の中にある」と答えました。キング牧師は、これまで長い間よく忍耐に忍耐を重ね、非暴力による解放運動を推し進めて来た。だが、もう限界だ。もうこの辺で非暴力から抜け出て一歩踏み込んだ行動に出てもよいのではないか、というサタンの巧妙な誘惑が絶えず自分の心の隙間に忍び寄ってくる。自分はその都度、イエスが、あの釘を打たれ磔《はりつけ》になっている十字架上で「神よ、彼らをお赦し下さい。彼らは自分が何をしているの知らないのです」と、神に人々の赦しを乞う祈りをささげた。そのことを想い起こすことによって、弱い自分にも、もう一度立ち上がって前に向かって進む新しい希望と勇気が与えられると真率に告白され、聴く者みな強く心を打たれました。

昨日のチャペルで広島女学院の西垣二一院長は、原爆の体験者である神学部の印具徹元教授や湯木洋一先生の話をされ、また創立記念礼拝では田淵大学宗教主事がやはり関学出身の「平和の使者」谷本清牧師、ピースセンター斉藤理事長の紹介をされました。今朝私はもう一人のやはり神学部の同窓、藤本治祥牧師の生きた証言を紹介したいと思います。

昨年夏、私は創立者ランバス監督の母校ヴァンダビルトでの資料調査や会議のためテネシー州ナシュビルに出張した帰途、ロサンジェルス近郊にウィリアム・ブレイ元宣教師ご夫妻、そして心臓の移植手術を受けた萌ちゃんを見舞い、翌八月四日の平和聖日、同窓会LA支部の梅畑支部長と共に当地の Sage Granada Park Church を問安し、礼拝でゲストプリーチャー藤本牧師の説教を聞きました。藤本牧師は年齢的には私の二年先輩ですが、一九四五年八月六日、広島でご本人は奇跡的に被爆の難を免れましたが、最愛の姉上が原爆の犠牲となり、そのあまりの悲しみの故に、アメリカへの恨みをはらすために、復讐の手段として先ず英語を身につけようと決心し、その目的でキリスト教会の宣教師による英語バイブルクラスに通い始めた。そこで生まれてはじめて英語で聖書に触れ、ルカ二三・三四―三八のテキストを読み、自分を十字架という極刑につけた人々の赦しを乞う祈りをしたイエスという人がいたこと、そしてそこからキリスト教が始まったことを知り、激しく胸を突かれ、それから貪るように聖書を読み耽った。そしてローマの信徒への手紙一二章一五節以下のパウロの勧めの言葉、「喜ぶ者と共に喜び、泣く者と共に泣きなさい……すべての人と平和に暮らしなさい……自分で復讐せず、神の怒りに任せなさい……あなたの敵が飢えていたら食べさせ、渇いていたら飲ませよ……悪に負けることなく、善をもて悪に勝ちなさい」という清冽な呼びかけに促されて、一九四九年、十九歳の時に洗礼を受けクリスチャンとなり、さらに献身の志を与えられ、一九五五年関西学院大学神学部に入学。卒業して神学部助手を務めた後、ボストン大学、スイス・ボセーのエキュメニカルインスティテュートに留学、帰国後しばらく広島女学院で聖書を教え、その後招かれてニューヨーク、ハワイ、カリフォルニアの諸教会で国際派の日本人牧師、平和の器、仕え人としてこれまで生かされ、用いられてきたことを神に感謝する、というご自身の宗教的「回心」と「新生」の証しでありました。

このように、私たちは平和の使者としての多くの学院同窓に雲のように囲まれているのです。マタイ五・九の原文後半「この上なく幸いである」の「幸い」makariosとは宗教改革者ルターの訳ではseligつまり究極の「救い」を含意します。したがって「平和を作り出す人たちは幸いである」というイエスの言葉を、私たちは単にヒューマニズムに基づく倫理的要求として理解することに止まらず、むしろこれを人間存在を究極の救いへと導く宗教的メッセージとして正しく聞くべきです。「平和を創り出しなさい」「敵を愛し、迫害するもののために祈りなさい」というイエスによる呼びかけの帰結文が何れも「天の父なる神の子となる」という未来の約束、終末論的希望と結びついている所以です。

イエスの場合も、彼の「愛敵」の教えの証しとしての十字架の死が「神の子」キリスト告白を生み出します（パウロの「キリスト賛歌」フィリ二・六―一一参照）。先程の讃美歌二八〇番四節も「この人を見よ、この人にぞ、こよなき愛は あらわれたる。この人を見よ、この人こそ、人となりたる活ける神なれ」と謳います。二千年前、ナザレのイエスが生き抜いた「愛敵」の教え、「この上なく幸いだ、平和を創り出す人々よ！」というメッセージの真実が私たちに新しく迫ってきます。

聖書の神は、互いが争い滅ぼし合う無秩序の神ではなく、愛と平和を創り出す神であります（Ⅱコリ一三・一一、フィリ四・九他参照）。そして私たち人間を互いに愛し仕え合う存在として造り、生かして下さっています。どうかここに集う皆さんが、チャペルで読む聖書のメッセージを味読し、共に歌う賛美歌の歌詞を心に刻み、スクール・モットー Mastery for "Service" を Mastery for "Love"＝"Peace"＝"Justice" と置き換え、ひたすら真の平和を創り出す使命に生きる強靱な意志を新たにして、ＫＧキャンパスでの豊かな学びを全うされるように希って止みません。終わりにここでも創立者の「コールレクチャー」から一節を引きます。

世界平和の希望が、いよいよイエス・キリストに集中する。もしキリストから離れるなら、平和は名ばかりの虚構となり、ただユートピアを夢見ることになる。平和の希望を確かなものとなし、これを鼓舞し、強力に動機づける主体はキリストご自身である。鋼の帯輪で諸国を縛り付け、一つに纏めるようなことは無益である。人間を皆兄弟姉妹として真に結び合わせる力は、愛のきずな以外にはない。それ故、みかげ石よりも堅固な、キリスト者の愛と正義を基底として、はじめて平和への努力が持続され得るのである。（W・R・ランバス『キリストに従う道』二〇七頁）

（秋季宗教運動・上ケ原大学合同チャペル　二〇〇三年十月十七日）

Good morning!

関西学院初等部の皆さん、おはようございます。「お早う」は日本語の朝の挨拶ですが、英語で「お早う」をどう言うか知っている人は手を挙げて下さい。ああ、たくさん手が上がっていますね。はい、そうですね。「グッドモーニング」。みんなで一緒に大きな声で英語の挨拶を交わしましょう。はいどうぞ。Good morning!

初等部の皆さんはハーモニー先生やネイティヴの先生方から英語を習っているから発音がきれいですね。Good morning のグッド（Good）という英語は「よい、すばらしい」という意味ですが、古い昔の英語では、グッドがゴッド「神さま」（God）と同じ意味だったと言われます。「モーニング」（morning）は「朝」のことですから、Good morning というのは、今日も「神さまが一緒にいて下さるすばらしい朝でありますように」というお祈りのような言葉なのですね。そしてみんなが一日の勉強を終えて初等部の宝塚キャンパスから家路につくときに交わす「さようなら」の英語「グッドバイ」（Goodbye）も同じで、ゴッド　ビー　ウィズ　ユウー（God be with you）、この次また会う「シーユー」（See you!）その時まで「神さまがあなたと一緒にいて下さるように」という、これもお祈りです。ですから、これから皆さんも毎日初等部で Good morning あるいは Good bye, See you という挨拶を交わすときには「神さまがいつも一緒にいて下さるように」というお祈りの心を忘れないで、リメンバー（remember）してほしいと思います。

今から一一九年前に関西学院を創立したランバス先生はアメリカ南メソジスト監督教会から日本に遣わされた宣教師でしたが、そのメソジスト教会の指導者であるジョン・ウェスレー先生は地上の生涯を終える最後の時に「神さまが私たちと一緒にいて下さる。これ以上に良いこと、これほどすばらしいことは他にない」（The best of all is God is with us.）という有名な遺言を残して天国に旅立ちました。「神さまが私たちと一緒に、私たちのそばにおられる」とはどういうことでしょうか。

皆さんの中で、本当に自分の目で神さまを見た人はいないと思います。幼稚園の子どもたちは神さまを見たことがなくても、白いお髭のサンタクロースのような神さまの絵を自由に描いて「これ僕の、これは私の神さまだよ」と話してくれます。私の父はメソジスト教会の牧師でしたが、どういうわけか私はカトリック教会の付属幼稚園に通っていました。四―五才の頃ですが、今でもはっきり覚えています。毎朝先ず運動場で整列して、組毎にそろって礼拝堂に入場します。ステンドグラスの窓があるチャペルの雰囲気が清らかで、両手を合わせて祈る良い習慣を身に付けました。今でも、祈りのために手を合わせると心がスーッと一つに集まるような気がします。

ある朝、私は幼い好奇心から、どうしても一度神さまを自分の目で見たいと思い、お遊びの時間に一人でそっと礼拝堂に入り、おそるおそるローソクの火がともっている聖壇の中に足を踏み入れました。聖壇の後ろにもまわり、奥に神さまかマリアさまがおられるかも知れないとほんとうに一生懸命思ったからです。しかし、どこをのぞいて見ても誰もいなかったので、すごくがっかりし、家に帰って母に話すと、母はにこにこ笑いながら、「神さまは目に見えないけれど、いつも、どこでもちゃんと私たちと一緒におられるのよ。お腹の中の赤ちゃんはお母さんを見ることができないでしょう。私たちはみんな神さまの大きなお腹の中、神さまのいのちの中にいるから今神さまを見ることはできないのよ」というような返事でした。そう言われても幼い私には目に見えない神さまのことがよく分かりませんでした。皆さんはどうですか。

私たちは関西学院の校歌で「風に思う空の翼」と歌います。「風」も目で見ることはできません。しかし木の葉が揺れると風が吹いているなと分かりますね。関西学院の中には見えない神さまのいのちの風が吹きつづけています。それが関西学院の「校風」です。初等部の皆さんも目に見えない神さまのいのちの風、光、力を毎日吹き込まれているのです。

先程福万先生が読んで下さった大切な聖書の言葉をもう一度一人びとりの頭と心の中にしっかり入れましょう。「二人または三人がわたしの名よって集まるところには、わたしもその中にいるのである」。「わたしの名によって集まる」というのは、ただみんなが集まってぺちゃくちゃおしゃべりすることではなくて、静かにイエスさまのお名前によってお祈りすることです。私たちが目に見えない神さまを「信じる」ということは、イエスさまのお名前によって「お祈りする」ことなのです。毎朝、この初等部礼拝堂に集まり、先生方も一緒に高らかに讃美歌「丘の上の教会」を唱和し、心を一つにしてお祈りし、最後に「アーメン」を唱えましょう。その時、そこに神さまが生きておられる、そこに本当の希望があるのです。

（初等部チャペル　二〇〇八年六月二十六日）

イースター・メッセージ

関西学院は、欧米の多くの私学がそうであるように、教会からスタートしました。ですからスクール・カレンダーの中に学事歴と並んでチャーチ・カレンダーの一部が組みこまれています。日本ではキリストの生誕を祝うクリスマスについては誰でも知っていますが、キリストの復活を記念するイースターはあまり知られていません。しかしイースターはキリスト教最古の祝日であり、諸外国ではイースターエッグやイースターパレード、あるいは女性のイースターハットなど様々な社会的習慣を生み出している非常にポピュラーな宗教的祝祭なのです。ところがクリスマスが十二月二十五日に固定されているのに対して、イースターは毎年異なる移動祝日、つまり西暦三二五年の第一回ニカイヤ会議で、春分後の満月直後の日曜日と定めたため、年によって三月下旬から四月下旬までこのセレブレーションの日程が動くわけです。皆さんの学生手帳にプリントされている今年のイースターは四月四日でありますが、これはまだ春学期の始まる前の日程になります。そこで関西学院では、宗教活動委員の方々と協議して、今年からNUCとKSCでそれぞれ四月、新学年の始まった第四週の水曜日をKGイースターとして合同チャペルを守り、夕刻には学生諸君が中心になって音楽礼拝を開催することになりました。

では一体復活の出来事とは何であったのか。「その日、すなわち週の初めの日の夕方、弟子たちはユダヤ人を恐れて、自分たちのいる家の戸に鍵をかけていた」（ヨハ二〇・一九）。これがイースターの発端と状況説明です。「ユダヤ人を恐れる」というのは、ユダヤ教当局によって自分たちも逮捕され、イエスと同様に処刑されることへの恐れに違いありません。弟子たちにとって、道半ばで倒れた師イエスの死は、それこそ夢と希望を根こそぎにするような衝撃でした。彼らは十字架刑の直後に離散し、たぶん多くは故郷であるガリラヤに帰り、生活の立て直しをやりながら、時折集まって一緒に食事をし、イエスの思い出など話し合っていたのかも知れません。むろん伝道活動など何も起していなかった。俗に言う、先生の弔い合戦に打って出るほどの勇気も力も何も無かった。あのような悲劇は二度とあってはならない。自分たちの裏切りと背信行為をかこちながら、人目を避け、失意と恐れのために家の中に閉じ籠もり、戸に鍵をかけひっそり生きていたのです。しかし、福音書記者たちの意図は、意気消沈し落ち込んだ弟子たちの悲惨な運命を描写することではなく、イエスの死後間もなく、驚くべきことが起こった、そのことを語り伝えることでした。すなわち、鍵のかかったドアなど何の妨げにもならない全く自由な霊の力、見えない永遠なるものとしてのイエスが今もここに生きて働いているという新しい信仰の火が燃え上がり、弟子たちの間に揺るがぬ唯一の希望が与えられた確証体験の告白です。

生前、イエスをけっきょく理解できず、まさかの時には師を見捨てて逃げ去った（マコ一四・五〇）臆病者の弟子たちが、今や信仰の勇者に生まれ変わり、自分たちの「生き方」の変革によってミッション活動が再開され、教会が生まれたのです（使一―二章参照）。これが新約聖書の「謎」と呼ばれる「復活」の出来事、ここに原始キリスト教が成立した根源（Grund）があります。

ユダヤのイエスの敵対者たち、総督ピラトやローマの当局、そして無数の群衆、彼らの場合、イエスとの関係は十字架刑の死によって全く「断絶」し、そのまま何も無かった。すべては終わった。しかし、イエスの弟子たちの場合には、そこに非連続の連続とも言うべきイエスとの「新しい関係」が生起したのです。福音書は、弟子たちがガリラヤで（マコ、マタ）あるいはエルサレムで（ルカ）、復活のイエスの「顕現」体験、人間の絶望から神の希望、人間の不可能性から神の可能性への転換、イエスとの新しい「出会い」と「いのち」が今始まったと証言しています。

イエスの復活は、単に古代人の主観的幻想として片付けられないと言う限りにおいて「歴史的出来事」であり、同時にこれが因果関係の連鎖の中に嵌め込み、万人に実証できる事態ではないという意味では「客観的史実」から区別さるべき「主体的真実」、むしろ宗教的信仰に関わる事柄である、と言わねばなりません。古来、イエスの復活の多岐に亘る解釈の可能性をめぐっては議論が多いわけですが、とにかくイエスの「復活なき死」は、竟《つい》にユダヤ教の立場を超え得ず、逆にイエスの「死なき復活」、すなわちイデー（観念）としての霊的キリストの立場は到底東方の諸宗教やグノーシス哲学の挑戦に耐え得ません。従って、新約聖書の人々にとって、イエスの「十字架の死」と「復活」の出来事をどう受けとめ、いかに証言するか、これが文字通り死活問題であったことだけは確かです。それ故、福音書はそれぞれイエスの生涯とその死をすぐれて個性的に物語りますが、しかし例外なく復活の希望を高らかに証言して結ばれています。それはまた、先程このチャペルで皆さんと一緒に歌ったM・L・キング牧師の愛唱賛美歌“We shall overcome”の歌詞とも響き合います。終わりに創立者ランバスのイースターメッセージから一節を引きます。

キリストは、私たちが命の冠を得るために十字架を負い、私たちが神の子らと呼ばれるために、自ら死を引き受けられた。それゆえに、キリストは今や全世界の唯一の希望の源となられたのである。（Lambuth, The Cole Lectures 第六講より）

（上ケ原キャンパス、イースター合同チャペル　一九九九年四月二十八日　於　中央講堂）

祝辞に代えて

Mastery の修練道場

関西学院大学英語研究部（ＥＳＳ）百周年おめでとうございます。「英語の関学」を代表し、立派な実をあげてこられたＥＳＳ百年の輝かしい歩みは、全学院の誇りであります。私自身は、残念ながら学生時代ＥＳＳに所属できなかったのですが、中学部から同期の野村哲三君、宇佐見和彦君、内海信蔵君、そして昨年天に召された佐野長茂君らの学内外における大活躍が思い起こされます。

ＥＳＳを生み出し、その伝統を培った学院創草期の家族的雰囲気や国際的精神について『四十年史』は次のように記しています。「初代の学院にありては、教うる者も教えられる者も、共に打って一団となり、内はすなわち兄弟の誼をなし、外は以て当時なおキリスト教を遇する事冷ややかなりし社会へ、熱烈の意気を以て挑戦したりき。……日本人の教員、学生・生徒が、合衆国国民たる教員と相接して生活せしがため、国境を超越せる親愛の情の流露せしこと想像に難からず」。また『六十年史』には、八年間のアメリカ留学から帰国し、一八九八（明治三十一）年から普通学部で英語教育を担当し、盛んにディベーティングを試みた西川玉之助氏が、毎年神戸や大阪で開催された公開英語演説会の模様をこう回想しています。「その準備練習が大変で、真の効用はそれにあった。学院には米人教師とその家族がたくさんいて、摩耶山麓原田の杜は、恰もアメリカ村の観を呈し、政府の学校などが真似のできない、特殊の便宜に恵まれていた。米人教師は勿論のこと、夫人、令嬢まで動員して、発音から演述、態度、ヂェスチャーに至るまで、厳密な指導批判を加え、訓練二―三カ月にして漸くものになるという仕組みだった」。

当時は学院全体に英語重視の風が濃厚で、授業にも「オレーション」の科目が含まれ、第一回卒業式には卒業生田中義弘（後の神学部教授、中学部長）が The True Education と題して英語演説をしたという記録もあります。関西学院基督教育年会を母胎とする英語会（初期のＥＳＳ）のメンバーは、とりわけ宣教師たちの聖潔で温かい人格的感化の中で精神的にも豊かに成長し、英語の実力を備えた国際人として、卒業後も大きな働きをしたのだと思います。普通学部を終え、ウェンライト宣教師に推されてミシガン大学に留学し、滞米二十数年、有数のイングリッシュ・スピーカーとして平和運動に挺身した国際法の権威、乾精末氏などもその一人です。

関西学院大学ＥＳＳが、百年の歴史の基底にある高貴なスピリチュアル・ヘリテイジを受け継ぎ、英語という言語を、実用性のレベルをこえて人格性や文化性の次元を包摂し、真の意味でマスターする「修練道場」として益々力強く前進されることを希ってやみません。

（『関西学院大学英語研究部ＥＳＳ百年史』　一九九八年八月二十日）

メンタルハーモニーの力の賜物

関西学院グリークラブが創設百周年を迎えられ、本日ここに中学部、高等部、大学の現役メンバー、そして新月会の諸先輩、まさにオール関学のグリーファミリーが勢揃いし、かくも盛んな記念フェスティバルが開催されることを心から喜び、お祝い申し上げます。

今からちょうど百年前の夏休み、原田の森キャンパスの寄宿舎に残っていた数人の生徒たちが、第二代吉岡美國院長のお宅に集い、院長夫人の令妹、岡島まさ姉のベビー・リードオルガンの伴奏で讃美歌を合唱する仲間を結成し、このグループに「グリークラブ」の名を付けたのは吉岡院長であったという「誕生」物語が『関西学院百年史』に記されています。同窓山田耕筰の処女作 My true heart の曲想にも讃美歌や初期グリークラブが宿した宗教的生命の脈動が窺えます。

グリークラブは、永年に亘り林雄一郎先輩によって提唱された「平均律」とは異なる「純正調」和音を懸命に追求し、竟に「関学トーン」と呼ばれる独特のハーモニーを生み出しました。私は一九四八年、新制中学部在学中グリークラブに入り、しばしば大学グリーの演奏を聴きましたが、指導して下さった佐藤和愛先生が「あなた達少年の声と音質は違うが、兄さん達のあの深い豊かなハーモニーをしっかり全身で感じ取りなさい」と促されたことを思い出します。現に関学グリーの不断の努力と栄えある輝かしい伝統の中で培われた、隙間のない不思議な共鳴音が聴く者すべてを魅了し、魂に沁み入る安らぎと勇気を与えつづけてきました。メンタルハーモニーの力の賜物です。

一世紀の星霜を経て、今や歴史的存在となった関学グリーの純乎たるトーンがいよいよ冴え、混迷の世に希望のハーモニーが一層美しく高らかに響きわたることを祈ってやみません。

（百周年記念フェスティバル・メッセージ　一九九九年十月三日　ポートピアホール）

とりわけ霊的に歌いなさい

関西学院聖歌隊は二〇〇一年に創設五十周年の記念すべき節目を迎え、皆様の物心両面のご支援をいただいて、数々の意義ある企てを実施することができました。このたび記念事業の一環としてKG Choir『五十年誌』が完成したことを喜び、この編纂・刊行に当たって献身的に労して下さった委員の方々に深く感謝いたします。

本誌には聖歌隊のこれまでの歩みを振り返るとともに、将来に向けて私たちが担うべき課題と新しいビジョンを共有したいという熱い思いが込められています。私事ながら、一九五四年以来、私は学生オーガニスト、顧問、隊長として聖歌隊と共に歩んで来ましたが、二〇〇四年三月に定年退職いたします。ここに、毎年演奏旅行の「しおり」に寄せた、ジョン・ウェスレーの「DIRECTIONS FOR SINGING」（From John Wesley's Select Hymns, 1761）全文（拙訳）を再録し、最後のメッセージに代えさせていただきます。

Ⅰ　Learn tunes.

他の曲を学ぶ前に、先ずこれら（賛美歌）の調べ（tune）を覚えなさい。

その後で、覚えたいだけ多くの曲を学べばよい。

Ⅱ　Sing them exactly.

曲はここに印刷されている通り正確に歌いなさい。楽譜を自分で変更したり改訂することなど絶対しないように。もしあなたが楽譜から外れた歌い方を覚えてしまっていたなら、できる限り速やかにその間違った歌い方を忘れ去りなさい。

Ⅲ　Sing all.

（一人残らず）全員で歌いなさい。できるだけしばしば（礼拝で）会衆と共に歌うように努めなさい。多少の弱さや退屈によってあなたが阻まれないようにしなさい。たとえ賛美することがあなたにとって十字架であっても、すすんでその重荷を負いなさい。そうすればあなたはそれが（神の）祝福であることを見出すでしょう。

Ⅳ　Sing lustily and with a good courage.

溌剌と勇気をもって歌いなさい。あたかも半分死んだような、あるいは居眠り半分のような歌い方にならぬように気をつけ、力強くあなたの声を高く上げなさい。かつてサタンの歌をうたっていた時とは違うのだから、もはやあなたの声を恐れたり、人に聞かれることを恥じることはない。

Ⅴ　Sing modestly.

（しかし）慎み深く歌いなさい。蛮声を張り上げ、自分が目立つことを欲し、（その結果）会衆から浮き上がり、全体の調和（ハーモニー）を壊してはならない。むしろみんなの歌声を合わせ、一つの旋律（メロディー）がはっきり響くように努めなさい。

Ⅵ　Sing in time.

良いテンポで歌いなさい。速度の指示に従い、緩急を正しく守りなさい。速すぎても、遅れてもいけない。むしろリードする歌声に耳を傾け、できるだけその正しいテンポに合わせ、遅すぎないように気をつけなさい。まだるっこい歌い方は当然、怠惰なものすべてに忍び寄る。それ故、今こそけだるい歌い方を払拭し、われらの賛美をすべて初めのようにきびきびと歌う時である。

Ⅶ　Above all sing spiritually.

とりわけ霊的に歌いなさい。あなたが歌う一語一語において（心の）目を神に向けなさい。あなた自身や他のいかなる被造物にもまさってひたすら神に喜ばれることを求めなさい。そのためにあなたがうたう歌詞の意味に心を集中しなさい。そしてあなたのハートが、音（サウンド）に奪われることなく、常に神にささげられているか否かを確かめなさい。そうすれば、主は地上であなたの賛美を良しとし、また主が天の雲に乗って来臨される時、あなたは報われるでしょう。

私たちの愛する関西学院聖歌隊が、これからもスクール・モットー“Mastery for Service”を体現する歌う証人の群れとして力強く前進することができるために、唱歓会諸先輩をはじめ皆様の一層のお支えをお願い申し上げます。

（『関西学院聖歌隊創立五〇周年記念誌』二〇〇四年三月）

清冽な希望のシンフォニー

関西学院交響楽団が戦後百回目の記念すべき演奏会をここ大阪ザ・シンフォニーホールで開催されることを心から喜び、お祝い申し上げます。

「カンオケ」の名で親しまれているわが関西学院交響楽団は、一九一三年神戸原田の森キャンパスで誕生し、今年創立九十周年を迎えるわが国学生オーケストラの名門です。これまでベートーヴェンの第九番、マーラー、ブルックナー、ショスタコーヴィッチ、ラフマニノフなどの大曲に挑み、ソビエト連邦共和国やオランダなど国外での演奏旅行でも高い評価を得ています。その特徴は原則として学生指揮者によって自分たちの音楽を創り上げ、演奏活動を続けていることですが、顧問の畑道也文学部教授（現院長代理）が学生指揮者と共に舞台に立ち指揮棒を振られる勇姿がまた独特の雰囲気を醸し出します。

本日、ここで奏でられる清冽な希望のシンフォニーを讃え、学院創立者ランバス監督の言葉を引きます。「われわれは偏狭な信条（creed）を超えて広い普遍性（catholicity）の立場を志向する……今や人間の理性が真理と結合し、人間の精神が人類の幸福と共鳴し、人間の魂が神の意志と調和するような一大交響楽（symphony）が全地に鳴り響く新しい時代が到来しつつある」。（W.R. Lambuth, The Cole Lectures より）

（『KG Symphony Orchestra 創部九十周年記念資料』二〇〇二）

「関学文化」の雄壮な響き

吹奏楽部の創部五十周年、おめでとうございます。『関学事典』を繙くと、一九四六年に誕生した応援団は「質実剛健」を旨としたが、応援形態や方法をより効果的にするために、一九五四年、応援団の中に吹奏楽部が誕生した、と記されています。

「ブラバン」の愛称で親しまれている吹奏楽部は、現在、指導部、チアリーダー部といわば三位一体の大活躍をしていますが、あのファンファーレが鳴り、応援歌「新月旗の下に」のイントロが響くと、選手諸君がみな奮い立ち、オールクヮンガクが勇気づけられます。定期演奏会や海外遠征でも好評を博す質の高い音楽性への評価は、全日本吹奏楽コンクールでの全国最多金賞獲得など数々の輝かしい記録が証明しています。私は、最近とくにブラスバンドがグランドや競技場で響かす校歌や応援歌に加えて、関西学院の入学式、卒業式など公式セレモニーや合同チャペルアワーにおける勇壮で安定した「讃美歌」の演奏によって、教職員、学生・生徒、保護者、同窓、校友すべてが心を高くあげて神への賛美を唱和できることを喜び、これは正に「関学文化」の雄壮な響きであるという思いを深くしています。

五十年！　聖書で言う「ヨベル」（ジュビリー）の年は、すべてが新しくなる希望と飛躍の時を意味します。われらの Symphony Band が、常に新しい「関学サウンド」を追求し、スクール・モットー“Mastery for Service”を体現する一筋の道を一歩また一歩、力強く前進されることを希って止みません。

（『吹奏楽部創部五十周年記念誌』二〇〇四年十二月一日）

COMMENCEMENT

ご卒業おめでとうございます。この喜ばしいコメンスメント（新しい出発）に当たり、私は皆さんがここに掲げる聖書の一句を、母校が贈るはなむけの言葉として読んで下さることを願っています。

「すべて真実なこと、正しいこと、すべて愛すべきこと、（すなわち）あなたがたが、私から学んだこと、受けたことを実行しなさい。そうすれば、平和の神があなたがたと共にいますであろう」（フィリ四・八―九）。「学んだこと、受けたこと」、すなわち、あなたがたが関西学院大学で研鑚し体得したもの、それを「実行する」ということは、つまり自分の中にこれまでインプットされたものを、誇りと喜びをもってアウトプットする、今はそういう生き方のスタートを切る時だと解することができます。そして、この聖書のメッセージと関西学院のスクール・モットー"Mastery for Service"が符合し、深く響き合うことにも気づかされます。後輩の在学生に対しては、モットーの前半、すなわち大学における「マスタリー」の意味を強調しなくてはなりません。しかし、巣立って行く卒業生の皆さんに対しては、モットーの後半、すなわち受けたものを自分だけのためでなく、万人のために喜んで捧げ、真の意味で地球人類社会のために役立つ「器」、愛と正義、平和の使者として生き抜く、そのことの今日的意義を改めてアピールしたいと思います。

本年は創立者ウォルター・ラッセル・ランバス監督（一八五四―一九二一）の生誕百五十周年に当たります。ランバスは六六年の生涯を、純乎たる使命感をもって世界万人に仕える文字通りグローバル・サーバントとして生き抜きました。アメリカ人である宣教師が、日本人のために創立した関西学院はその生きた証であります。

今、母校関西学院を勇躍出で行く卒業生の皆さんが、聖書の言葉とともに、スクール・モットー"Mastery for Service（= Peace, Love, Justice）"をしっかり心に刻み、一人一人が使命ある人生を全うされるように、神の導きと祝福豊かならんことをお祈りします。

（関西学院大学卒業アルバム Year Book 二〇〇四年三月）

ゴールとスタート

今年も秋のアメフット・シーズンが間近となりました。昨年の甲子園ボール最多優勝、そしてライスボールでのはじめての快挙、日本一を達成したKGファイターズへのオール関学ファミリーの熱い思いは、中学部のタッチフットボール、高等部のアメリカン健闘への期待とともに、いよいよ高まり燃えることでしょう。

先週、朝日新聞のコラム「天声人語」が、日本サッカーを四年間育ててきたトルシェ監督の自著『情熱』から「日本は作法を重んじる国だ。僕の息子たちにはリアリズムを忘れることなくエレガントにプレーするよう命じよう」という一節を引き、ここでの「リアリズム」とは一種のずるさを含意するゆえ、「エレガント」つまり上品で美しいスタイルとの両立はなかなか難しいとコメントしていました。その意味では関学体育会のモットー「ノーブル・スタボネス」も同様のデイレンマを内包しながら、にも拘わらず「高貴」な精神と「頑固」なまでの粘り強さの統合こそ学院スポーツの目標であるに相違ありません。

アメリカン・ファイターズのモットーは「偉大なる母校関西学院のために、スポーツマン精神を十分に発揮して闘い、勝利者の誇りを失わないこと」と謳いますが、バイブルの中には「私たちはやみくもに走ったりしないし、空を打つような拳闘もしません」（Iコリ九・二六）という有名な一句があります。「やみくも」ではなく「ゴール」がはっきりしているから「スタート」を切ることができる。たとえ危険を伴い、倒れそうになっても、たとえ倒れても、わたしたちは立ち上がって、なお走りつづけることができる。これはもはやフットボールのプレーだけでなく、人間の生き方の根幹にかかわる重大な指針だと思うのです。「高貴な粘り強さ」を体現するKGファイターズ選手諸君の一層の活躍を祈り、常日頃指導に当たられる監督、コーチはじめスタッフの方々、また変わらない励ましと支えを頂いている諸先輩、後援会、そして多数のファンの皆様の温かいご声援に対し心からお礼を申し上げ、私のグリーティングといたします。

（『K.G. Fighters, Official Yearbook』二〇〇二年八月）

柔らの精神

栄えある伝統に輝く関西学院大学柔道部がこのたび創部九十周年を迎えられたことを心から喜び祝意を表します。今日、私たちをとりまく教育環境の変化によって学生スポーツの在り方も多様化しています。しかしこの退廃の時代、関学体育会のモットー Noble Stubbornness の精神高揚の意味はいよいよ大きくなってきました。〈スタボーン〉という英語には「強情な」「手に負えない」などやや消極的な含意もありますが、〈ノーブル〉という限定によって非常に積極的な意味が付加されます。柔道における「受け身」（passive）すなわち「捨て身」（active）の精神と深く結びついているのではないでしょうか。

私はこのたび『関西学院大学柔道部八十年史』を繙き、戦前、戦後を通じて成し遂げられた数々の偉業とともに、大正から昭和初期にかけて伊藤平次、砂本貞、児玉国之進ら神学生が柔道部で活躍し、さらに樺山純初代主将（高商部）が後に賀川豊彦に共鳴し献身、カナダでキリストの福音を証しする牧師として働かれたことなど、興味深い事実を知ることができました。

最近四―五年、現役の部員諸君もおおいに奮起し、実力的には全国ベストエイトに近づきつつあることを聞き、大

変嬉しく思います

今、日本と世界の各地に散らされている多くの諸先輩、そして後に続く現役諸君が、それぞれ柔道部で培われた高貴で強靱な「柔らの精神」を人生それぞれの時と持ち場で果敢に発揮されることを希ってやみません。関学柔道部の今後益々の発展を祈り、祝辞とさせていただきます。

（『柔道部創立九十周年記念誌』一九九九年十一月）

Noble Stubbornness！

伝統ある関西学院高等部野球部並びに関西学院大学硬式野球部が、本年創部百周年を迎えられたことを心から喜び、お祝い申し上げます。

一九二〇（大正九）年夏、関西学院中学部（現高等部）の沢主将率いる野球部が鳴尾競技場で開催された第六回全国中等学校野球大会（全国高等学校野球選手権大会の前身）に出場し、八月一九日の決勝戦で慶応普通部を十七対〇で圧倒した大記録は未だに破られていないと聞きます。同年高等学部の野球部はシカゴ大学と親善試合を行い、中学部野球部は一九二八（昭和三）年春、新築された甲子園球場での第五回選抜大会でも下馬評を覆しての見事な優勝を遂げ、この時期、野球部の活躍に呼応して関学スポーツが一気に花を開き、大いに意気が高まったことを『関西学院百年史』が特記しています。

混迷の度を深める今の時代、畑歓三先生が提唱された関学体育会の名モットー“Noble Stubbornness”高揚の意義はいよいよ大きくなってきました。〈スタボーン〉という語は、厳しい環境のもと新世界を切り拓いたアメリカ人の中に宿る逞しいパイオニア精神を含意し、英語の達人畑先生が付せられた〈ノーブル〉という形容詞によって非常に積極的な意味を獲得したと言えましょう。

今、日本と世界の各地に散らされている多くの諸先輩、そして後に続く現役諸君が、野球部で培われた「品格のある不屈の精神」を人生それぞれのポジションで果敢に発揮されることを希ってやみません。関学ベースボールの益々の躍進を祈り、祝辞に代えさせていただきます。

（『関西学院野球部百年史』一九九九年十一月）

雪艇の魅力

スキー競技部創立七十周年おめでとうございます。『関西学院事典』を繙き、スキー部が一九三三年に山岳部から独立する形で田中務、三戸誠氏らの尽力によって誕生したこと、そして創部以来の全日本、全関西大会における目覚ましい活躍についても知ることができました。そこには一九三八年、第十一回全関西選手権で二度目の優勝を遂げた際、『朝日新聞』が「特筆すべき異彩、関西出身者ばかりの覇者関学……絶えざる努力は必ずいつかはその実を結ぶものである」と報じたと記されています。また登山部結成時代、「スキーに病みつきになった」ＫＧボーイズたちの活動については、米田満名誉教授が最近上梓された大著『関西学院スポーツ史話―神戸・原田の森篇』二四五―四六、三八二、四九四―九五頁に詳述されています。

私自身はスキー競技に憧れながら、自分でプレーすることのできない者ですが、二十年前スイス・チューリッヒ大学で在外研究に従事した折りに、冬季オリンピックをはじめ数々の国際選手権大会のテレビ中継に毎日釘付けになり、スケールの大きさとスピード、リスキーなジャンプあるいは長時間にわたるクロスカントリーの耐久力など、雪艇競技の魅力の虜になりました。

ＫＧスキー競技部が「ノーブル・スタボネス」の精神を体し、「高貴な」美しいスタイルと頑固なまでの「粘り強さ」の統合を目標とする関学らしい競技部として、これからも一層の躍進を遂げられることを心から願い、お祝いのグリーティングといたします。

（『関西学院大学体育会スキー競技部七十周年史』二〇〇三年十月二十五日）

「カンカン」戦（対関西大学）

伝統ある関関戦、第二十六回大会が、今年は関西大学体育会の皆さんをここ西宮上ケ原キャンパスにお迎えして開催できますことを心から喜び、お祝い申し上げます。両大学の選手諸君が、日頃の鍛錬の成果を遺憾なく発揮し、若さと力に溢れたすばらしいスポーツ・フェスティバルになることを願っています。

人類が生きる意味や根拠をあらためて問い、地球規模で平和的「共生」の可能性を必死になって探らなくてはならない今の時代、若人の健全なスポーツマンシップの涵養がいよいよ重要となってきました。

私たちの学生時代、まだ「総合」関関戦という形態をとる以前でしたが、両大学野球部が対戦する日程が近づくと、キャンパス全体が大いに盛り上がり、文字通り「カンカン」になったものです。関大という良きライバル校をもつことによって、関学も活気づき、ぐんぐん発展したように思います。また関関両大学のスクール・ソングがともに山田耕筰の作曲であることに不思議な縁を感じます。我ら両校のエール交換が互いの心を燃やし、この国の未来を拓く希望の徴となることを心から願うものです。

（第二十六回関関戦祝辞　二〇〇三年六月）

「生みの親」（ラグビー部）

ラグビー部が本年創部八十周年を迎えられたことを喜び、心から祝意を表します。

八十周年といえば人間の年輪では傘寿のお祝いですが、私は貴部『五十年史』に米田満名誉教授が寄せられた「関学ラグビー前史」を繙き、ラグビー部の「生みの親」がH・W・アウターブリッヂ先生であることを実は初めて知りました。一九一二（明治四十五）年、先生はカナダから二十六才の若き青年宣教師として来日、マウントアリソン大学在学中にラガーとして体験した心身の充実感が忘れられず、関西学院の普通部と神学部の生徒、学生たちに、教室では英語と聖書を教え、グランドに出ると「おーい、ラグビーをやろう！」と呼びかけ、楕円のボールを使ってスクラム、パス、キックなどラグビーの基本を教えられたそうです。当時A、B二つのチームに分かれて練習に励んだ神学部生の中には後年牧師、教授として活躍された田中貞、柳原正義、原野駿雄、今田恵などの名もみえます。

アウターブリッヂ先生は、一九五四年四月、第七代院長に就任、七十才の宣教師定年を機に帰国されましたが、永年にわたり先生が関西学院のために果たされ多大のご貢献の中で、ＫＧラグビー部の「生みの親」役を担われたことは特筆に値することと思います。

正式に運動部としてチームを結成した一九二八年以後の戦前、戦後を通じてのラグビー部の健闘については今般発刊される『八十年史』から詳しく知ることができますが、現在百名を超える部員を擁するラグビー部が大学の「強化指定クラブ」に認定され、学院としても練習グラウンドの人工芝化など部員諸君の絶えざる奮励努力にできるかぎり応えなくてはならないと思います。アウターブリッヂ先生もＫＧラガーズの更なる大健闘を天上からあのノーブルな温顔でいつも見守っておられると信じます。

（『関西学院大学ラグビー部八十周年史』二〇〇八年十一月）

競技をするものの節制

体育会の皆さん、ご卒業おめでとうございます。学生時代にスポーツに打ち込んだ体験すべてが、皆さんの一生にとって誰も奪うことのできない真に価値ある宝となることを信じます。

人類が生きる「根拠」をあらためて問い、地球規模で「共生」の可能性を探らなくてはならない二十一世紀、ＫＧ体育会のモットー Noble Stubbornnes の精神高揚の意味はいよいよ大きくなってきました。

バイブルの中に「競技をする者はみな節制する」（Ⅰコリ九・二五）という一句があります。ここでの「節制」とは人間の様々なエゴイスティックな欲望に打ち勝つ克己の精神を指し、次いで「自分の体を打ち叩いて服従させる」という大変リアリスティックな表現も見られます。それは「他の人に宣べ伝えながら、自分が失格者になってしまわないためである」（同二七）と使徒パウロは勧めます。これはスポーツだけでなく人間の生き方の根幹にかかわる指針だと思うのです。これから日本と世界の各地に散らされて行く皆さんが、体育会活動を通して培われた「高貴な粘り強さ」、知的、精神的忍耐力を人生それぞれの持ち場で活かしてほしいと心から願っています。

また、どうか卒業後も母校のカレッジ・ソング「空の翼」を高らかにうたいつづけて下さい。「風・光・力」そして"Mastery for Service"。Serviceという英語は今もっともポピュラーなカタカナ日本語として巷に氾濫しています。喫茶や飲食店のモーニングサービス、デパートやスーパーの半額サービス、航空券の早割サービス、ホテルの週末サービス、そして業界の接待サービス……。これらはみな要するに自分が受けるサービスです。サービスしてもらうのが当り前で、感謝することもしない。今の時代の退廃はここに起因しているとも言えます。しかし関西学院のモットーが掲げるServiceは、自分が「受ける」サービスの反対の極、すなわち「与える」サービス、隣人愛に根ざした真に「仕える」精神を意味します。

関学をそして体育会を巣立ち行く皆さん一人一人がNoble StubbornnessあるいはMastery for Serviceのスピリットを体現する「万年選手」として、長い人生の馳せ場を走り抜いて下さるように、神の豊かな導きと祝福を心から祈ります。

（体育会卒業アルバム『Memories of Athletics』二〇〇三年四月）

Ⅵ 折にふれて

キリスト教の生きた精神

私は還暦を迎えた今、自分の中学部時代を想い起こしながら、「校風」というものが人間の一生をどんなに動かすものか身に沁みて感じている。甲山山麓の美しい自然環境にも魅せられた。すぐれた師友との出会いも与えられた。しかし結局、目に見えない関西学院の生命のようなもの、その大きなスピリットが多感な少年期の心（小さなスピリット）のなかに植えつけられ、私のこれまでの貧しい歩みを支え、導いてきたというほかはない。

キリスト教の生きた精神については、宣教師から得たものが大きい。私たちが二年生の時から英語を教えてもらったウィリアム・D・ポーター先生がその一人である。ポーターさんは、関西学院での三年間、教室では英語、グランドではフットボール、そして宣教師館（ベーツ館）の二階では聖書を教え、自分がアメリカ人であることを忘れたかのように私たちの間に溶け込み、大学を出たばかりの若いポーター先生と中学部の生徒は、まるで兄貴と弟のような親しい間柄になった。短期滞在であったにもかかわらず、あれから四十年以上経ったいまも、ポーター先生と私たちの友情は深まるばかりである。そのほか、ジョンソン先生、スクリーバー先生、カブ先生など、当時中学部で接したミッショナリーやその夫人たちを通して、私たちは、世界は一つ、人間はみな兄弟である、というキリスト教に基づくグローバリズムと隣人への奉仕の精神を自然に学んだように思う。

中学部卒業間近い二月の、冷たい雪の降る日の午後、特別チャペルでミセス・パルモア先生から「愛」についての講話を聞いた。先生は右手を高く上げ、左手を真っ直ぐ横に伸ばして、英語のエルの大文字、Loveという単語の頭文字を作って見せながら話された。人間同士の愛はどんどん横に広がっていく。ところが美しい愛が時として醜い欲望に変わり、与えるはずの愛がいつの間にか損得を計算し、奪い合う争いになり、ついに互いが滅びにいたる。ほんとうにそういう恐ろしいことが起こる。しかし、愛にはもう一つの方向がある。それは人間が上に向かって愛の理想を追求するみちであり、同時にこの垂直の線は、上から引っ張る神の力を象徴している。だから、たしかに私たち人間は自分の欲望の虜になりやすい弱いものであるが、上から私たちを招く神の許しの力を信じることによって希望が湧き、汚れた利己心とたたかいながら、勇気をもって偽りなき隣人愛を追い求めることができる。パルモア先生の話の大要は以上のような内容であったが、先生の全身ジェスチャーによる大きなL（エル）の手文字が私の頭と心に一つの「啓示」をもたらし、中学部の廊下に掲げられている第二代院長吉岡美國先生の書「敬神愛人」の意味がスカーッとわかったような気がした。私にとっての、今も深く心に刻まれたキリスト教教育の賜物である。

（『関西学院新制中学部の五十年』一九九七年七月）

“Be Christian !”――私の高等部時代

私は一九五〇年、関西学院中学部を経て高等部に進学したが、その時の新制高等部長が河辺満甕先生であった。河辺先生は後年、学院におけるご自身の働きについて、次のように語っておられる。「戦後初めてカナダに行く機会が与えられ、ベーツ先生（第四代院長）にお会いした時、今も私の心をとらえて離さないことがある。先生は『カワベ、私の関西学院における生活は失敗だった』と話された。学院時代、クリスチャン・エデュケーターとして尽くし、ある点成功した。人もそう認めた。しかし個人の魂を神と結ぶ宗教家として不完全なりとの先生のご反省であった。私はかかる反省のできた方として、先生こそ聖徒なりと思った。（中略）私の高等部に始まる学院でのご奉仕の後半は、この聖徒ベーツの強い影響によるものであった」(『学院を語る』一九六五年)。

私の高等部在学時代、河辺先生の一日は部長室での祈りをもって始められ、その後二階静修所で教師、宗教部員ら生徒有志と一緒に早天祈祷会に参加された。長身の先生が、いつも最前列右の席に着き、深く頭を下げて祈られる姿が、さながら「敬虔なダビデ」、キリストに"surrender"した「セイント・カワベ」の俤として今も鮮明に私の心に浮かぶ。

晩年のベーツ先生に倣ったエヴァンジェリスト・スピリットが河辺先生の真骨頂であり、高等部の人格教育の目標として先生は大胆に"Be Christian!"というモットーを提唱された。多感な少年時代、中学部で「倫理的キリスト教」に触れてイエスの弟子たらんと決意した私が、思春期の苦悩と魂の覚醒時代、河辺先生が精神的リーダーシップを発揮されていた高等部で「福音的キリスト教」に導かれ、堅信礼を受け、キリスト信仰を告白することができたことは生涯の幸いである。高等部三年の秋、私が賀川豊彦先生の導きもあり、神学部に進む志望を報告した時、先生が大変喜ばれ、「イチロー君、君は体は小さいが、スピリチュアル・ジャイアントになりたまえ」と励ましてくださったことを今も忘れない。もとよりスピリチュアル・ジャイアントなど私の到底およぶところではないが、スピリチュアル・クリスチャンでありたいという希いは変わらない。

(K.G.H. REVIEW 関西学院(新制)高等部五十周年記念号、一九九八年)

メッセージ「他者への愛と奉仕」――ジミー・カーター

久山院長、城崎学長、誠に有難うございました。今朝このチャペルで、皆様とともに聖日礼拝を守り、私は先程ご一緒に唱和しました「主イエスにありては、世のくにたみ、東と西との、へだてぞなき」という讃美歌（四一九番）の意味を心の奥深く、鮮明に刻むことができました。

関西学院の歴史と伝統は、私に少なくとも二つのことを想起させます。まず第一に、私たちのキリスト教信仰に根差す奉仕と無私の精神を生き抜くことの尊さです。第二に、私の国アメリカにおいて、とくにクリスチャンたちの間で、日本と中国に対する関心と友情の絆が、長い歴史を通して育まれてきたということです。

いま院長が、ミシシッピー州出身の関西学院創立者W・R・ランバス監督について話されましたが、私自身、幼少の頃キリスト教の宣教師の話を聞き、その働きを支える献金をしたことが契機となって、異国に対する関心を抱くようになったことを思い起すのです。

私の家庭また私の教会では、毎年聖誕節になると、中国伝道に献身した偉大な宣教師を記念して「ロティームーン・クリスマス特別献金」をささげます。つい数日前、私は中国を旅し、代表的な教育機関の一つである上海の交通大学を訪問しました。関西学院と同様、この大学も、米国の少年少女達が集めた献金の援助で建てられました。おそらくこの子どもたちが、日本人や中国人について具体的に知るところは僅かであったでしょう。しかし彼らは、世界中の人々がみな同じ神の子らであり、したがって人間はみな兄弟姉妹であるということを知っていたのです。

上海では、キリスト教会を訪れ、何人かのクリスチャンに直接会い話すことができました。実は二年半前に、中国の鄧小平副首席がアメリカ合衆国を公式訪問された際、私は信教の自由をめぐる問題提起をいたしました。今年北京で開かれた中国共産党第十一期中央委第六回総会で、信教の自由を認める原則が採択されたことを知り、非常にうれしく思っています。いま中国では、聖書が自由に印刷・頒布されています。上海には六つの教会があり、各々公同礼拝を数回行っていますが、毎日曜三万人をこえる信者が集まり、会堂は立錐の余地もないほどです。中国旅行を通して、彼の地のキリスト教徒と会えたことは、私個人にとってももっとも意義深いことでありました。そして今朝、こうして皆様と共に礼拝に出席できたことが、私と私の家族にとって、今回の日本訪問を忘れ難いものにすることを信じて疑いません。

しかしながら、皆様も私と同様、肝に銘じておられると思いますが、私たちが礼拝に集い、ここで親しみ睦み、良い気分に浸っているだけでは無責任の譏りを免れ得ません。何にもまして、自分を捨て、他に仕える使命にコミットすることが大事である点を忘れてはなりません。私たちはいま、国の内と外で、闘争や衝突の絶えない、危険で醜い世界に生きています。そして、このような対立・抗争が根本から言えば、人間の利己的な在り方、私たちの隣人への関心の欠如に起因していることも否まれません。このような自己中心的で無神経な振舞いが、時として、宗教という仮面の下に宿り、キリスト教もその例外でないことを私たちは知っています。

しかし、本来、キリスト教信仰は平和をつくり出すことを求め、私たち自身の生涯、私たちの言葉と行為のすべてを、他者への愛と奉仕のために活かして用いることを促してやみません。

久山院長は私に、平和の推進と人間性の回復のために、米国と日本、そして世界のキリスト者が、これからどのように力を合わせ共働できるか、という問題を提示されました。この問いに対して、私は、イエスの教えにまさる指針はないと考えております。すなわち、隣人を支配し抑圧することでなく、どこまでも隣人に仕えることを求める道であります。他者の欠点に対しては寛容であり、自己の過誤に対しては厳正にのぞむこと、そしてその逆であってはならないということです。私たちは、神が私たちに与えて下さるあらゆる賜物を分かち合い、とくに恵まれない人々に対して心を配るべきであります。

そして最後に、このような理想を達成し得ない場合――実際しばしば避け得ないことなのですが――その挫折を私たちの絶望の弁解にすることなく、むしろ使命に対するより深いコミットメントへの跳躍台とすべきことを高調したいと思います。

もし私たちが、キリスト信仰を生き貫くために最善をつくすならば、世界の進歩もあるいは不可能ではないでしょう。しかもそのことを通して、私たち自身が成長することを希わずにはおれません。ここに私たちひとりひとりに等しく課せられた価値ある目標があるのではないでしょうか。

皆様に対し、重ねて深甚なる感謝の意を表します。どうか神の祝福が、関西学院と皆様すべての上に豊かにありますように。


（ジミー・カーター元米国大統領、千刈セミナーハウスチャペルにおける名誉学位授与式記念スピーチ（拙訳）『クレセント』第十号、一九八一年）

ビショップ・ランバスとの出会い――A・V・ハービン宣教師

アメリカ合同メソジスト教会の宣教師として関西学院に遣わされ、永年高等部で、後に経済学部で英語を教授したA・V・ハービン先生は、一九七二年、定年を迎え帰国する際の送別感謝会の席上、次のように語られました。

「少年の頃、関西学院を創立したビショップ・ランバスに出会ったことが、私の生涯を決定しました。一九一四年、ちょうどランバス監督が第二回アフリカ伝道旅行から帰られたばかりで、夕刻から私の父が牧師をしていた南部の教会で歓迎集会が開かれ、そこでランバス先生は、宣教師になれば、神さまのご用で世界中を旅行し、いろんな国の人々と知り合い、アフリカのジャングルではたくさんの珍しい動物を見ることもできる、という話をされました。それを聞いて、私は七、八才頃でしたが、すっかり夢中になり、自分もランバス先生のように、将来ミッショナリーになって、神と人とに喜ばれる生涯に入りたいと本気で思い、決心しました。そして、とうとうランバス先生が創立された日本の関西学院までやって来たわけです」。

ハービン先生（The Rev. Andrew Vandiver Harbin）は、一九〇七年十月十二日、米国テキサス州ラ・グランジの牧師館で生まれ、長じてサウスカロライナ州スパータンバークのウォード大学に学び（B.A.）、卒業後さらにデューク大学神学部に進み、牧師、宣教師として立つ準備教育を終了（B.D.）。しかし、折しもアメリカを襲った大恐慌のため、志願した南メソジスト教会の外国伝道プログラムはすべて取り止めとなり、たまたま日本で英語教師をしていた友人フッカビー（Wayman Huckabee）氏の勧めで、ハービン先生は一九三四年、はじめ広島の公立中学校に英語教師として来日。二年後、米国の経済事情の好転に伴い、正式に宣教師としての任命を受け、同じく南部出身のウィニー・リー・デヴィス嬢と結婚、同年夏新妻とともに再度来日。しかし国際情勢の緊迫に対応して、ミッション・ボードが引き揚げの方針を打ち出したため、一九四一年やむなく離日。

終戦間もない一九四七年、ハービン宣教師はウィニー夫人と長女アン嬢を伴い三度来日、ミッショナリー・ティーチャーとして関西学院に着任されたのですが、その年の夏、ハービン先生は、かつて公立中学で英語を教えた広島の地に、米軍が原子爆弾を投下し、あの悲惨な事態を引き起こしたことの深い罪責感に苛まれ、日本の友人たちへのお詫びと懺悔の行脚に出られました。その折りの忘れ得ぬ経験を先生は私たちに話されました。「偶々自分の大好物だった美味しいうどん屋のお店が元の場所に再建されているのを見て、中に入った途端、『おや、ハービン先生！』

と大声で呼ばれ、何人かが笑顔で自分を囲み、実に温かく迎えられたので私はびっくりし、手を合わせ、頭を下げ、この広島にアメリカが原爆を投下した大きな過ちをどうか許してください、と謝罪すると、皆さんは『許すも許さないもありません。ハービン先生は十年以上前からずっと私たちの親しいお友達なのですから』とにこにこして言われた。もう本当にうれしかった。と同時に、私は生まれてはじめて、キリストによる罪の赦しを心から信じることができました。私が謝罪する前に、広島の友人たちによって私が受け入れてもらっていたように、私がまだ知らない時に、すでに私の罪と汚れがキリストの十字架の贖いによってすべて赦されていたのだという確証を得たのです」。ハービン先生のこの素朴で純一な告白を聞き、私たちも信仰の更新を経験しました。

ハービン宣教師はその後四半世紀にわたり、関西学院で教鞭をとり、宣教師代表として学院の理事、評議員も務めるとともに、日本キリスト教団大阪東十三教会、神戸ユニオン教会の宣教活動によき協力者として尽くされました。キャンパスにおけるハービン先生は、その類まれなる清純で温かい人柄と大阪弁なまりの「ハービン語」から出る巧まざるユーモアの故に、すべての学生、教職員から愛されましたが、厳格な英語教授で学生たちから畏れられかつ慕われた児玉国之進先生とは、デューク大学同窓の誼もあってとくに親交がありました。またハービン夫妻は学院宣教師館を解放し、放課後熱心にバイブル・クラスの指導に当られましたが、ここで育て上げられた多くの学生たちとの交わりと彼らの成長を生涯の喜び、また誇りとされました。

帰国後、フロリダ州タラハッセのメソジスト教会で協力牧師として牧会に従事、一九八一年引退してカリフォルニア、ピルグリム・プレスに移られましたが、一九八二年四月五日、棕梠《しゅろ》の日曜日、礼拝中に急性心不全のため忽然として天に召されました。享年七五才。少年時代ランバス先生に出会い、ランバス先生に従い、日本のために、関西学院教育のために献身的に尽力された尊い愛と奉仕の生涯でありました。終わりに、ハービン先生の愛誦聖句を掲げます。

わたしには金や銀はないが、持っているものをあげよう。ナザレの人イエス・キリストの名によって立ち上がり、歩きなさい（使徒言行禄三章六節）

（『関西学院高中部百年史』一九八九年十一月「宣教師A・V・ハービン」に一部加筆）

関西学院の自然と生命

昔主イエスの播きたまいし　いとも小さき生命のたね、
芽生え育ちて地の果てまで、その枝を張る樹とはなりぬ。

チャペルで最もよく歌われる讃美歌（二三四A）の一節である。作詞者由木康牧師（一八九六—）は関西学院の出身。わが国におけるパスカル研究のパイオニアとしても知られる。イエスの生涯を美しく重厚に謳いあげた「馬槽のなかに」（一二一番）をはじめ「きよしこの夜」の訳詞など十指に余る氏の作品が現行『讃美歌』（一九五四年版）に収められている。

この詩は一九三〇（昭和五）年の作。二節以下に当時の讃美歌にはめずらしい「歴史」「時代」「思想」「世界」など漢語が出てくるが、半世紀以上経った今日もなお盛んに歌われるその秘密は何であろうか。

作者は「イエスのからし種の譬を主題とし、それを展開してゆくうちにおのずから一篇の歌ができた」と言う。「からし種の譬」は、新約聖書マルコによる福音書四章三〇―三二節がテキストであるが、その直前には、「神の国はある人が地に種をまくようなものである。夜昼、寝起きしている間に、種は芽を出し、育ち、地はおのずから実を結ぶ」（同四・二六以下）と記されている。初めはどんなに小さく目立たなくても、あるいはあらゆる試練や障害にもかかわらず（同四・三一―九参照）、「大きな枝を張り、その陰に空の鳥が宿るほどになる」思いがけない豊かな収穫が約束されている！　という終結部の強調によって、譬え自体が神の国＝支配（人間を超えて人間に働きかける大きな力）の現実に招き入れる深いアピールになっている。由木牧師の賛美は、このようなイエスの根源的な呼びかけに素直に心を開き、個人と社会の変革の新しい可能性を洞見した清冽な信仰の表白であるが、その内容が、イエスに倣い、種とその成長という「自然」のイメージを媒体・通路にして指示されている点が注目される。

イエスはまた「空の鳥を見よ。野の花を見よ」と教えた（マタ六・二五―三四参照）。もとより無自覚や本能にかえる自然主義の唱道がここでの意図ではない。却って自然と人間の本質的な差異が前提され、「あなたがたは、彼らよりはるかにすぐれた者ではないか」と諭した上で、しかも同時に生ける「自然」（nature）と出会い、心眼を開くことによって、「人間」もまさしく自然の一部（human nature）であることを想起せしめ、そこからすすんで、人間を自然とともに真に活かす「神」（divine nature）への魂の飛躍が促されるのである。

関西学院は西宮上ケ原、神戸三田両キャンパスとも素晴らしい自然環境に恵まれている。花が香り、緑が萌え、紅葉があり、落葉が舞い、木枯らしが吹き、雪が降るキャンパスの四季の移り変わりのなかで、学院の歩みは学事歴とともにもう一つの暦を刻む。待降節（アドベント）とクリスマス、そして受難節（レント）から復活祭（イースター）にいたる「主イエスの半年」、聖霊降臨祭（ペンテコステ）から始まる「教会の半年」と呼ばれる伝統的なキリスト教の祝祭カレンダーである。新入生諸君はたんにキャンパスの美しい名門大学に入学したのではない。諸君は関西学院大学の門をくぐったのである。ここではチャペルのある学生生活が諸君を待っている。

（「チャペル週報」一九八〇年四月）

建築家W・M・ヴォーリズのミッショナリースピリット

山形先生のご著書『ヴォーリズの建築』（創元社、一九八九年）を、私も昨日もう一度播きました。関西学院のことも詳しく記されており、大変楽しく読める、しかも有益な書物である感をあらためて深くしました。そして、二〇四頁以下の「居留地の歴史を背に――神戸ユニオン教会」の項で、私たちにとってとりわけ思い出深いこの懐かしい建物が、ゴシック・スタイルの石造りサンクチャリーとハーフティンバー式の木造牧師館の組み合わせであるのに、玄関タワーを挟んで、二棟が非常によく調和している秘密は、「西洋建築の翻訳者」としてのヴォーリズの技量に帰せられるという説明を読み、なるほどと思いました。関西学院の卒業生でもある作曲家山田耕筰の作品、たとえば「赤とんぼ」や「からたちの花」などに対して、しばしばドイツ・リードの翻訳調という性格づけがなされますが、その場合、単なる模倣ではなく、イミテーションが同時にクリエーション（創造）であるという積極的な評価が含まれます。

ヴォーリズ先生の建築には、独特の雰囲気がある。英語の atmosphere は、アトム（原子という核）とスフィアー（物理的空間）の合成語ですから、雰囲気とは、その建物のアトム、つまりその場を成り立たしめる「核」としての「いのち」を意味するわけです。日本には「仏作って魂入れず」という喩えがありますが、ヴォーリズ先生にとっての「魂」はやはり健全な「ミッショナリースピリット」であったと思います。先生は一九〇二（明治三五）年、カナダ・トロントのマッセイ・ホールで開かれた第四回世界学生ボランティア大会に大学ＹＭＣＡからコロラド州代表として出席し、そこで外国ミッションに献身する決意をされた。

実は、関西学院の第四代院長ベーツ先生も、この同じ世界学生ボランティア大会に出席されていたのです。当時、中国北部で義和団事件のためにおよそ二五〇名のミッショナリーが殺害され、現地からトロントの学生ボランティア大会宛に悲報を伝える電報が飛んだ。そして“North China calls. Fill up the gaps.”「北中国は呼んでいる。この間隙を埋めよ」という感動的なアピール電文をＹＭＣＡの指導者で後にノーベル平和賞を受けたジョン・Ｒ・モット博士が読み上げたのに応えて、その場で直ちに三百名もの学生たちが立ち上がり、東洋伝道のために献身の決意を表明したと伝えられます。そのなかにヴォーリズとベーツのお二人がいた。もちろん二人がその時会場のマッセイ・ホールで直接出会ったということはないでしょうが、後年そろって日本に遣わされ、ヴォーリズ先生はミッショナリー・アーキテクトとして、一方、ベーツ先生はミッショナリー・ティーチャーとしてそれぞれの持ち場で働かれた。それだけでなく、ヴォーリズ先生は、ベーツ院長が責任を負う関西学院の原田の森キャンパス神学館などの拡充、新しい西宮上ケ原キャンパスのマスター・プラン作りのために力を尽くすことになった。何か偶然とは思えない不思議な「摂理」のようなものを感じます。

関西学院は教派的背景から言いますと、一八八五年にジャパン・ミッションを決議した米国のＭＥＣＳ（南メソジスト監督教会）に属します。創立者Ｗ・Ｒ・ランバス先生はこの教会の総理（Superintendent）として中国から神戸に渡来しましたが、先程話しましたベーツ先生はカナダのメソジスト教会（ＭＣＣ）出身です。もとより、メソジストは一例で、明治以降渡来したデノミネーショナル・チャーチは、長老派、改革派、バプテスト派、会衆派、ルーテル派、聖公会など多数にのぼります。ヴォーリズ先生の場合は、バックグラウンドが北米ＹＭＣＡですから、エキュメニカルないわば独立宣教師であったと言えます。しかし先生がプランニングされた教会や学校も教派の背景は多様です。いま『ヴォーリズの建築』の目次から取り出しますと、関西学院のほか聖和大学、広島女学院、活水女子学院、鎮西学院、東奥義塾、カナディアン・アカデミー、そして大阪福島教会、京都御幸町教会などはメソジスト系、同志社、神戸女学院、大阪教会、京都の丸太町教会、洛陽教会などは会衆（組合）派系、その他長老派（明治学院）、バプテスト派（西南学院、スコット・ホール）、ルーテル派（九州学院）などさまざまです。むろん神戸をはじめ全国各地のYMCA会館の建築計画にも尽力されました。

ヴォーリズ先生は、通常の意味における「宣教師」ではなかった。「宣教」とは「宣べかつ教える」というもっぱら「言葉」を媒介にした福音伝達の営みを指しますが、「ミッショナリー」の語源と目される「アポストロス」というギリシャ語は、もと「派遣されるもの」（使徒）を意味し、それぞれ遣わされた持ち場で、遣わす主体（霊として働くキリスト）への信従と人々への愛に「生きる道」を含意します。ですから「ミッショナリー」を「宣教師」と訳すのはある意味で矮小化の譏りを免れないと思います。ヴォーリズ先生は、講壇の上から教えを垂れるというタイプの宣教師ではなかった。祈りと礼拝の場としてのサンクチュアリーだけでなく、人々がそこで生活する場、家庭や職場（銀行、デパート）、学舎や病院などの「建築」設計、そして人々の傷を癒す「常備薬」（メンソレータム）の輸入販売、つまり住居と薬というもっとも日常的な世俗の生活手段を整えその向上を図ることによって、主イエスのもっとも重要な掟（マコ一二・二九―三一）、神を信じ、隣人に仕える生涯を貫かれました。建築設計やメンソレータム販売で得た利潤はすべて伝道活動のために献げられたと言われます。

私事にわたって恐縮ですが、私は神学生時代に御殿場の東山荘で開催された学生YMCAの夏季学校で、ヴォーリズ先生に直接お会いする機会を得ました。二日目の早朝、礼拝のオーガニストを務めるので、予定の賛美歌を弾く練習をしていたところ、後方でしばらく聞いておられたヴォーリズ先生が近づいて来られて、「あなたに二三六番を弾いていただきたい」と言われるのです。その時初めて知ったのですが、それはヴォーリズ先生自身の作詞、作曲になる賛美歌でした。「神の国」の項目のなかで「平和」というタイトルがついています。ところが、この賛美歌が生まれた一九〇八年というのは、実は先生にとって苛烈な試練の時でした。先生は日本伝道を志して一九〇五年に来日されましたが、教会派遣ではないエキュメニカルな独立宣教師だったので、はじめ滋賀県立商業学校（現県立八幡商業）の英語教師として着任、近江ミッションの夢を抱いて、教壇に立たれながら生徒たちに呼びかけて、放課後バイブル・クラスも始められました。そして二年後の一九〇七年、近江八幡にＹＭＣＡを興されたのですが、英語はともかくキリスト教を宣伝することは相成らぬと言う町民の猛反対にあい、ついに商業学校の教師も解雇されました。しかし何とか日本に踏み留まってミッション活動を続けたいという一心から、かつて学生時代に建築家を志望したこともあり、一念発起しアマチュア・アーキテクトとしての歩みを始められたのですが、丁度その頃、一九〇八年、もっとも厳しい逆境のさなかにこの賛美歌が生まれました。

地の上にまことの　さとりはひらかれて、ひとをばあいする　おもいもさかえよ。
みだれしむねにも　平和をあたえて、むさぼるこころを　主よ、潔めたまえ。

迫害に近い逆境のなかで、「みだれしむねにも平和をあたえて」とうたう執り成しの祈りが、静かな幾分東洋的旋律を伴い、私たちの心に沁み入ります。そしてこの年、京都ＹＭＣＡの一室を借りてヴォーリズ建築事務所が開設されたのです。ですからこの賛美歌は、悲しみと苦悩を乗り越えて新しい地平を拓く進軍ラッパのように響きます。

世人のさちをも　おのれのさちとし、たがいにたすくる　こころをばたまえいくさをなげうち、みわざにいそしみ、みかみのみやこを　きずかしめたまえ。

神戸ユニオン教会、神戸ＹＭＣＡ、関西学院、神戸女学院など千有余におよぶヴォーリズの建築は、すべて地上にあって「神の都」を望み見たミッショナリー・アーキテクトの奇跡のような「信仰の証し」でもありました。

（「神戸とキリスト教」『総研論集』第一四号、一九九三年）

神学部で何が学べるか

ご子弟のご入学「おめでとうございます」。これは通り一遍の挨拶ではなく、「芽出度い」とも書かれるように、新入生の皆さんがこれから、関西学院大学神学部での学びの生活を始め、やがて芽が出て、豊かに成長し、それぞれが美しい花を咲かせ、神と人とに喜ばれる良き生涯の実を結ぶことができるように！　という、私たちの心からの祈りであります。

学院創立当時の「憲法」第二款は、本学院の目的について「キリスト教の伝道（Christian Ministry）に従事するべく選ばれた青年を鍛練し、且キリスト教の主義（principles）に拠りて日本青年に全人教育（intellectual and religious culture）を授くるにあり」と規定しています。ここから明らかなように、神学部は関西学院の創立目的の一半を果たすために学院開校と同時に設置され、一世紀を超える歴史を刻んだ伝統ある学部であります。

神学部は、大学という基盤の上に立った伝道者もしくはクリスチャン・ワーカー養成のためのプロフェッショナルな教育機関であります。大学とは、学び問う自己「練達」の場であり、伝道者（広義）は皆、神を信じ、隣人愛をもって「奉仕」する者ですから、私たちは真摯な探求心と旺盛な伝道・奉仕の精神、両者の健全な統合を絶えず追求しなくてはなりません。互いの内的姿勢を整える上で重要な指針となる聖書の一句は、「天国のことを学んだ学者は皆、自分の倉から新しいものと古いものとを取り出す一家の主人に似ている」というマタイによる福音書一三章五二節の言葉です。この箇所は、イエスに学び、弟子となったこの福音書の著者自身についての証言と目され、「古いもの」とは旧約聖書の教え、「新しいもの」とはイエス・キリストの教えを指すと解されますが、伝統と革新、正義と愛、律法と福音、自律と他律など様々に置き換えて考えることもできるでしょう。しかし著者マタイの見地は、「古いもの」の否定が「新しいもの」であるという常識にとらわれない自主性、むしろ新しいものの質を問い、古いものの意味を受け取り直すことによって、高次の調和と統合を創り出す力を秘めているように思われます。どのように「よき仕え人」の輩出を強調しても、もし「実力を備えた自主の人」の形成がなければ、神学部における教育は空しいと言わざるを得ません。

神学部での四年あるいは六年という歳月は、あっという間に飛んで行きます。充実した悔いなき学生生活を送るためには、周到で具体的な計画性が必要です。高校までとは異なり、大学ではすべてが学生諸君の自主と責任に委ねられます。従って何事にも受身的ではなく、能動的に立ち向かってゆく果敢なチャレンジ精神が求められます。

神学の専門領域はキリスト教の成立基盤である旧・新約聖書の歴史と思想を探る聖書神学、世界と日本の歴史とのかかわりでキリスト教の歩みを検証する歴史神学、思想面から体系的な考察を行なう組織神学および宗教哲学、そしてエキュメニカルな視野に立ち教会と時代の諸問題を扱う実践・牧会神学など多岐にわたります。また神学部では、英語、ドイツ語の他、ヒブル、ギリシャ、ラテン、コプト語など古典語の習得、聖書（宗教）科と英語科の教職資格の取得、さらに総合大学の特典として、自分の専攻領域以外の科目を他学部で履修することも可能なのです。

新入生一人ひとりが、私たちの人生と信仰の「アルファであり、オメガである」主イエスを仰ぎ見つつ、神学部における豊かな学びのコースを全うすることができるように、神の導きと祝福を祈ってやみません。

（『後援会通信』十二号　学部長メッセージ　一九九七年四月）

ソーシャル・アプローチ

今般、関西学院創立一一一周年を期して『法学部五十年史』が発刊されることを心から喜びたい。『関西学院七十年史』（一九五九）以後、『百年史』とは別に編纂・刊行された『理学部二十年史』（一九八一）『経済学部五十年史』（一九八四）『高中部百年史』（一九八九）『文学部六十年史』（一九九四）『社会学部三十年史』（一九九五）に続く本格的な学部史の誕生であり、学部長はじめ編纂作業に携わり協力された関係者に深甚なる感謝と敬意を表したい。

学院法学部の教育理念については足立忠夫名誉教授が「法学セミナー」（一九六八年十月）に興味深い一文を書かれている。「現在の法学部の前身である法文学部が創立されたのは、昭和九年、旧制専門学校が大学に昇格したときであった。この法文学部は、発足にさいして当初から、当時としては特色的な法学教育の目的をうちだした。それを当時の法文学部長H・P・ウッズワース教授は、一言にして、ソーシャル・アプローチ、いうなれば法学における社会的接近と命名したのである」。これは「当時の官僚法学的な法学教育にあきたらず、法を社会の側から、すなわち、支配の対象となった国民の自由の擁護という観点から法学教育を行おうとされた」ものであり、「Mastery for Service という建学のモットーを法学教育に生かそうという意欲」を示し、「きわめて控えめに言って、当時の法学部の卒業生には、他大学の生みだしがちだった狭量な法律書生タイプは殆どいなかったし、また、自画自賛を許されるならば、幅の広い良識的な人間を輩出したのである」。

ウッズワース部長はカナダ・メソジスト教会の宣教師として一九一三（大正二）年に関西学院高等学部に赴任以来、主として文科、文学部で英語、英文学を講じられたが、一九三四年、旧制大学令による法文学部開設に際して初代学部長に就任。然るに、学院の教育と経営の中枢的な役割を担われた途上で、ウッズ先生は一九三九年二月六日、脳内出血のため忽然と天に召された。カナダの知的、文化的キリスト教のエートスを身証したこの優れた指導者が、豊かな教養と法知識を兼ね備えた社会に奉仕できる人材の育成を心底から希って「ソーシャル・アプローチ」という新しい理念を提唱されたのだと思う。

その後の大学を取り巻く環境の変化を踏まえ、足立教授も先の文章に続けて「しかし、みずからの姿を冷静に省みるならば、わが法学教育は、過去のソーシャル・アプローチにも徹せず、法曹ないしは準法曹教育にも徹しない中途半端な現状にあることは否定できない」と言われる。

今の時代、学院法学教育のソーシャル・アプローチという健全なプロテスト精神を基底とし、いかにしてプロフェッショナル・スクールとして一層の拡充を図るか、これはもはや法学部のみでなく、「キリスト教主義」を土台とする学院全体のアカデミック・ミッションにかかわる重大な問いである。『法学部五十年史』が、過去の伝統と個性を再確認し、真に創造的な展望を拓く生きた指針となることを希ってやまない。

（『法学部五十年史』「刊行に寄せて」二〇〇〇年十月）

『関西学院事典』

今般、学院一二一周年記念事業の一環として企てられた『関西学院事典』が発刊され世に出ることを心から喜びたいと思います。

関西学院は、一九八九年、創立百周年を記念して図録『関西学院の一〇〇年』を刊行しました。これは目で見るグラフィックな百年史と言えますが、学院の「キリスト教主義」に基づく人間教育の伝統を美しく物語る貴重な証言として好評を得ました。その翌年から本格的な正史編纂の作業が始まり、十五名の編集委員と事務局スタッフの持続的な熱意と献身的な協力によって、「資料編」Ⅰ・Ⅱ「通史編」Ⅰ・Ⅱから成る『関西学院百年史』全四巻が一九九八年春に完結し上梓されました。通史の編纂に当たっては、客観的な資料批判に基づく実証的アプローチを前提とし、関西学院成立の「コンテキスト」（日本近代化との関連）、存在理由としての「アイデンティティー」（建学の精神）、そして将来に向けての「ビジョン」（創造的展望）という三つのキーコンセプトを軸として執筆する基本方針が定められました。

もとより、一世紀を超える学院の歩みは決して平坦なものではなく、幾多の試練をくぐり抜けた険しい道でありました。しかし同時にまた、『百年史』をていねいに繙きますと、そこに私たちは、実に多くの先人たちの熱い祈りと努力によって踏みしめられた清冽な「一筋の道」が敷かれていることをはっきり読み取ることができます。蓋し学院史は広義の精神史であり、Historyという英語は、もと大文字のHを頭文字とするHis storyすなわち、歴史の主である神のストーリーを意味するとも言われます。関西学院の歴史が、生ける神の隠れた導きによって支えれらてきたことを深く思わしめられます。

最近の学校史研究は、一つの学問分野を成すに至っていますが、『関西学院百年史』は歴史的検証を踏まえた自己評価、関西学院の「実力」を示す沿革史として非常に高い評価を得ています。しかし、何と言っても全四巻、A5版二八〇〇頁に及ぶ大部なヴォリュームゆえ、手軽に利用するには難があります。そこで、『百年史』を土台として、内容が正確で、しかも読んで楽しい、コンパクトでハンディーな『関西学院事典』を作成しようというアイディアが既に早く『百年史』編纂作業の過程で持ち上がっていました。

通常、「辞典」はことば、「字典」は漢字、「事典」はことがらを解説する文献であると言われます。したがって、本『事典』は関西学院に関する重要な事項、出来事、人物、建物などあらゆることがらを五十音順に解説する「KGミニ・エンサイクロペディア」とも名付けられましょう。無論、関西学院にかかわることがらをすべて網羅することは不可能であり、掲載する事項・人名などのリストアップに際しては編纂委員の並々ならぬご苦心があったと思います。日本全国、そして世界各地の学院同窓会支部の集いに出席しますと、卒業生から「何故校名関西学院をクヮンセイガクインと発音するのですか」「校章三日月の由来は」「大阪暁明館病院と学院は何か関係があるのですか」など様々な質問を受けます。俄に答えられないことも少なくないのですが、これからは『関学事典』を鞄の中にしのばせて携帯できるので安心です。

『関学事典』をいつまでも役に立つロング・レファレンス・ブックにするためには、絶えず改訂を必要とします。学院のすべての構成員、そして同窓、校友がこの『事典』を愛用して下さり、疑問や修正提案などお寄せ頂くことによっていっそう完成度が高まることを願っています。

最後になりましたが、校務多用の中、『百年史』に引き続き『関西学院事典』のために熱い思いをもってご尽力下さった山本栄一編集委員長はじめ委員各位、関連項目の執筆など協力を惜しまれなかった各学部、各部署のスタッフ、また特にこの意義ある事業のために専従者として重荷を担って下さった辻美己子さん、そして学院史編纂室、関西学院大学出版会のみなさまに改めて深甚なる謝意を表します。

（『関西学院事典』「序」 二〇〇一年九月）

ＩＴ時代の到来と関西学院

二年程前、日本の前首相が「ＩＴ（情報技術）革命」を「イット革命」と発音して話題になりました。ご本人が意識したかどうかは別として、これは情報化社会における人間の教育やコミュニケーションの問題を考えるヒントとして意味深長であります。

昨年、本学総合政策学部のメディア情報学科開設に伴い、いま全学の情報環境の整備、e-campus 構想の推進が図られています。「基本構想」やアクション・プログラムの重要施策に盛られている情報発信基地の建設、全教室に情報コンセントや無線ランの設置、全学生にノートパソコン所有の義務づけなどは、何れも大学、大学院における高度な教育・研究のために不可欠の要件であると思われます。コンピュータを利用することによって学生たちが楽しみながら能力を伸ばし、自己表現やコミュニケーションの新しい手段を獲得し、クラスやゼミナールが活性化することも必定であります。

翻ってしかし、そもそもコミュニケーションとは何かが改めて問われます。真のコミュニケーションとは、単なる情報交換をはるかに超えて、異質なものに触れることによって自分が豊かにされ新しくなる体験、従って自他相互の変革をも可能にするような「出会い」を意味します。

人間の厳粛な営みである教育・研究は、本来「我と汝」という生きた人格的I―YOU関係において成立するものに相違ありませんが、情報技術革命、IT教育設備の拡充によって、教育・研究の環境がYOU（人格的他者）不在のI―IT（情報機器）という場（トポス）に変容し、ついには教育の本質、ヒューマンサイエンスの変質を招来しかねない重大問題を惹起することになります。すなわち、学生と教師あるいは学生互いが、YOUと呼び合える相手とぶつかり出会う場から逃避し、真のコミュニケーションが失われ、ついにIT（テレビやインターネット）の世界の虜となる危険です。

IT時代を迎えた今、われわれが取り組むべき新しい公共的課題は、I―YOUとI―ITの関係をディレンマとして捉えるのではなく、却って両者の創造的統合をこそ目指すところにあると思います。もはや何人もIT教育を排除することはできません。むしろ情報技術の人間化がどうして可能か、その方途を探りながら、出会いとしてのコミュニケーション、人間教育の原点を取り戻さなくてはなりません。

私は役目上、全国また世界各地の関西学院同窓会支部を訪れ、多くの卒業生との新しい出会いの喜びを与えられています。昨年十一月に関東の茨城県支部総会に出席した折、農林水産省から東京の聖学院大学に移り、今環境問題を専門としている同窓の村上公久氏が講演に立ち、開口一番こう語りました。

「自分は最近本当に久しぶりに母校関西学院を訪れた。西宮上ケ原キャンパスの正門に入り、甲山を背にした時計台を見た瞬間、懐かしさが胸一杯に広がった。かつて学んだ高等部の旧校舎は残念ながら無くなっていたが、中学部に隣接する現在の学舎の玄関正面に立派な書「すべての人の僕たれ」という有名なバイブルの一句が掲げられているその前に立ちすくみ、全身が震えるような感動を覚えた。このような体験は一生のうち何回もあるものではない。若き日にチャペルで聴いた聖書の言葉やイエスの教えがにわかに甦ってきて、自分の人生の原点がここにあるのだということをあらためて確認することができた。私は母校に人格というものを感じる。以前務めていた農林水産省には東大をはじめ国公立出身者が私の部下に何人もいたが、彼らが自分の母校に人格を感じることは絶対にないと思う」。大要このような前置きで、これに続く講演は「次世代が生きる世界」と題し、国家が制度疲労に陥り、「全球化」が加速するボーダーレス時代に突入した今、関西学院がヒューマンな諸問題を地球規模で考え、国の内外で Mastery for Service を実践することによって人類文化の担い手としての責任を果たさねばならないというチャレンジングな内容でした。村上氏が「母校に人格を感じる」と告白した背後には、KGキャンパスライフを通して、自分に人生の新しいビジョンを吹き込んでくれた学びの道場、まさしくYOUとしての関西学院(=使命共同体)に対する深い感謝と誇りがあったのではないか。私はそう思います。

(『研修紀要』第二十三号「巻頭言」二〇〇三年三月)

『希望への教育』

中学部PTAの皆様に一冊の本『希望への教育』(R・シントラー著、神学部加藤善治教授監訳、日本キリスト教団出版局、一九九二年)をご紹介します。

本書は両親のためのガイドブック、教育のトポス論の観点から言えば、家庭における教育の問題を取り上げています。著者のレギーネ・シントラー夫人はドイツ語圏で高名な児童文学者、ご夫君はチューリッヒ大学神学部教授、教会史の碩学です。

タイトルの「希望」とは何かと言いますと、「一人一人が将来に向かって自分を明け開き、喜びと勇気をもって常に跳び上がる」ようにジャンプしながら前に向かって積極的に生きることのできる根拠です。「跳び上がる」という動詞のドイツ語はアウフヒュッペン、そして「希望をもつ」がホッヘンですから、この「ヒュッペン」と「ホッヘン」の語呂合わせが絶妙です。「希望への教育」とは、いつもピョンピョンと元気にジャンプしながら前に向かって進むことを可能にする教育を意味します。そしてここに、現代の教育的虚無主義を克服することのできる新しい地平、有限な人間を超える上からの力、上へと引っ張る大きな力の働きを信じ、求め、これに賭けてゆく一筋の道が拓かれるという提唱です。省みて、私たちは果たして自分の将来を本当に信じることのできる子どもたち、生徒、学生を育ててきたか、育てようとしているかを問われていると思います。

シントラー夫人は五人の子供を育てた母親でもありますが、子供たちが成長の過程でいろんな問題にぶつかり悩む、その相談相手をつとめながら、結局、自分にできることは、子供たちと一緒に歩む、ただそれだけだ、ということに気づいたと言われます。しかも、「共に歩む」とは、ただ歩調を合わせ同伴することに止まらないで、むしろ互いに心を通わせ、支え合う、そしてついに「一緒に祈る」ことになる。そこまで行かなければ本当は「共に」ということにならない。「親の私も弱いものだ。だから一緒に祈りましょう」と呼びかけるのです。

祈りの精神については、関西学院の創立者W・R・ランバス監督もコールレクチャーの中で次のように述べています。「祈りは人間の生涯が到着しうる最高の峰である。祈りの高き峰を登りつめることによって、人は輝く太陽の光だけでなく、そこでまた新しい幻を見、深い霊の息吹に触れる……われわれの祈りは、目的を欠くゆえに無力である。低い動機から出た祈りは、当然のこと高い目標を見失う……真の祈りは決して自己中心的ではない……祈りというスピリチュアル・トニック（強壮剤）によって、信仰が強くされ、愛が豊かに育まれる……祈りの精神を無視することは、緩慢ではあるが、確実に自殺行為を意味する……人間は祈ることによって、本当に生きることができる」。

祈りの人と言えば、私はまたあのマザー・テレサの祈りの姿を思い浮かべます。年老いた小さな体の彼女が来日した時、しきりに“Let us pray. Let us pray.”と呼びかけました。日本のマスコミが報道するとき、その大事な言葉を翻訳しないので、どれだけの人がキャッチしたか分かりませんが、彼女も霊的な巨人、祈りの人です。

祈りなき教育は、有頂天になるか、あるいは絶望するか、何れにせよ、ついに不毛な徒労に終わるのではないでしょうか。「希望への教育」、それは「祈りとしての教育」というシントラー夫人、マザー・テレサ、そしてランバス博士の熱い呼びかけに共鳴し、私からのメッセージとさせて頂きます。

（『中学部ＰＴＡだより』九十八号「院長メッセージ」二〇〇三年十二月二十日）

私の一冊

『キリスト者の自由』

（新訳）マルティン・ルター著、石原謙訳　岩波文庫、青八〇八―一、岩波書店、一九五五年一二月　二〇〇二年四月（五十一刷）

宗教改革者マルティン・ルター（一四八三―一五四六）が、聖書的「福音」の真髄を明らかにしようと意図した古典的名著（一五二一年）。ルター自身が「この書は紙片を見るだけではみすぼらしい小冊子に過ぎないが、その意味の理解される限りではキリスト教的生き方の全体がそのうちに含まれている」と語っているように、小著だが、実は重みをもつ大著である。

冒頭、キリスト者についての有名な二つの根本命題を掲げる。

キリスト者はすべてのものの上に立つ自由な主人であって、何人にも従属しない。
キリスト者はすべてのものに奉仕する僕《しもべ》であって、何人にも従属する。

私は学生時代、本書から自由と奉仕（愛）、主人と僕《しもべ》、互いに矛盾するこれら二つの命題、人間の生き方の根幹にかかわる不変のテーマをどのように理解すべきかを鋭く問いかけられ、はじめて本気で聖書の学びに向かい、少しづつ自分なりに信仰と生活の座標軸を形成することができた。本書はまた、関西学院のスクール・モットー“Mastery for Service”が二十一世紀に生きるわれわれに呼びかける事柄、その真意を極める上で最良のコメンタリーである。

（大学図書館編「私が選ぶ学生時代に読みたい一冊」、二〇〇三年三月）

震災後十年――私たちの決意

関西学院大学も阪神淡路大震災でかけがえのない前途ある現役の学生十五名を含む二十三名の犠牲者が出ました。グリーンネットワークのご好意で、今般大学神学部校舎の北側に二十三本のハクモクレンの記念植樹をいただきました。私は今朝も見てきたのですが、やがて花芽が膨らみ、新入生が登校するころには白い花を大空に向かって開いて、若人たちを歓迎してくれると期待しています。植樹の当日、安藤忠雄先生の令夫人が本学のご卒業ということもあって、記念講演をしていただきました。西宮市の上ケ原台地に建つ関西学院は、幸い活断層のラインから少しずれていたために施設、建物の損傷は軽微でした。

安藤先生は、学生たちに向かって「君たちは比較的被害の少なかったキャンパスで、しかし、多くの親しい友を失った。そのことを深く覚えて、四年間、あるいはそれ以上の年月、死に物狂いで勉強してほしい。こういう機会は生涯に一度しかないのだから、その特権を責任として受けとめ、思い切り勉強してほしい。しかし、何のために勉強するかということも合わせて考えてほしい」と熱っぽく呼びかけられました。

私たちは、この震災で多くのものを失いました。けれども、新しい経験を通して希望を抱かせた証しは、学生たちが今まで自己本位の悪しきミーイズムにどっぷり浸かっていた中から目を覚まし、ヒューマニズムの原点に回帰しなくてはならないことに気づいて、ボランティア活動にコミットし始めたことです。一月二十一日、地震から四日後に学院宗教センターに登録窓口を設け、「支援のためにボランティア活動のメンバーを募る」と呼びかけたところ、二四三〇名もの学生たちが応募してきました。そして、友を失い実家や下宿が全壊した学生たちも連日避難所に出かけ、被災者のあらゆるニーズに応えるべく様々な活動に挺身しました。翌年には「関西学院ヒューマンサービスセンター」を立ち上げ、復興支援の長期ボランティア組織として新しい出発をし、卒業生能島祐介君をリーダーとするNPO法人「ブレーンヒューマニティー」は、新潟の中越地震にも救援タスクフォースとして出動しました。

一方、教員が中心になり、これには貝原前知事の協力もいただき、「災害復興制度研究所」を学内に設置しました。宮原浩二郎教授を中心に五十名ほどのメンバーが「人間の復興」をキャッチフレーズに「災害復興基本法」の提言に向けて、今鋭意努力を傾注しております。

またやはり一九九六年には「白いリボン運動」が学生たちを中心に教職員も加わって興されました。この運動は「震災を忘れない」また「多くの人たちの協力を頂いたことに感謝する」、そしてこれから「人間として共生の道を一緒に築いていく」というキーワードを掲げてスタートし、一時活動が少し停滞しましたが、二〇〇四年から再開しました。毎年十月は「赤い羽根」の運動月間ですが、一月十七日前後から関西学院のキャンパスでは、みんながこの「白いリボン」をつけます。今日、私は胸にピンバッジを着けていますが、これは白いリボン運動の象徴であります。抽象的な議論ではなく、みんなが見える形であの大震災を想起する、忘れない、そしてどうしたら厳しい試練の中でこそ人間らしい生き方を共にすることができるかという問いをしかと受けとめてこのキャンペーンを展開しています。私たちはこうした学生たちの体験学習の輪を広げつつ、それがひいては創造的な継続性のある生涯学習プログラムとして結実することを心から願っています。これまでの安藤先生をはじめ関係者各位のご助言、ご助力を感謝するとともに、私たちの決意を述べさせていただきました。

（『震災と復興の十年そしてこれから』二〇〇六年六月）

学院の夢を大きく膨らます初等部

本日ここに、宝塚市長、島田阪急電鉄常務をはじめご来賓の方々、また地元自治会ご代表皆様のご臨席を得て、関西学院初等部の新築工事竣工感謝式を執り行うことができる幸いを学院関係者一同心から感謝いたしております。

私は六十年前、関西学院西宮上ケ原キャンパスの新制中学部に入学を許されましたが、当時の校舎や設備は粗末なもので、二年生時の教室はベニア板で隣と仕切るような状態でした。しかし、私たちは名部長矢内正一先生のもとで、キリスト教精神に基づく、それこそ命に火をつけるような熱い教育を受け、矢内先生は常々「学校は建物ではない」と喝破されていました。ところが、その後先生は英国のイートンなど名門パブリック・スクールを視察され、私たちに「教育の生命線は良き教師の感化力であるが、建物、施設、グランドを含むよい環境も教育力の一部であることを改めて認識した」と語られたことを忘れません。

一昨年九月十五日の起工式以来、実質一年あまりの工事期間中、私も何度か建築現場を訪れましたが、完成間近の先月初め、磯貝先生からグルーベル院長共々くまなく校舎内外の案内と説明を受けました。その折、先生は「日本一の施設、設備そしてチャペルが与えられ、この素晴らしい器をこれからほんとうに活かすのはわれわれ教職員の志と努力です。みんな燃えています。一丸となって大事な生徒たちと共に関西学院の夢を大きく膨らまします」と面を輝かせて語られました。

間もなく新一年生、編入学二、三年生二七〇名の生徒たちがここ関西学院宝塚キャンパスに集ってまいります。先程讃美歌二三四番をご一緒に唱和いたしました。一節「昔主イエスの播きたまいし、いとも小さきいのちの種、芽生え育ちて地の果てまで、その枝を張る樹とはなりぬ」。作詞者由木康牧師は関西学院の大先輩、日本におけるパスカル研究のパイオニアの一人ですが、一九三〇年、いまから七十八年前、この讃美歌を作られた時、母校関西学院が神戸で誕生し、芽生え育って西宮上ケ原に移り、いま神戸三田、大阪梅田、東京丸の内、そしてここ宝塚と五つのキャンパスを擁し、初等部がスタートを切るまで大きな枝を張る総合学園に発展することを果たして想像されたでしょうか。

初等部顧問をお願いしている聖路加国際病院理事長日野原重明先生の近著『90歳の私から10歳のきみへ』を読まれた方も多いと思います。日野原先生は自分の生涯の宝は、幼い時から食事の前に手を合わせて祈る習慣を身に付けたこと、そして今、子どもたちに託したいことはただ一つ、真の意味での世界平和の実現、自分は残る生涯、このメッセージを小学生たちに伝えるために全力を尽くしたいと言われ、関西学院同窓として「初等部の教育に期待しています」という熱い励ましのエールを送って下さっています。

（初等部竣工感謝式式辞より　二〇〇八年三月十日）

「実学の府」（人間福祉学部）新築竣工

本日ここに多数のご来賓ならびに地元上ケ原福祉会ご代表の皆様のご臨席を得て、関西学院大学G号館新築工事竣工式を執り行うことができます幸いを関係者一同心から感謝しております。

いよいよ四月からこの新しい立派な教育施設を拠点に展開される人間福祉学部のアカデミックミッションの理念、また新築工事完成に至る経緯につきましては、ただ今嶺秀樹副学長ならびに北和男施設部長の報告でお聞きいただいた通りであります。

嶺副学長が述べられましたように、本学における社会福祉の学統を基盤とする「実学の府」、そして「健康・スポーツ」との融合を図りかつグローバル（全球）時代が求めるリーダー育成のために、関学ならではのSchool of Human Welfare School が今新しいスタートを切ります。この後、グルーベル院長、平松学長からもメッセージが語られますが、私はここで今一度学院創立者ランバス博士のヴァンダビルト大学における「コールレクチャー」第一講「神の国」の中から一節を引きます。

今や人間の理性が唯一の真理と結合し、人間の精神が人類の福祉と共鳴し、人間の魂が神の意志と調和するような一大交響楽（シンフォニー）が全地に鳴り響く新しい時代が到来しつつある。そのかぎりわれわれは、希有な機会に際会し、曾て先例のない重大責任を担うものである。一方で善なるものを生み出す諸力が個人の生活を変革し、国家の進路を新しい形態、新しい秩序へと方向づけている。が他方で、悪に向けられた諸力が、われわれの社会と文明自体を根底から脅かしている。人類は、一方で覚醒され、他方で震撼せしめられている。よってわれわれは危機感と責任感を合わせもつことによって、ついには謙虚に跪座し、祈りへと導かれるほかはない（拙訳『キリストに従う道』、四四頁）

いま一点、北和男施設部長が報告の中で話された藤田メモリアルホールについて一言します。藤田允氏（一九二五―二〇〇五）は学院創立者ランバス監督の精神を体し、国境を越え、世界万人との自由な繋がりを大事にした「世界市民」（world citizen）、福音的信仰に堅く立つ敬虔な祈りと果敢な行動の人として八十年の意義ある生涯を全うした私たちの尊敬する大先輩であり、その生き方は関学人全てのよき模範です。それゆえこの藤田メモリアルホールが、単に学生たちの居場所を物理的に整えることではなく、ＫＧキャンパスで学ぶ若者たちがグローバル（全球）時代を力強く生き抜く清冽なビジョンを膨らます新しい「出会い」の空間として活用されることを、誰よりも天国の藤田先輩が切望されていると思います。

（G号館新築工事竣工式式辞より　二〇〇八年三月二十四日）

英国 Kingswood 校との友好提携

昨年十一月十二―十四日の三日間、英国オックスフォードの南西バースから Kingswood School の Gary M. Best 校長一行が来日され、関西学院との間に高等部を軸とする友好提携が結ばれました。Kingswood 校は、一七四八年、関西学院のルーツであるメソジスト運動の指導者ウェスレー兄弟（ジョンとチャールズ）の共働により創立された Boarding School で、英国の代表的パブリックスクールの一つに数えられる名門校です。

弟のチャールズが天性の詩人、英国を代表する讃美歌作者であった故に Kingswood は“Born in song”「賛美の共同から生まれた」学校と呼ばれ、兄ジョンの教育理念が「知」と「信」の統合を目標としたことから、Kingswood Hymn の一節に“Unite the pair so long disjoined, knowledge and vital piety”と謳われる理由も頷けます。

ジョン・ウェスレーにとっての「知識」（knowledge）とは、狭義の知見や思考能力に限られるものではなく、むしろ人間の生き方の根幹にかかわる自己理解の媒体（知恵）を意味します。他方「生きた信仰」（vital piety）とは、神の愛に依存する自己救済だけではなく、普遍的な隣人愛を通して身証される社会実践を志向します。そしてウェスレーはこの二つのベクトルの関連について端的に「愛が無ければ、すべての博識はとんでもない無知に等しい」（“Without love, all learning is but splendid ignorance”）と喝破します。ここに関西学院のスクール・モットー“Mastery for Service”の真意を考える一つのヒントがあります。

現在、世界六十カ国以上、七七五校が加盟するＩＡＭＳＣＵ（国際メソジスト関係学校、大学連盟）という同志的教育機構が既に十五年の歴史を刻み、日本からも関西学院、啓明学院、聖和大学、広島女学院、青山学院をはじめ二十校が名を連ねていますが、Kingswood School はメソジストの始祖ウェスレー自身が創立した最初のスクールで、わが国では唯一関西学院がFriendship提携校となります。メソジズムの源流に繋がる両校が、人間が根底から壊されていくような危ない時代の直中で、今一度ウェスレイアン・ヘリテイジを想起し、将来に向けての揺るがぬ希望と新しいビジョンを共有することによって、それぞれ固有のミッションを担いつつ力強く前進できることを希って止みません。

（「チャペル週報」二〇〇八年一月）

新刊紹介

『日々の祈り』J・H・ジョエット著／日野原善輔訳、（日本キリスト教団出版局、二〇〇八）

最良の「祈りの伴侶」が、今般、実に五〇年を経て新たに再版されたことを心から喜びたい。原著者ジョエット（John Henry Jowett, 一八六四―一九二三）は英国会衆派の卓越せる伝道者で、エディンバラ、オックスフォード両大学に学び、晩年ウェストミンスター・チャーチの牧師を務めた。訳者の日野原善輔牧師（一八七七―一九五八）は関西学院普通学部、米国デューク大学、さらにニューヨーク・ユニオン神学校で研鑽を積み、日本メソジスト大阪西部（現東梅田）教会、同神戸中央（現神戸栄光）教会の牧師、広島女学院院長などの重責を担い、終生わが国の伝道と教育に尽瘁された。

このほど前書きを寄せられたご令息、日野原重明聖路加国際病院理事長も関西学院旧制中学部の出身で、本書が自分にとって父の「遺品」のように思える、と真率に証言される。

「祈りは神へ上りゆく希求であり、同時に神から下る賜物」（W・R・ランバス）であるゆえに、その翻訳は容易ではない。原文に忠実な逐語訳を遙かに超えて、神の臨在体験、祈りの実践を通して確証される恵みの共有が不可欠だからである。

名説教者ジョエットと「骨になるまで伝道」に賭けた日野原牧師との間に、キリストに結ばれた者の赦しと希望、霊的な自由と喜び、新しい賛美と幻が充溢していたからこそ、このような平明でしかも聖書的、神との対話を豊かにしてくれる、私たちの魂に及ぶ切実で清冽な「祈りの書」が生まれたのだと思う。

少しずつ味読しながら、祈りが神をリアルにし、生活を明るく輝かせ拡充するまさしく「恵みの手段」（J・ウェスレー）であることを改めて思い知るとともに、私たちの祈りを妨げるものは何か、なぜ私たちの祈りが無力なのかを問われ、猛省を迫られる。

本書は「日々の祈り」であるから、さっと読み飛ばすことはできない。年間を通じ朝毎の霊的トニックである。家族でこの祈りを合わせることもできる。私の書斎机上には、日野原重明先生の日めくり「生き活き生活」カレンダーが並んでいる。敬愛する関西学院先輩父子の信仰によって生きる模範に「きょう」この一日が導かれる幸いを感謝したい。

（『信徒の友』新刊案内　二〇〇八年十二月号）

Ⅶ 対談

「学校は建物ではなく、ロマンのある場」 矢内正一

（元理事長、名誉中学部長）

闘病生活で知った〝人生〟

山内　先生、いつもお元気でいらっしゃる秘訣といいますか、積極的健康法はやはり毎朝お歩きになっていることですか？

矢内　私は十七歳で肺の病気にかかって、これがその後の生涯に決定的な作用を及ぼしたのですね。当時はストマイやパスのようなよい薬もなかったから、養生専一の生活によって病に勝つよりほかに方法がなかったのです。そのことが、私には節制の生活を身につけるよい機会となったわけです。ともかく不摂生をしないという生活の仕方が、生涯大きなプラスになっていると思うのです。他の人が徹夜で勉強していても、僕はそういう無理はしない。持久戦でやる。つまり急がず休まず、毎日こつこつと積み上げていく方式ですね。三の仕事を一挙にやる人もあるが、私の場合は一＋一＋一という形になります。病気が治ってから毎日歩き、または走るということを必ず続けることにして、それがいつか習慣となって何十年も続けていると七十八歳まで生きたということになります。やはり人間は長生きし、生涯努力を続けていくというのでなくてはいけませんね。だから私は「八十で勝負する教育」ということを言っているんです。

山内　神戸新聞に連載された先生の『わが心の自叙伝』を読み、深く心を打たれました。人間は「悲しみの中にパ

ンを食べる」体験がぜひ必要なのだ、と書かれていますが、若き日の苦しい療養を通して体得されたものが大きかったのですね。

矢内　肺の病気は不治の病とされていた時代ですから、苦しい経験でした。しかし、いま振り返ってその長い療養体験が私という人間をずいぶん精神的に鍛え深めたように思うのです。関西学院やキリスト教というものに私を近づけた契機ともなったのです。

生涯の道を決めた出会い

山内　先生が関西学院に入学されたのは大正九年ですね。

矢内　そうです。姫路中学を卒業後二年たってからです。中学時代の友人が関西学院に入っていて、彼が病気回復期の私にしきりに関西学院生活のことを書いてよこしてくれたのです。宗教的な温かな環境、英語教育のすぐれていることなど。それに心をひかれて入学試験を受けることになったのです。

山内　そのとき、口頭試問でニュートン先生と初めて出会われたのですね。

矢内　二百人の募集に対し千人ほどの受験生がいたから、ニュートン院長が全員の面接をされたのではないでしょうが、ともかく院長も自ら面接に加わるようなよい時代だった。先生はもう七十歳を越した白髪の老人だったが、私はひどく心をひきつけられたのです。

山内　どういう内容の口頭試問だったのですか。

矢内　面接自体は英語で姓名を聞いたりする簡単なものだったのです。しかし、私の心をとらえたのは、先生の風貌、会話の間ににじみ出る人間的な温かさですね。日本の青年に対する、国境、民族を超えた真実の愛情がなければ、あのような温かさがあふれるはずがない。しかもニュートン先生は一メートル九十もある堂々たる体格で非常に一徹な岩のように動かない一面を併せ持たれている。だからこういう先生に接して、何か自分が久しく求めていた人に巡り合ったような喜びに満たされたのです。

山内　ニュートン先生は、ケンタッキー兵学校出身の南軍将校だった方ですね。

矢内　アメリカ南部の野性的な、逞しい人間が神にとらえられ、献身してはるばる東洋の日本までやって来られたという印象でした。とにかくああいう人物にはそれまで接したことがなかった。私がその後ずっと関西学院に残り生涯教師として生活したのは、ニュートン先生に入学試験で出会ったことに出発点がある、そういう感じさえするのです。

山内　米国のデューク大学資料室に、ニュートン先生の日記や講義録を含む三千数百点に上るコレクションのあることが最近わかりました。

矢内　そうだってね。それは貴重だからぜひマイクロ・フィルムでコピーして、学院でも保存したいですね。

山内　ベーツ先生とはずっとごいっしょだったのですか。

矢内　ベーツ先生はニュートン先生が退任された後第四代院長になられ、私は学生時代から教師生活を通して実に大きな感化を受けました。実際、教師も学生も、こういう先生がおられるかぎり関西学院は大丈夫だという気持ちを抱いていましたね。悠揚迫らず、大きくて広くて堂々とした、キリスト教的ジェントルマンの典型のような人物でした。

私は若いときにニュートン先生やベーツ先生に接し、感化を受けたことは生涯の幸福だったと思いますが、私の性格はどちらかというとニュートン先生のタイプに近く、いつか朝日新聞の「私の会った人」の欄に登場した卒業生の詩人足立巻一君が、私のことを書き、「一徹な先生」として私の思い出を書いていましたが、これはニュートン先生の一面の影響かもしれません。しかし一徹といってもスケールが違います。

学院を拓いた指導者群像

山内　後に先生が出会われたキリスト教指導者の川合信水先生とか学院の吉岡美國先生（第二代院長）も日本の武士道的な修練を重んじられたという点では、どこかニュートン先生の厳しく融通のきかぬ南部魂と相通じるタイプのように思われますが。

矢内　そういうことが言えます。私が吉岡先生に親しく接したのは先生の晩年近くでしたが、あのように見事な日本人であって、しかも同時にすぐれたキリスト教徒であった吉岡先生のような方と、もっと早くから近い関係にあれば、どんなに大きな影響を受けたことかと思うと残念でならないのです。

山内　ほかの先生方の思い出をお話しくださいませんか。

矢内　河上丈太郎先生とか英文学の佐藤清先生などは好きな先生でしたね。佐藤先生には教室で講義は受けなかったのだけれど、礼拝でたびたび話を聞いて深い影響を受けました。「人間として尊いのは、真理を愛する学者、善を行う善人、そして美を追求する芸術家、これ以外の人間は人間というにはあまりに遠い」というようなことを、自分の信念として話されました。

山内　ベーツ先生が、東大の新人会のメンバーだった佐藤先生をはじめ、小山東助、河上丈太郎、新明正道、松沢兼人などキリスト教を理解し、しかも第一級の学者である先生方を学院に招聘されたのですね。

矢内　私が入学したころ、小山先生はもうおられなかったが、河上先生はまだ若く、雄弁をもって学生を強くひきつけてミッション・スクールとしての学院精神を大いに高揚された。「東大には多くの秀才がいるかもしれない。慶応の図書館には万巻の富に関する書物が積まれているかもしれない。しかし、マスタリー・フォア・サービスというような高いモットーを掲げている学校がどこにあるか」と学生を励まされたものです。もう一人、のちに神戸一中の校長となられた池田多助先生がおられて、やはり勉学、スポーツ、そして宗教にわたる学生生活の理想を指し示された。だからこういう先生方に導かれて私の学院における学生生活は、学問の喜びを教えてもらうとともに人間の生き方の問題を深く考えることのできた実に恵まれた四年間だった。

山内　河上先生も『学院十年』と題する文章の中で、「私は学問的業績を遺さなかったことを学徒として恥じるが、しかし多くの若き終生の友を得たことを喜ぶ」と書かれています。

よきライバル校、神戸高商

山内　ところで、当時神戸高商（現神戸大学）と関西学院との対抗意識は相当なものだったと聞いていますが。

矢内　そうなんです。私が入ったころは文科と商科を持つ専門部ができて九年目で、ちょうど好景気の時代で関学もぐんぐん発展していった時代でした。加えてすぐ隣に、当時東京高商（現一橋大学）と並ぶ全国でも有名な神戸高商があり、スポーツでも神戸高商は全国的に活躍していましたが、これに追いつけ、追い抜けということで、急速にスポーツも強くなったのです。大試合になると全校をあげて応援する。そのことが学院全体を非常に活気づけ、しかもわれわれは神戸高商とは異なる独自の建学精神を持つのだという気持ちから愛校心に燃えていたのです。

山内　よきライバル校を持たないとダメだと先生も言われますね。

矢内　だから中学部でも甲陽との試合を始めたわけです。互いに力を鍛え、ぶつかり合うことは青少年教育としてすばらしいことですが、ただ勝つだけが試合ではありませんね。ラグビーで試合終了のことをノー・サイドといいますが、これは実にいい言葉ですね。オックスフォードとケンブリッジの数百年にわたる伝統のボートレースも、どんなに両大学を活気づけ、どんなに大きな教育的意義を持ったか、計り知れないと思うのです。

学校というのは建物ではなくて、ロマンのある場なのですね。学問はもちろん大切なことだが、スポーツ、芸術、学生会活動、そして友情、そこにスクールライフがある。そういうライフのない学校生活には意味がないと思うのです。そういうライフなしに一流大学に入り、一流会社に入ってみても、それは「悔いなき人生」であるかどうか。

魂に語りかける宗教教育

山内　先生はご著書『一隅の教育』の中でも、学校教育の一つの理想としてイギリスのパブリック・スクールのことを書いておられますが、いつごろから、どういうきっかけで関心をお持ちになったのですか?

矢内　それは中学五年生になったとき、英語の教科書に『トム・ブラウンの学校生活』からとった、"First Night At School" という一課があって、それが忘れ得ぬ印象となり、舞台であるラグビー校とかアーノルド校長などが教育のあるべきイメージとして、自然に私の中に入ったのです。

山内　その物語の内容を少しご紹介くださいませんか。

矢内　それはね、ラグビー校の寄宿舎の物語で、トム・ブラウンという生徒が寮母さんからアーサーという新入生の世話をしてやってほしいと依頼される。ところが寄宿舎での第一夜、その小さいアーサーが寝る前に幼時からの習慣でひざまずいてお祈りを始めるのです。アーサーは母親からキリスト教的なしつけを受けていて、「どんなことがあっても夜寝る前には祈りなさい」と教えられていたのです。ところがそのころのラグビー校はアーノルド先生が就任する前で、上級生が下級生を鉄拳制裁したりして、お祈りなんかを軽蔑する間違った風があった。それで一人の乱暴な上級生が祈っているアーサー少年に靴を投げつけるのです。それを見たトムが猛然と飛びかかって、大ゲンカになる。監督の上級生が入ってきたので皆あわててベッドに飛び込むのですが、トムはなかなか眠れない。「自分が守ってやらなければどうにもならないほど弱いアーサーが、このように皆の面前でお祈りをしたではないか。だのに、自分は母との約束を破っていつしか祈りの生活を忘れてしまっている。母を裏切り、神に背いた卑怯者だ」と考えるとたまらなくなって、彼はベッドの中で泣きます。そして「僕も明日からは必ずお祈りをする」と決心して、翌日みんなの前で断固ひざまずいてお祈りをするのです。アーサーもそれにならって祈ります。他の生徒たちはトムの気迫にのまれて誰も何も言う者がなかった。そしてその後だんだん祈る生徒が増えていき、ラグビー校全体が変わっていった、というような話です。「弱い自己に勝つ者は世に勝つ」という言葉があって私の心に深く残っています。

山内　名校長アーノルド先生の教育理念というのも、やはりキリスト教的なものですね。

矢内　一言で表せば manly piety（男らしい宗教心）ということになるでしょう。とにかく私が関西学院で青少年の教育の責任を負うのなら、やはり、学問とともにスポーツとキリスト教を中心においたアーノルド先生のような教育をやりたいと思ったのです。だから、山内君が中学生のころは、私も若かったし相当厳しい教育をやったわけです。

山内　ギリシャの教育理念には「下から」の能力開発という強調がありますが、聖書では「上から」の人格形成が重視されております。上からの働きかけとしての神の下に人間が正され、陶冶されるという理解です。

矢内　その「上から」という観点は私も大事だと思うんですね。パブリック・スクールの教育で一番ひかれたのも、やはり柔らかい純な若い魂の中にキリスト教精神をしみ入らせることの深い意義なのです。そしてアーノルド先生のようなすぐれた宗教的人格による生徒の人格形成ということです。

山内　教育の原理はドイツ、方法・技術についてはアメリカが強い、しかしその基礎になる人間観ということになると英国人の見方、考え方が無視できないという専門家が多いですね。

矢内　どこの学校を出たかではなくて、What is he?（どういう人間か）を一番問題にするのは英国人だといわれます。アメリカでは What can he do?（何ができるか）、ドイツでは What does he know?（何を知っているか）、という発想になる。むろんどれも必要な要素なのだけれど、教育の本源ということになると、やはり「どういう人間か」という問題に帰るのではないでしょうか。だから学問もスポーツも結局は人間教育という観点から位置づけられるし、そこで、宗教の問題ともつながってくるわけです。

山内　先生のお話の中にイギリスの学校のプリーフェクト（prefect＝監督生）のことがよく出てまいりますね。

矢内　プリーフェクトに選ばれれば最優秀な生徒として認められ、大学へも優先入学になるといわれますが、牛島義友先生の『西欧と日本の人間形成』によると、「何を基準にしてこの名誉あるプリーフェクトを選ぶのか」という牛島先生の質問に対して、「成績で選ぶ」と答えた校長は一人もいなくて、みな異口同音に「グッド・キャラクター（すぐれた人物）だ」と答えた、というのです。ではその「グッド・キャラクターとは何か」と聞くと、「サービス（奉仕）のできる人」ということで、「結局英国の人間形成の教育の根本にはキリスト教的ヒューマニズムがあるのだ」と牛島先生は要約しておられるのです。こういう「全人教育」の行き方が日本ではなかなか受け入れられないのが現状です。

建学の精神に未来を見る

山内　昨年でしたか、永井道雄氏が大阪ＹＭＣＡの九十周年の記念講演の中で、これからの教育は人間が「知力・体力・気力」の全体を完成させてゆく教育でなくてはならないと強調して、暗にＹＭＣＡのシンボルマークに表わされているマインド・ボディー・スピリットの調和という理念をもちあげておられましたが、この「気力をつける教育」という表現に妙味がありますね。

矢内　それはファイティング・スピリットということでもあり、たしかに逞しいバイタリティーといったものが今日の教育の中で欠けているのですね。豊かな社会になって人間がみなふやけたような状態になり、強靭な粘りというか苦難に耐える精神力がなくなっているのではないか。

山内　スピリットという概念は宗教的にも用いられます。人間の「霊」とか「魂」とも訳されますが、知力と体力を正しく統合する要としての気力を充実させる教育が求められていると言えましょうか。

矢内　かつてライシャワーさんは日本を「世界でもっともアライブな（活気のある）国だ」と言って激賞したことがありますが、その活力というかバイタリティーというか、これを養う教育は絶対必要だが、今それがないと思う。もっぱらマネーとセックスにしか興味がなくて、世界中を荒らしまわるのが日本人だ、ということになると、これは大変です。

山内　私も二年前、香港で開かれたアジアの若い神学者の会議に参加して、日本人の経済力や技術革新という面での評価が高い一方で、日本人自体が信頼されていない、愛されていないということが痛いほどわかりました。

矢内　日本人が愛されていない、これほど悲しいことはないし、そこがこれからの教育の最大の問題ですね。犬養道子さんは『母国への訴え』という文に、「いったい日本人はこれからの世界をつくりあげるための協力者となってくれる相手だろうか」という疑いが欧米人の心にある、ということを書いておられましたね。日本はもはや世界を離れて存続することが不可能なのだから、私益、国益を超えて他の国々、世界万民と相寄り相協力してゆく道を真剣に求めるよりほかはないでしょう。

山内　建学の精神に照らして言えば、人間のエゴイズムというものを克服する、少なくともこれと格闘する意志の鍛練と申しますか。

矢内　そういうことですね。そのためには学校での教育が大切であるとともに、幼時からの家庭教育が大切です。高見沢潤子さんがアメリカの良家を訪問してまわったところ、これらの良家の子弟は、小さいときから、“Please.”“Thank you.”“Excuse me.”という三つの言葉を必ず言えるように徹底的にしつけられているということでした。それが漸次意識のなかに定着して、自分勝手な振る舞いをするのではなくて、他の人間といっしょに生きてゆくマナーとか、思いやりとか人間としてもっとも大事なものが徐々に形成されてゆくわけですね。そしてもう一つは、そういう家庭では子どもが貯金をするときに、その一部を別途の貯金として積み立てさせ、クリスマスに自分たちより不幸な人々のために献金させているということでした。こういう一つの方向性を持った家庭教育をやることの意味ですね。これは決して小さなことではない。もし勉強だけをして受験戦争に勝って、よい学校に入ることが教育のすべてであれば、それこそエゴイスト養成に終わってしまう。

山内　総理府の青少年白書を見ましても、人生観や価値観は相変わらず「趣味にあった快適な生活」というところに集まり、「社会に仕える生き方」には関心が乏しい。中・高生の読書量（雑誌は別ですが）も減少し、宗教への関心は一割程度ですね。こういうデータを見るにつけ、今日の教育が青少年の魂に及んでいないという事実に震撼せしめられます。

矢内　だから、日本は教育を考え直さないとだめなんだということについて、今社会の第一線で活躍しているすぐれた実業家たちも、世界の情勢を見て危機感を持って警鐘を鳴らしている人が多いですね。教育界の人々は生きた社会から離れているので、うっかりすると危機感が乏しいという危険もありますね。ともかく関西学院の「建学の精神」のような教育がいまの日本には必要で、関西学院もますます深く原点に立ち返る必要がありますね。

可能性に満ちた学院の教育

山内　もう一つ学院教育の特色として英語教育の重視があげられますね。

矢内　国際化時代に入った今日、世界市民として日本人の長所を発揮するといっても、コミュニケーション能力がなくては不可能ですからね。しかし関西学院の卒業生で海外で活躍している人たちはすばらしく言葉ができる人が多いですね。

山内　語学教育も単なる技術教育を超えた広義の人間教育という意味を持っていますね。

矢内　一つの言語をものにすることは、その言葉を用いている国民を知り、その文化を深いところから理解するということですからね。そしてやはり語学をマスターする過程の中で持続的な忍耐力や集中力というものを身につけることができるわけです。特に学院の高中部は受験勉強を強いられるということがないのだから、英語教育は思い切って厳格にして、そして大学では確実に第二外国語をマスターするということにしたいものですね。

山内　一貫教育が安易な方向に傾かないためにそういう面で懸命の努力が必要ですね。

矢内　そうです。一貫教育の長所はたくさんあるのだから、その長所をうんと伸ばすとともに短所をどのように克服してゆくかという課題ですね。やはり一言でいえば、厳しい教育ということでしょう。知育、徳育、体育にわたってこれだけのことはどうしてもやらないと絶対に容赦しないという厳しい教育態度が必要でしょうね。十年間、単にのびのびとした楽しい学生生活の場を提供することが一貫教育ではないわけですから。やはり人間は、自分の前に横たわる障害を乗り越えてゆくことによって実力をつけてゆくほかはない。自分に力がなければ、他の人々のために奉仕することもできないわけですから、結局「マスタリー・フォア・サービス」という一句に尽きることになりますね。奉仕という高い理念を深く身につけ、それに必要な実力を困難に耐えて養っていくということですね。

〈この対談は、もと『クレセント』第二号、一九七八年六月に掲載、『〈一隅の教育〉にかく学んだ』関西学院中学部、二〇〇五年三月　に再録されたもの〉

「確かなものを求めて」　最相葉月

（ノンフィクションライター、一九八六年法学部卒）

関西学院は、百余年前の創立当初からミッション・スクールとして賛美歌やオルガンの音が自然に流れ、音楽の浸透にも貢献してきました。今もキャンパスに響き渡る賛美歌は、学生たちの心を豊かにし、やさしく包み込んでいます。

ベストセラー『絶対音感』の著者である最相葉月さんも、本学で自然に音楽に囲まれた四年間を過ごされました。その時育まれた感受性が、ノンフィクションライターとしての探求心や向上心の根底にあるため、『絶対音感』も多くの人々の心に共鳴したのではないでしょうか。

そこで、最相さんと本学院長の山内一郎が、関西学院のもつ音楽世界をテーマに心のありようについて語り合いました。

（広報室編集部）

知覚の世界と心の扉

山内　最相さんの『絶対音感』が小学館の二十一世紀国際ノンフィクション大賞を受賞され、三十五万部を超えるベストセラーとなって大反響を呼んでいます。そのタイトルから、文学部で音楽美学を専攻されたのかと思っていたのですが、法学部のご出身なんですね。

最相　そうです。音楽はもともと専門でもありませんし、幼いころから特別な教育を受けていたわけでもありません。「絶対音感」という言葉を初めて聞いたときに、その響きに違和感を感じました。「絶対」というかなりインパクトの強い言葉が人間のあいまいな感覚の言葉についておりますので、それはいったいどういうことなんだろうと、言葉のインパクトから入り込んでしまったという感じですね。

山内　密度の濃い「音楽のサイエンス」であり、哲学も含んだ硬派な書物だと思うのですが、どうして三十五万部もの多くの人たちの手に渡って読まれているのか。著者としてはどういう感想をおもちですか。

最相　もしそれがわかっていれば、次もベストセラーになるはずなんですが（笑）。去年、なぜこれほど売れたかという質問を何度も受けましたが、それは著者が最もわからないと思うのです。私のように言葉に引っかかったという人たちからもお手紙をいただきましたし、もっと単純に音楽教育、早期教育ブームの中の一つの、誰もが飛びつく言葉であったことも確かなようです。たまたま行った地方の町で、つまりまったく自分のあずかり知らないところで読んでいらっしゃるかたに出会ったときに、その部数を実感しました。そのときに思いましたのは、非常に混沌とした時代の中で、皆さん、これは確かだという手がかりがほしいという気持ちに、それは私もそういう気持ちで書き続けていたわけなんですが、そういう思いにいわば共振してくださったのかなと。

山内　確かに、みんなが何か「根拠」を求めているんですね。ひょっとしたらここに一つのヒントがあるのではないかという期待がある。「絶対音感」の定義といいますか、ここで著者ご自身から紹介していただけたらと思いますが。

最相　結論からいいますと、定義はないんです。辞書を引きますと、いきなり音を聞かされたときに、手がかりとする基準がなくとも、その音が何であるか、つまりドレミファソラシドの中の、例えばラであるとか、ミであるとかを聞き分けられる感覚と書かれてありました。音楽辞典上の定義はそういうことですね。ただ、それがなぜ「絶対」

なのかという疑問から私の取材の旅が始まったわけです。

山内　目次を開くと、たいへん文学的な章立てのタイトルが出てきますね。まずプロローグで「絶対は本当に絶対なのか」という問いが設定されます。そして、エピローグを踏まえて、あとがきの一番最後の言葉「絶対は私の中にあった」。この二つの枠組みを念頭に置いて目次を見ていくと、考え抜かれたみごとな構成になっているなと思いました。つまり、本当に絶対なのか。一方では絶対を求めるわけですね。しかし、あなたの最初の問い、その問いに対するあとがきにある答えがどうして出たかという理由が全巻を通して展開されているように受け取れます。ですから、第一章では、絶対音感というのは、別の表現では「人間音叉」だと。そして、第二章に移るところで、「絶対音感の知覚の扉を開く」と幕が上がっていくわけですね。そして最終章の第八章には「心の扉」というタイトルがついています。これもたいへん象徴的ですね。つまりこの本のなかで、最相さんは「絶対音感」を媒介にして、「知覚」と「心」の二つの扉を読者のために開いてくださったという理解もできると思います。

最相　どうもありがとうございます。書いている最中はあまり客観的に物事が見られないものです。のめり込んでしまうと危険だという状況です。

山内　しかし、のめり込まないと書けないということもあるでしょう。

最相　そうですね。だからでしょうか、タイトルも試行錯誤はありませんでした。パッと浮かんでそれを書いたという状況で、そういうふうにおっしゃっていただくと、なるほどそうなっているなと今初めて思いました。書いている最中は何かに突き動かされて書いているような状況でしたね。

山内　そこがすごいところだと思います。書くエネルギーというのは内側から湧き出てくるものですね。外側からの呼びかけにおのずと開かれていくプロセスというか、知覚の領域というのは、対象化した客観的な一つの距離をもった世界だと思います。しかし、「心の扉」とあなたが言い表されているのは、知覚に対して言えば、直覚ということですね。理論とか、言葉というものを超えたところに直接性という地平がひらかれて、そういう次元と音楽の問題は切り離せないということでしょうね。

音楽の原点に讃美歌

山内　『絶対音感』の取材であなたがインタビューされた人名リストが巻末にありますが、これはたいへんな数だし、専攻領域も非常に範囲が広くて、こういう方がたに出会われただけでも貴重な経験だと思います。また、参考文献のリストに登場する山田耕筰さんは、明治三十年代に関西学院の普通学部本科に入学されたんです。処女作が「マイ・トゥルー・ハート」という混声合唱の曲ですが、それは関西学院時代に作曲されたものです。

最相　そうなんですか。中学時代は関西学院におられたのですね。

山内　山田さんはおもしろいことに、グリークラブと野球部の両方に所属しているんです。後に東京音楽学校に進み、それからベルリンに留学されました。中学時代に関西学院のチャペルで讃美歌を歌っています。ですから、きっとオルガンとか讃美歌が山田耕筰の音楽の世界を形づくる基礎の一つになっていると思います。関西学院には音楽学部がありませんので、音楽の専門家を多くは輩出していませんが、アマチュアで活躍している人はかなりいます。いわゆるミッション・スクールが明治以来担ってきた役割の一つに、西洋音楽を讃美歌などを通路にしてずいぶん浸透させたということがあると思います。

最相　先生も教会でオルガンを弾かれることがあるそうですね。

山内　ええ、我流ですけど。

最相　私も日曜学校でオルガンを弾いていたことがあります。それは本当に我流で、「許すため」ですとか、「ハレルヤ」ですとかを弾いたのを覚えています。神戸の教会でしたが、家にピアノがなかったので、日曜学校で弾くのが楽しくて、お恥ずかしいのですが、信仰は全然深くなくて、ただ行ったらみんなと話ができる、オルガンが弾けるということだけで通っていたんですけど。

山内　日本のクリスチャン人口というのは極少のマイノリティーですが、聖書を読んでいる人口、讃美歌人口というのはとても裾野が広いと思います。いつか指揮者の小澤征爾さんが、あなたの音楽の原点は何ですかというインタビューに対して、「実は自分の母親が幼いころ讃美歌を歌っていた」というんですね。現行讃美歌では三一二番の「いつくしみふかき」という歌です。山田耕筰作曲の校歌『空の翼』はみんなよく知っていますが、もう一つ、英国の高名な詩人エドモンド・ブランデンさん作詞の、『A SONG FOR KWANSEI』という英語の校歌があります。ご存知ですか。

最相　グリークラブがよく歌っていましたね。

山内　これも山田耕筰による名曲ですが、旋律が洗練されすぎて歌いにくいためか、あまり学生諸君の間でポピュラーではないのがとても残念です。歌詞もすばらしいのです。

模倣から新しい力をもつ創造へ

山内　最相さんは「絶対音感」というものは、音楽のプロの人々には確かに有利ではあるけれども、それだけで十分かという問いとともに、音楽のもっと豊かな深みの次元にまで分け入っておられる。音楽と人間の心の結びつきですね。これはある意味では謎です。しかし、謎というのは不可解ということではなくて、私の言葉でいうと不思議ということですが、人間の思議すべからざるもの、つまり理屈や議論を超えたものである。そういうことについていろいろ考えるヒントがこの本から与えられると思います。

最相　人間は誰しも生まれてくるときには何も色がついていません。すべてのことに対して、心も目も耳も開かれているんと思うんです。しかしこれが次第に、日本の、兵庫県の、西宮市の何とか町で生まれ育った、そういう環境や土地の風習から影響を受けてくる。目の前にいる親、さらにはテレビや新聞といった情報、そして学校に通えば友だちの影響などもある。いろんなコミュニケーション、人と人との関係によって、もともとはすべてに対して開かれていたものが少しずつ何らかの枠組みで方向づけされていく。それは自分の意思である場合もありますし、他者との関係で形づくられて道が決まっていく場合もあります。これが絶対だろうと思って道を歩いていたところ、違うところから何かを揺るがすものが現れるといったんそれが崩れて方向が変わっていく。そういういろいろなところをくねくねとさまよいながら人間は生きていくと思うんです。絶対音感というのもまたまたその中の一つの要因です。日本人というのは型から入るとよくいわれます。模倣というのは決して悪いことではありません。それは伝統文化を保存するための一つの手段ではあったわけです。しかし、模倣することが必ずしも百パーセント良いというわけではない場合もあります。音楽は特にそうです。型だけを伝授され、それを完璧に演奏しても何かが足りない。指が非常にはやく動くとか、極端に耳がいいとか、外からはすばらしく見えるものですから、それを獲得することだけに必死になって、心の余裕が本人にも親にもなくなる。その先にこそ本当につかまなくてはいけないものがあるのに、その一歩手前で右往左往している。それは必ずしも音楽だけに限る問題ではないんですね。

山内　大事なことをおっしゃったと思います。絶対音感というのは、一つの基準に合わせる形、それはイミテーションつまり模倣という部分ですが、模倣自体の否定ではなくて、イミテーションが同時にクリエーションになる。その創造的次元にいつどのように飛躍できるか。それが問われているのではないか。単なるイミテーションだったら、見ても聞いても魅力がないと思うんです。ところが、イミテーションがクリエーションになるときには相手に何か新しい力が吹き込まれるようなことが起こってくるのではないか。音楽の国際コンクールなどで日本人のテクニックは完全だ、しかし、何かが欠けているとよくいわれます。それはなかなか一朝一夕に身につくものではなくて、時間あるいは経験というういろんなものが重なって生み出されていく持ち味だと思うんです。

絶対と相対との個性的調和

山内　私はＹＭＣＡの逆三角形のシンボルマークが好きなんです。三角形というのは力学的にいっても安定するでしょう。ＹＭＣＡでは、ボディ、マインド、スピリットと言います。今の時代の問題というのは、ボディとマインドつまり脳と体とがバラバラになって、それが社会的な病理現象と化しているところに見られると思うのです。ですから、ＹＭＣＡの三角形でいうスピリットの次元ですね。これが人間の生の機能でいえば、ボディとマインドというものを統合していく機能を担っていると思うのですが、音楽を含む芸術や宗教はこのスピリットの領域につながっている。ですから音楽は、単なる音響学の科学的な分析で決着のつかない人間の深みの次元を含んでいる。そして力をもっている。そういう問題が関西学院が目指している「全人教育」という理念と無関係ではないと考えています。

最相　私は現在はバイオテクノロジーをテーマにして取材しています。一昨年、イギリスのロスリン研究所でクローン羊のドリーが生まれました。そのドリーを取り上げたイアン・ウィルムットという学者が来日されたときにお目にかかって話を伺いました。まさにいま先生がおっしゃったようなことをぶつけてみたんですね。ただ、その科学者の目的というのは純粋にある病気を救うためだったんですが、ドリー誕生後の二年間、世界中で巻き起こっている議論は、これが果たして人間に応用された場合にどうなるだろうかという一点に集中しています。つまり、今までＳＦで語られていたクローン人間が、現実に可能性があるものとして目の前に提示されたときに、教会、宗教学者、倫理学者、もういろんな方が発言され、これはどういう問題を提起するかということで論争があったんです。

科学も一つの人間の営みですし、音楽も人間の営みです。ほかの動物は音楽を奏でることはできない。それをわれわれがあとから音楽だとか科学だという枠組みでネーミングをしただけで、そこに区切りはないと思うんですね。同じ人間がやっていることを理解できないはずはないという希望でもってクローンの問題とか、音楽の問題をあらためて見ていくときに初めて、そこからはみ出たおかしいことが徐々に排除されていく。その改めて見るときの手がかりとなるのが、先生のおっしゃいました、それぞれの人間の根幹にかかわる心の中の思いであると思います。人間一人ひとりの心の中で、きっとこれだけは譲れない何かをつかめたときに初めて事の真相がクリアに見えてくるのではないかと思います。

山内　関西学院のキャンパスには朝とチャペル前と学生諸君が下校するときに中央芝生の時計台からチャイムが鳴り響きます。覚えておられますか。讃美歌のメロディが流れるんですね。これも目に見えないけれども、教育環境の大事な要素なんです。関西学院の教育活動の中にはチャペルアワーがあって、オルガンの音色が響く。オルガンの音というのは地味だけれども、ある種深みがあるでしょう。それが、豊かな人間性の涵養と決して無関係ではない。最相さんの『絶対音感』にも現代日本の教育界に対して問いかけるメッセージが響いていますね。

最相　結果的にそうなってしまったんですね。最初は非常に個人的な動機でした。

山内　ＮＨＫ－ＢＳのクラシックアワーを毎朝聞いているのですが、ドイツのオーピッツというピアニストが、ベートーベンの音楽の本質は何ですかという質問に対して、「深い意味での呼びかけだ」と言いました。ベートーベンの音楽はそういう力をもっている。今、人間性というものが破壊されていく時代のただなかで、あなたの言葉で言えば、「自分のなかにある絶対」の崩壊がどういうふうに再生されていくか、そのプロセスの中で音楽というものが重要な役割というか、無視できない作用を及ぼすということですね。ですから、今は音楽から離れているとおっしゃったけれど、ぜひこのテーマをライフワークの一つにしていただいて、みんなが夢と希望をもって生き続ける力が出てくるような、そういうメッセージをどんどん発信していただきたいですね。

最相　そうですね。なかなか厳しいですね。結局は自分自身ですから。

山内　繰り返し言われるように、「絶対」というのは排他的な原理主義に陥るとだめですね。そうではなくて、自分のなかに、哲学的に言えば主体性をもつ。しかし、他者に対してはいつでも柔軟な開かれた態度で向かい合う。これをあわせもっている。音楽でいうハーモニーですね。そういうものを今の時代は求めているのだと思います。

最相　しかも、主体性というのは日本人にこれまで一番欠けていたところですから。

山内　そうですね。それぞれの人間らしさ、個性ですよね。有名な聖書の中のイエスの言葉ですが、「自分自身の内に塩を持ちなさい」と言われる。これは主体性とか個性です。しかし、塩というのは固まっていては意味がないので、自分の中に塩の味をもっているけれども、できるだけ他の人と和らぎ、「互いに平和に過ごしなさい」と呼びかけられます。ここが非常に大事なところで、絶対と相対というのは座標軸の縦と横だと思うんです。一方だけではだめなので、どういうふうに縦軸と横軸を自分なりに個性的に調和させていくか。そうするとこれはもう音楽だけの問題ではなくて、人間の生き方の根幹にかかわる問題ですね。

本日はありがとうございました。

（関西学院通信『POPLAR』二十四号　Spring 一九九九年）

「思想と教養と大学改革」鶴見俊輔

（哲学者、ハーバード大学卒、『鶴見俊輔集』全十二巻他）

「校舎があって、教室があって、そこに一定時間に学生が集まって、先生が何かしゃべって、学生はノートを取って、一定期間がたつとテストをして、何か資格を与えるというような大学はもうそろそろ終わりというか、あり方を変えなくてはなりません」。立花隆氏は、その著『東大生はバカになったか』にこう書いている。立花氏の言葉は、学生の内発的な学習意欲をかきたてる魅力のある大学への脱皮を促している。その手がかりを求めて哲学者の鶴見俊輔さんと山内一郎理事長、院長が昨年十月京都で対談、混迷する大学改革のすすめ方などで意見をかわした。思想や教養が乏しくなった今、二人が一致したのは思想のルネサンスだった。

（司会・構成は古森勲広報室長）

思想・哲学が貧困な時代

――思想や教養が乏しい時代といわれます。それを育む大学は、いま競争原理の徹底、効率を厳しく求められ、理想と現実の間でもがいています。こういう時代の大学像はどう描いたらいいのでしょうか。

鶴見　非常に違う話みたいだけれど、「ランチの女王」というテレビドラマがあったんです。若い男の子が娘さんをものすごく気に入ってしまってギューっと抱きついてキスするんですね。娘さんの目は開いたまま…。しかし、パッと振りほどくと逆に向かって駆けるんですよ。ものすごい勢いで駆け去っていくんですね。ところが五十メートルぐらい走るとグルッと向き直って、その若い男の方に全速力で駆けて戻ってきて、茫然と立っている男の胸にガーンと頭突きをくらわすんです。男はステーンとひっくり返って背中を打って起き上がれないんですよ。おもしろいと思ったね。逃げるんではなくて向き直って、全速力で駆け戻って来るんですよ。そして頭突き。ああ、これだなと思ったね。

つまり現在をとらえるためには、まず勢いよく過去に向かってかなり深く駆けていき、何かをつかむんです。それで力を得て、現在に駆け戻ってくる。その駆け戻ってきた現在が問題なんですよ。バーンとぶつかって倒してしまうんです。そのぐらいの力を大学は持っていなければいけないんですよ。だけど今、その力を持っていて発揮できる大学って、どれだけあるでしょうね。日本の大学の歴史は一四〇年間ですが、明治維新前を考えている人は少ないですね。

山内　おっしゃるように、今日本の大学に一番欠けているものは思想性と言われます。「思想」の二字は、両方とも「おもう」ですが、その思いを自分の中で深めていく、あるいは高めていく。それがただ観念的に概念をいじくり回すのではなくて、対話が成立するような一つの想像力の世界というものが根本にあって、それが健全な対話というものを導いていく。何かそういうものが日本の高等教育機関の土壌に欠如している。それがひいては現代の学生に対してもなかなか思想的な訓練を施すことができない致命的なことではないかと思います。

今世界は混乱状態だけれども、これから何年か先には、人類みんなが国家とか民族という壁を越えて、ワン・グローバル・ヴィレッジというものを形成する。そういうことをイマジンしてみる。そしてその実現のために何ができるか、今何をしなければならないかということを思いめぐらす。そうすることによって講義を聞いたりゼミに参加する自分のスタンスが決まるのではないかと思います。

鶴見　そうですね。明治の人間というのは、すべて重大なものは自分たちがつくったと思いたいんですね。だから、明治以前のことを欧米人に聞かれると、大変に困って「いや、あれは野蛮な時代だった」というようなことを言うんですね。だけど、幕末から明治にかけて二つの時代を生きてきた人たちというのは、ちょっと違うんですよ。

私は、ちょうど戦争が終わったころに、古い人では百歳ぐらいの人のインタビューを続けたことがあるんですよ。そのとき私は、一衣帯水の分水界を発見したんですよ。それは日清戦争以後に育った人と、それ以前を経験している人は違うということですね。私が会った人は、若槻礼次郎、池田成彬、石川三四郎、尾崎行雄、御木本幸吉らです。幕末の文化を持っている人ですよ。

一八五三年から日清戦争ぐらいまでは、貧困の日本をどうしたらいいかという問題を考えていた人たちがいた。そのような人がどこで終わったか。一九〇五年だと思いますね。日露戦争を負けずに終わらせたのも、その人たちの知恵なんです。それ以降日本が世界の大国になったという幻想が続くんです。敗戦はそれにひびを入れた。だけどマッカーサーは、日本の力を利用して文部省、東大、天皇制というアメリカにないシステムを利用した。しかし朝鮮戦争以後、日本は元の考え方に戻り、大学も元に戻った。

山内　幕末から明治にかけては和魂洋才というスローガンが掲げられましたが、これは積極的な意味を持っていたのでしょうか。

鶴見　持ってたと思いますね。これはやっぱり魂の所在を言い当てているのではないですか。

山内　少し時期がはずれますが、日本の代表的なキリスト者の一人に内村鑑三がいます。内村は、高崎藩の出身で武士道を身につけた上で、メソジスト派の宣教師ハリスから洗礼を受けクリスチャンになりましたが、ある意味でアメリカをキリスト教国として理想化し過ぎてアメリカに渡りがっかりした。しかしアマースト大学とハートフォード神学校を出て日本に帰ってくるわけです。

内村は日本的なスピリットと、キリスト教というものを、何とか自分の中で統合しようと努力した人物だと思います。ですから、二つのJ、つまりJesusとJapanを単に対立関係ではなくて、また安易な一元論でもなくて、緊張の解けがたい中で両者を意味深く統合しようとした。

鶴見　そうですね。それは文章の力でしょう。太田雄三氏によると、内村は、一遍日本語を忘れた時代があって、内村全集を見ると、英語で極めてたくさん書いているんですね。

山内　「How I Became a Christian」も、はじめ英語で書かれたものが日本語に訳された。

鶴見　それ、偶然私がハーバード大学にいた時に見つけたんですが、ウィリアム・ジェイムズが愛読しているんですよ。ジェイムズが「How I Became a Christian」を読んで感心して友だちに勧めたんです。それを借りて読んだ友だちがものすごく感心して書いた手紙がハーバード大学の図書館にあるジェイムズの蔵書に挟まれていたんです。ここに何かあるということを文体で感じさせる。彼の書く日本語はまたゴツゴツしたすごい文体でしょう。大変なもんですよ。

山内　ジェイムズやデューイに代表される健全なアメリカのプラグマティズムと、いま日本の大学が求める有効性とか効率というアカデミズムとは異なるものだと思うのですが。

鶴見　日本の思想史を考えた場合、夏目漱石と柳宗悦と西田幾多郎は落とせないでしょう。三人とも最初に出てくる力は、ジェイムズの読みから来ているんですよ。

山内　その力というのは、西田哲学でいう純粋経験とか直覚に結び付き、ジェイムズの宗教体験がやはり同質のものということになりますね。

鶴見　西田は金沢の旧制第四高等学校にいた時ストライキをやって放校されたんですよ。それで東大に入ろうと思っても入れないんです。それで専科に入ったんです。専科は、図書館の本は借りれるんですが、読むのは廊下の机でしか読めないんです。図書館から借りてきた本を廊下で読まなくてはならない。ストライキをやらず東大生になった四高の同級生は、西田が廊下で読んでいる横を通って閲覧室に入っていき、勉強しているでしょう。西田にとっては大変な屈辱なんです。「東大で過ごした時代」というエッセーがありますが、屈辱の四年間だったんです。先生とも誰とも親しくならず、故郷へ帰ってしまうんです。金沢に戻って毎日座禅をしているんです。呼吸や何かで自分は真理の世界にいるか、物質の世界にいるかわからないところまで来るでしょう。これが善だ。善きもの。この善というのはジェイムズには書いていないですよ。西田の思いつきなのです。これが「善の研究」を支える一つの西田から出発した概念なんですね。

西田がもしストライキをやらず正規の学生だったら、大学に残るか、留学という話になるでしょう。そして、もし彼がアメリカに留学していたらジェイムズと出会うかもしれない。この話はジェイムズだったら聞く耳を持っただろうが、そうでない人の指導を受けたらつぶされますよ。西田はアメリカへ留学しなくてよかったというのは、私の解釈なんです。

山内　先生が中心になり創刊された「思想の科学」という雑誌の意味するところですね。フッと思うんですが思想と科学は、普通に考えたら必ずしも一つではない。しかし今のお話をうかがっていると、サイエンスにあたるラテン語のスキエンツィアは、もともと分け入るという意味ですから、先生方が探究されたのは思想の成立根拠というか、根源知、あるいは究極的経験、そういうものを解明する。そのプロセスが同時に時代の動きに警鐘を打ち鳴らすことにもなる。今の高等教育が一番必要としているのは、そういう方向に軌道を修正していくということではないかと思います。

民主主義の底でみたものは

山内　先生は十代の終り頃にアメリカに渡られ、そのアメリカ体験が先生のその後の歩みに大きな作用を及ぼしていることは否めないと思います。また先生がハーバード大学在学中に日米開戦となり、敵国人ということで留置場に入れられ、留置場で仕上げた論文を、教授会が正当に評価し、卒業されたことも、先生にとっては非常に大きな結果を生み出す要因になったのだと思います。

鶴見　アメリカに行ってからね、私はカレッジボード、大学共通一次試験というのを受けてハーバード大学に入ったんですが、一度も「君はどうして小学校しか出てないんだ」って聞かれたことがないんですよ。私は、日本では小学校卒業だけなんですから。日本だったら旧制高校へ入れないし、大学にも入れないんです。私は三年目の後期につかまって牢屋へ入れられてしまった。このままだと卒業の資格なんかありません、四年制ですから。それを投票で卒業させてくれたんですよ。

山内　先生の論文合格を教授会のメンバーが投票で決めたというのが、いかにもアメリカらしいやり方ですね。

鶴見　どうしても落第しかないんだけれども、ここまでちゃんとやってきて、かわいそうだと思ったんでしょう。

山内　私はノースキャロライナ州のデューク大学神学部に一九六三年から一年半留学しました。七五年ごろ、十年ぶりにデュークを訪れましたら、理事会が当時のニクソン大統領に名誉法学博士の学位を授けることを決めた。ところがウォーターゲート事件が起こり、ロースクールの教授会が反対して、結局それは実現しなかった。これも先生のハーバードでのお話と呼応するようなアメリカ民主主義の証しだと思います。

鶴見　戦争中のことなんですけれども、私が読んでいてとても感心したのは志賀勝です。考えてみると、関西学院大学にいた志賀勝と寿岳文章と竹友藻風は、もう東大も京大も問題にならないほど立派な人たちですよ。すごい英文学科を持っていたんですね。

山内　文学部の黄金期と言われています。

鶴見　志賀勝は、戦争中いくつか心象風なものを書いていた。『文学と信念』はおもしろい本なんですよ。これは全く時勢にこびない立派な本でね。寿岳文章もそうですね。寿岳一家は戦争中、家の中は外で接するのと違っていたんですよ。寿岳さんの奥さんは隣組で竹やり訓練にちゃんと出ていた。だからおかみさん連中は、軍国主義者だと思って心を許していた。しかし、一歩うちの中へ入ると全然違うんですよ。反戦思想を持たない者は、一家四人の中で一人もいない。娘は寿岳章子です。戦争中にそんな一家があったんですね。もう一人は竹友さんなんだけれども、長男が私と小学校が同じで一年か二年上にいた。

山内　今、ニューヨーク在住の竹友安彦氏ですね。

鶴見　父親が関西学院大学の教授になったから関西学院の中学部に移ってきた。彼には弟がいましたよね。

山内　私が関学新制中学部で同級だった藤井治彦君です。阪大の教授になってスペンサーやミルトンのすぐれた研究者でしたが、残念なことに四年ほど前にがんで亡くなりました。お兄さんの竹友さんからも、時々お手紙をいただいたりするのですが、鶴見先生とのご関係は、初めて知りました。竹友藻風は古典的な英文学者、志賀勝、寿岳文章のお二人は健全な意味での反骨精神を持っておられた。

鶴見　すごいですよ。同時代を考えてみると、本当に屹立しているんですね。その影響は庄野英二にあったんですよ。英二は、父親が帝塚山学院を創立した庄野貞一。父親はきつい理想主義者で英二は小学校を出たら農学校に入れられて、農作業をやっていた。とてもきつくて嫌で嫌でどうしても大学へ行きたかった。それで関西学院大学へ入ったんですよ。入ったら寿岳文章がいて、W・H・ハドソンの「自伝」の講読をやっていて、それに魅了されてしまうんですね。英二が戦後になって書き始めたものっていいですよ。殊に私が好きな「ザビエルと亀」はもう傑作なんだ。

大学の行方、改革の方向

山内　先生は同志社大学でも教鞭を取っておられます。同志社と関西学院は同じキリスト教系の教育機関ですが、成り立ちが少し違います。同志社はいわゆるミッションスクールではなくて、新島襄によって建てられたキリスト教主義学校ですが、それがいろんな意味でよい貢献につながっている。新島の場合は明治の先覚者の一人ということもあって、やはり個人の求心力が強く、ある意味で新島精神がそのまま建学の精神にもつながるような意味合いを持っています。関西学院はアメリカ南部出身のランバスという日本では無名に近いメソジスト派の宣教師が創立した。従って創立者が英雄視されたり、偶像視されることはなくて、むしろランバスの生き方の背後にあるキリスト教的な価値観とか普遍的な隣人愛が建学の精神あるいは学ぶ上での指針として生きていると思うのです。私たちは、競争原理の働く今の時代、どうずればスクール・アイデンティティーを再構築できるか、教職員が一丸となって奮闘しています。

鶴見　私は同志社大学に十年いたんですが、学生から影響を受けましたね。一つ例をお話ししましょう。私が敗戦直後に接触したハンセン病の患者ですが、白系ロシア人の少年で、それこそ光を放つような美少年だったんだ。その少年の通訳をしたことがきっかけで私はハンセン病に深入りするようになった。その後彼と会うことになり、宿泊先だった神田のＹＭＣＡを選んだんです。宿泊予約をしていたのですが、断られたんですよ。新薬の開発で病気は伝染しないようになっていたんですけどね。フロントが「ほかのお客に不快感を与えるからだめだ」と言うんだ。仕方なく医者が電話してアメリカ人のつくった会員宿舎「シーメンズホーム」を確保した。ほっとしたんですが、そのことをゼミで話したら、数日経ってゼミ生の一人がやって来て、「先生、そういう人の泊まる場所をつくりましょう」と言うんだ。驚いてしまってね。「もう場所は決まりました。ちゃんと契約もしてきました」と言う。それは奈良の神社で、そこに家をつくる運動を始めようというんです。同志社だからその運動ができたんだろうと思いますよ。だから私は、同志社の学生には感謝しているんです。

山内　それはいい話ですね。関西学院もそういうボランティア運動の拠点になることを目指し、学生たちも自主的にさまざま活躍しています。特に阪神淡路大震災以後、新しい動きが出てまいりまして、いまヒューマンサービスセンターという拠点を立ち上げ、スクラムを組んでいます。こういう動きが健全な仕方で大きく輪を広げていくと、学生たちが体験の共有を通して、少しずつ生きる意味、共生とは何かを体得していくのですね。

鶴見　今のハンセン病回復者の運動というのは、私としてはもう五〇年、同志社の学生と一緒に、学生の運動としてやるようになってから四〇年続いているんですよ。普通の学生運動と違うんです、けたがはずれている。それが重大ですね。筑紫哲也さんも、運動に加わって東京の方で、厚生省（当時）との仲立ちなどをして助けてくれた。学生も大学の外の社会とそのようにして接触したんですよ。そういう機会がいまの大学にあるかどうか。社会との接触の問題が今の問題なんです。

――思想の乏しい時代、教養を失ってきている大学ということは非常に寂しいのですけれども、でもやっぱり大学に期待をしたい。何を目指したらいいか、そのためにどうずればいいのか、締めくくりにご意見を聞かせてください。

鶴見　教養のある日本人というのは、今の大学生ではないんですよ。メキシコで教えたことのある大学生が日本に留学して来たんです。彼が言うには、大学生とあまり話をしないことにした、と。なぜかと聞いたら日本の学生は、サルトルやマルクスしか言わない。日本の社会のことを何も教えてくれない。彼は、いまやメキシコでは指折りの日本学者になっている。彼はよかった、大学生と付き合わなくて。

山内　何かもう先生からご覧になると、日本の大学全体がある意味ではだめになっている。

鶴見　教養ある日本人はもはや大学生ではない。大学生から出てきた教授は果たして教養があるか。そのことが問われていると思うんですよ。アメリカの大学には詩人が大学のキャンパス内に住むレジデント・ポエット（住み込み詩人）という考え方があるが、私がハーバード大学の一年生の時のレジデント・ポエットは、ロバート・フロストだったんですよ。お茶の会でフロストといろんな話をした。だから、大学の中へ入って暮らしてくれるということ、お茶の会や何かで雑談をするというようなアメリカのシステムを日本でも取り入れてもらいたい。

山内　最近のＩＴ社会では、方向を間違えると教員と学生、学生と学生がぶつかり出会う場が次第に失われて、ヒューマンな教育自体の変質を招く恐ろしい時代になると思うのです。

鶴見　だからもはや人類の文明がミレニアムを考えるほかないんですよ。九・一一はミレニアムの始まりだったんだ。バベルの塔と同じなんだ。「ランチの女王」のように遡っていって、引き返して現在に対して頭突きをするようなことをやらなきゃ無理でしょう。それから岩波書店からでている『イシ』（シオドーラ・クローバー著）という本を読んでもらいたいね。文化人類学者のクローバーと言語学者のサピアが北米最後のインディアン、イシと奇跡的に出会う。先住民の暮らしがどういう意味を持つのか、たった一人になったアメリカン・インディアンが意を決して文明の側に歩いていく人間の勇気を書いた本です。

山内　本当にいろいろ貴重なお話をありがとうございました。

（関西学院通信　『POPLAR』三十八号　Autumn 二〇〇二年）

Ⅷ 追憶

「鵙よ鳴け」　久山　康元理事長・院長

久山康先生が、昨年十二月三十日の夕刻、急性心不全のため忽然と天に召されてから早や一年が経とうとしています。先生はその日も朝から至極お元気で、お昼には機嫌よくお餅を三つも召し上がり、親しい方々にお電話をされていました。しかし、午後二時半過ぎ、寛子夫人がお正月の焼鯛を買いに出かける打ち合わせのためにインターホーンを押されたのに通じないので、二階に上がられたところ、年賀状を書きさしのまま受話器が外れ、先生がベッドに仰向けに倒れておられました。奥様が体を揺すられると「ウニャムニャ」と言われるだけで訳が分からないので吃驚して、隣にお住いのご長男敦さんに知らせ、すぐに救急車を手配して県立西宮病院に運ばれ、ずっと人工呼吸の手当を受けられましたが、午後四時〇六分、ついに召天されました。その三日前の十二月二十七日、昨年の今日、ちょうど今の時間帯、国際日本研究所のクリスマスの集いで久山先生は「出会い」と題して二時間を越える名講話をなさり、また召天される前日、二十九日の夜は新年恒例の甲山山頂における祈祷会の打ち合わせをされていた矢先、突然の、あまりに突然のご逝去だけに、ご家族の皆様、私たち一同の驚愕と悲嘆、精神的打撃の大きさは筆舌に尽くし難く、巨木倒れるという感を深くしました。

久山先生の生涯は、一日一生、若き日より胸を患い、父上の突然の死を経験し、常に生死の問題に直面して辿られた真の「求道者」としての歩みであったと言えましょう。時として吐かれる完膚なきまでの他者批判も、その根底にご自身の究極的関心事からする鋭い洞察があってのことと思われます。先生は過日ＮＨＫのテレビ番組「こころの時代」に登場され、「人に会う、自己に会う」と題して一時間対談された折りにこのように語っておられます。「私は、高等学校、大学の頃から、沢山の立派な師、先輩、友人に出会い、いろんなことを教えられて来ました。その人々との出会いを通して人生の方向を探り得たことを何にもまして感謝しているわけです。……しかし、本当に自分の生命の中心を定めてくれるような「主に出会う」ということ、これは非常に珍しいことで、しかし一番大きなことだと思うのです……やはり最後は宗教的なところに落ち着いていけることが実は本当の自分自身に出会うことになる……つまり自分に出会うということも自分勝手にできることではなくて、何か大きなみ手に導かれて、本当に自己に会うということが与えられるのではないかという感じがするわけです」と言われ、学生時代バプテスマを受けてクリスチャンになられた時のことを詳しく話されています。久山先生は岡山県津山のご出身、旧制松山高等学校を経て京都大学で哲学を専攻され、一九四一（昭和十六）年に卒業されましたが、受洗はその前年のことです。

先生はその後引き続き京都大学大学院に進まれ、西谷啓治先生のもとで研究に従事されましたが、翌年十月、聖和女子学院（現聖和大学）の教授に就任、関西学院に迎えられた一九四六年から三十八年間、文学部で哲学、日本思想史を講じ、一九七四年、推されて学院の理事長・院長に就任後、五期十五年に亘り、難問の山積するなかその重責を担われました。

ご専門はキリスト教思想を基底とする実存哲学と京都学派を軸とする日本思想史の両面にまたがりますが、研究の焦点は「実存と宗教」という根本主題のもとに東西の宗教思想の新しい出会いの可能性を探究するところにあったと思われます。久山先生の旺盛な探究意欲の成果は、日本の近代化とキリスト教に関する研究に新しい地平を拓いたと評されるシリーズ『近代日本とキリスト教』（明治編、大正・昭和編、現代日本編）をはじめ、『自然と人生』『文学における生と死』、さらに名著の誉れ高く、広く知識人や学生に愛読された『読書の伴侶』など二十冊をこえる編著訳書に結実しています。

関西学院における教育行政面での卓抜な指導力と貢献については周知の通りでありますが、私たちは久山先生から始終学院の将来に向けての大きなビジョンを聞きました。創造的な改革には絶えず反対が付きまといますが、先生は怯まずに次々とビジョンを実現されました。危機に瀕していた学院財政の立て直し、教育・研究条件の改善、新学生会館、千刈セミナーハウス、講義棟、高等部新校舎など二十棟におよぶ教育施設の整備・拡充、総合雑誌『クレセント』の創刊、ランバス・レクチャー、同奨学金の設置、国際交流の推進、さらに神戸三田の第二校地取得など、二十一世紀に向けて関西学院が創造的発展を遂げるその基礎を備えられたのであります。しかし私は、先生の高邁な理想、卓越せる力と働きの源泉は、朝毎の隠れた祈りの修行にあったと思います。

一九六九年九月初旬、あの大学紛争の余燼もうもうたる中、久山先生は「いま一番必要なのは祈ることだ」と呼びかけ、文学部裏のバラ園ベンチで小林宏、長久清先生らと早天祈祷会を始められました。私もキャンパスの近くに仮住まいしていた最初の三年半だけ参加したのですが、久山先生は爾来春夏秋冬、雨の日も雪の日も休むことなく、二十五年間、晩年はただ一人で聖書を読み、祈り続けられた。毎日聖書を一章づつ読むと三年半余りで創世記から黙示録まで読み通せますが、久山先生は実に四半世紀に亙り旧新約全巻を七回以上通読されたことになります。ご自身は「毎朝聖書を読み、祈っていても、信仰を純化し、いのちの泉の在り処に到ることは容易ではない。ただ、毎朝早く起床することが習慣となって健康が保たれていることを感謝している」と謙虚に語られましたが、何人も容易に追随できない強靭な求道の意志の現れであり、愛唱賛美歌三〇一番「われ山辺に向かいて目をあぐ、わが助けはいづこより来る」がそのまま先生の証しでありました。先生が一九七四年関西学院の理事長・院長に就任された時、前任理事長の矢内正一先生が挨拶の中で「久山先生の優れた指導者としての力を認めない人はないと思うが、私は最近久山先生が学院の一隅で毎朝祈っておられることを知り、そのような先生が関西学院教育の責任者に選任されたことを何よりも喜び、感謝したい」と述べられました。

学院を退かれてからの久山先生は、よく「人生邂逅し、開眼し、瞑目する」という亀井勝一郎氏の言葉を前置きにして自分の歩まれた道を話されましたが、召天三日前の十二月二十七日、国際日本研究所で催されたクリスマス祝会での「出会い」と題する久山先生生前最後のご講話は、いつもより口調も滑らかで、幾度か聞いた内容が盛られていたにもかかわらず、聞くものみな魅惑され、二時間を越える時の経つのを忘れる程でした。お話の中で、先生はその秋ご自分が詠まれた歌を幾編か披露されましたが、私たちの心を深く打ったのは、よく知られたこの一句です。

鵙《もず》よ鳴け、知り人すべて消えし世に

その日も先生は、人生行路を辿る中で出会われ、すでに故人となられた敬愛する師や諸先輩、西田幾多郎、田辺元、西谷啓治、唐木順三、亀井勝一郎、橋本鑑といった方々の死生観について、また生前親交のあった原清、坂井忠雄氏らの面影や思い出を淡々と話されましたが、『兄弟』喜寿記念号（一九九二年七月）所収の「時は縮まれり」と題する一文の中で先生は書かれています。「死が迫っているというのは、私だけのことではない。すべての人に死は迫っている。私たちは一度切りの短い人生を、それぞれに生きているのである。私の身辺でも親しい人々が何の容赦も前触れもなく、次々に死によって姿を消してゆく。慟哭しても悲嘆にくれても、何の甲斐もない。一人の人の死によって私たちのところから大切なものが消えて行く。年老いて親しいものを次々に失ってゆくと、追憶の世界に自分の忘れ得ぬ人々、忘れ得ぬ事柄が移っていくのである」。したがって、「知り人すべて消えし世に」という久山先生の言辞からは、死という個人の終末を観念的に考えるのではなく、今生きているものがやがてみな消え去るという冷厳な事実を直視するリアリズムが感知されます。しかし「鵙よ鳴け」というこの句の前半の意味するところは何か。歌心に欠け、詞藻に乏しい私にその真意を解く力はないのですが、普通に読めば、生者必滅、だからこそ今生かされているこの瞬間を力の限り誠実に生き抜く他はない。鵙だっていつまでも生き続けるわけではない。しかしあのようにキーキーと高く勢いよく鳴いているではないか、という意味にも解されましょう。だが私は、やはり久山先生が『兄弟』二九八号（『人間を見る経験』出版記念号）に「死について」書かれた文章の中にこの句を解く一つの鍵が見出されるように思うのです。

私は『カラマーゾフの兄弟』の中に出てくるゾシマ長老の兄の回心をいつも思うのである。自由思想の影響を受けて神の存在を否定していた彼が、肺を患って余命いくばくもなくなったときに、病床で突然回心するのである。「神の小鳥、喜びの小鳥、どうか僕を赦しておくれ。君たちに対しても僕は罪過があるんだからね」「ああ、ぼくの周囲には、こういう神の栄光が漲っている。小鳥、木立、草原、青空。ああ、それだのに、僕だけが汚辱の中に生きながらえ、すべての者を汚していた。美にも栄光にも、ぼくは全然気付かなかった」。

このドストエフスキーの言葉は、久山先生が受洗の時の気持を語られた中でも引用されていますが、死の自覚が、創造の極微としての人間をして栄光漲る神の世界に転入させるという宗教的 confessio の脈絡に照らして、「鳴よ鳴け」という先生の表白が、福音書が伝えるイエスの「空の鳥を見よ」という呼びかけと根底で共鳴し、生死を超えた先生の辞世の備え、自然と一体となった神への賛美を意味すると言えば、読込みが過ぎるでしょうか。無論、このような死の自覚から神賛美への転換は直接無媒介的に生起するものではないゆえに、久山先生は、さらに「しかしこのような荘厳な創造の秩序に触れたときに、彼（ドストエフスキー）が自己の罪と汚辱を自覚していることが重要である」と続け、「そこに東洋的思想との相違も見られるし、キリストの贖罪によって初めて神の世界に人間は定位し得るというキリスト教の主張も生ずるのである」と言われます。

先生はまた、始終「もはやわれ生くるにあらず、キリストわがうちにありて生くるなり」（ガラ二・二〇）という使徒パウロの言葉を引照し、しかも語句の解釈ではなく、むしろその真実をどう生きるかを問われました。最近私は

『兄弟』誌の裏表紙に「残雪や頑なの性わが久しく」という先生自作の一句を読みましたが、人間の罪を撥無し、いのちの源なる神の創造の秩序の中に迎え入れて下さる仲保者としてのキリストなしに何人も死の詛いより解き放たれ得ないことを先生は確証されたに違いありません。一昨年、キリスト教学校教育同盟から発刊された『日本キリスト教教育史　思潮篇』は、久山先生が生前時間とエネルギーを傾注して纏められた最後の著作となりましたが、特にキリシタンの歴史を精査し「追補」として取り上げられたのも、そこに「わが内なるキリスト」という重大な信仰の証しが秘められていることを正しく洞察された故であろうと思います。

朝毎の静かな祈りの行、書斎で打ち込まれた思索と著述、情熱を傾けて当られた名講義、土曜会、読書会における暖かいご指導、あるいは十五年の永きに亘る関西学院の経営と教学の責任者、国際日本研究所の主宰者として発揮されたリーダーシップ、すべては先生の「わが内なるキリスト」の証しでありました。

久山康先生の悠々たる稀有な足跡はあまりに大きく、何人も容易に追随できないところであります。けれども先生が残された重要な課題を、思想面でも、実践面でも、先生に導かれ、先生と親しい交わりを与えられた私たちが、それぞれの持ち場で正しく継承し、たとえどんなに弱く小さくても、良き実を結ぶ者でありたいと切に願うものであります。

寛子夫人をはじめご遺族皆様の上に、主の豊かな顧みと慰めをお祈りし、言葉は至りませんが久山康先生ご召天一周年記念礼拝の式辞とさせて頂きます。

（故　久山康先生　召天一周年記念礼拝式辞　一九九五年十二月二十七日　於　関西学院ランバス礼拝堂）

イエス・キリストという土台　小寺武四郎元院長、学長

神の選びの器、小寺武四郎先生は、去る七月二十三日早朝、満九十二歳で地上の歩みを終え、ついに帰天されました。小寺先生は、米国留学から帰られて間もない一九五一年、四十才の時に日本キリスト改革派神港教会田中剛二牧師に導かれ洗礼を受けクリスチャンになられました。七月二十六日に神港教会で執り行われたご葬儀で、岩崎謙牧師は「すべては、キリストの土台の上に」と題した告別説教の中で、信仰者としての小寺先生の歩みを深く覚えたいと勧められました。今、私もそのことに思いをいたし、謹んで追悼のことばを申し述べます。

昨年の秋頃から、小寺先生が少し弱られ、理事会にも出席が叶わないことをご家族から伺い、十月六日、平松一夫学長ともども六甲のお宅に伺いましたが、その折りは大変お元気そうで、「ご苦労だが、学院のために力を合わせて欲しい」と励まして頂きました。その後、年末には淀川キリスト教病院、そして四月末にはご自宅に病床の先生を見舞いました。この時は愛弟子の一人山本栄一常任理事と一緒で、先生も大変喜ばれ、令夫人ともども本当に楽しく語らい、みんなで手を握り心を通わせて上よりのお支えを祈りました。

先生のベッドルームには、あの大学紛争時、一九六九年六月九日、神戸王子公園陸上競技場での改革結集集会で、苦闘の末病に倒れられた小宮孝先生からバトンを受けられた小寺先生が学長代行として演壇に立たれ、スタンドの一万名近い学生、教職員に大学改革の基本線を力強く訴えられたその時の勇姿を、やや後方左横から撮した大きなパネル写真が壁一杯に掲げられ、病床にあってなお関西学院の健全な発展を祈り願っておられる先生のお気持ちが強く胸に迫って来ました。六月十四日には、学院の中央芝生でキャンパス解放集会が開かれ、集まった約五〇〇〇名の学生、教職員を前に小寺学長代行は次のように語られました。

想い起こせば四十年前、私は原田の森から上ケ原に移って来たのであります。全共闘学生の手によって無残にも切り倒された図書館前のヒマラヤ杉は私の片手で握れるほどのものでありました。四十年の歳月が、その屋根をこす見事なヒマラヤ杉に成長させたのであります。しかしこれは単に一本の樹木だけのことではありません。関西学院の建物、関西学院の学問、関西学院大学、これらすべてを永い年月が豊かに育んだのであります……諸君、ごらん下さい、このヒマラヤ杉の悲しい姿を。この姿は今の関西学院を鮮やかにしめしています……しかし私は徒に嘆こうとは思いません。なぜなら私の前には、新しい関西学院を背負って立つ若い生命があふれているからです。諸君こそが、荒廃の淵におちたわが大学を見事によみがえらせてくれるものと信じているからです……今こそ、わが国の他の大学にさきがけ、諸君とともに手をとり合って新しい大学創造のパイオニアになろうではありませんか（「上ケ原ジャーナル」一号）。

翌十五日には「日曜日を返上して、約一〇〇〇名が時計台放送から流れる賛美歌のメロディーを聞きながら、落書き消しや改革への討論、四カ月ぶりのゼミや研究室での実験にと、上ケ原キャンパスは久しぶりに活気を取り戻し、新生関西学院への力強いスタートが切られた」と『学院百年史』は記しています（通史編Ⅱ　三七四頁以下参照）。

新しい規定により、十二月二十四日に小寺武四郎経済学部教授が新学長に選出され、ご略歴にありますように、その後一九七三年に第十代院長、一九七八年四月に再度学長に選任、一九八一年三月関西学院大学を定年退職されるまでその重責を全うされました。ここで私は小寺先生が定年を前に経済学部の宗教懇談会で、いわば公的な場での遺言の意味を込めて語られた記録の中から一部を引かせていただきます。「一九六九年をピークとする大学紛争は、社会的な大きな波が襲って来たということですが、この時一番不愉快といいますか、困ったのはキリスト者内部からの告発です……幸い関西学院では、学生の間ではそういうものはかなり強かったわけですが、神学部自体からそういう動きが出なかったということが非常に大きなことであったと思っております。そういうことでキリスト教主義教育を貫くことができました。とにかく関西学院の場合は幸いにしてしっかりした土台が据えられた。しかもその土台がイエス・キリストという永遠の真理の上に立っておったという確信が持てるのは、非常に幸いなことだと何度も思わされました」(「関西学院勤続四十年」速記録)。

小寺執行部は、時を移さず大学改革案を纏め上げ、学院の全構成員に提案し、教職員、学生、同窓が一丸となって再生関西学院のスタートを切る牽引力となりました。小寺先生は、先の講話を「だから関西学院の将来というのは、キリスト教主義に基づいた教育がどこまでできるか、ということにかかっているのではないか。これからも非常に困難な時期もあると思いますが、かつての困難な時期にも、そのキリスト教主義教育を堅持し続けて来たことを顧みながら、勇気をもってその上に建学の精神を堅持して行くことができるのだと思います」と結ばれています。

小寺先生が歩まれた足跡、学究として、また学院の教学責任者として、あるいは理事会の枢要メンバーとして果たされた多大のご貢献に対し感謝の誠を捧げるとともに、先生が今も天上から呼びかけられるキリスト教主義に基づく関西学院の重大な教育的使命を私たちが正しく継承し、一歩また一歩前進してゆきたいとねがうものであります。

終わりになりましたが、久子夫人をはじめ、ご遺族皆様の上に主の豊かな顧み、唯一の慰めを心からお祈りし、追悼の辞とさせて頂きます。

(故　小寺武四郎先生　追悼記念礼拝における追悼のことば　二〇〇四年十月九日　於　関西学院中央講堂)

「母校あっての同窓会」　木村正春同窓会名誉会長

二十一年間、同窓会の発展のためにご尽力いただいた木村正春同窓会名誉会長は昨年十月三十日、九十三歳を名残に地上の生涯を終え、天父のみもとに召されました。

昨年四月六日、畑道也院長ともども木村先輩を仁川のご自宅にお見舞いした折り、ご長女紘子様が付き添われていましたが、美しい庭に面した窓から春の陽光が燦々とふり注ぐ暖かいお部屋で、先輩は杖を握りしめ、ベッドにきちんと腰を下ろして私たちを迎え入れて下さいました。お顔色もよく大変お元気そうな様子で、学院の近況報告に身を乗り出して耳を傾け、「そうですか。よろしかったですね」と大きな声で受け応えされ、お見舞いに上がったつもりの私たちがかえって励まされる思いでした。

木村先輩は、幾多の人材を擁する同窓会にあって、昭和六十年、衆望を担い会長に推挙され、実に二十一年の長きに亘ってその重責を果たされましたが、ベッドルームには先に天に送られた亡き令夫人の遺影とともに、学院の思い出がたくさん詰まったパネル写真や数々の記念品がところ狭しと飾られ、私心のない母校愛を生涯の宝とされた先輩の学院に対する熱い思いと loyalty がひたひたと伝わってきました。

「母校あっての同窓会」が木村会長の定番グリーティングでしたが、『母校通信』のバックナンバーを繙きますと、繰り返し「全学一致と同窓の協力」を問いかけながら、その一方で「母は生みの親、母校は自分が学び卒業した学校、同窓は在学中に培った建学の精神を生かし立派に社会生活を送る……めったにないと思いますが、卒業したら関学とは縁が切れる、こんな発言があったとしたら人間の価値観を考える必要があるように思います」（一〇四号）とも率直に呼びかけておられます。或いはやはり『母校通信』九一号に寄せられた会長メッセージの中で「環境は情操や気品を与えることにもなる。学院は学問と同時に知性や気風を高める所でもある。また教える人の人格が伝わって学生たちの人間像を形作り、人格を養う所でもある」と書かれています。

昭和六十年四月七日、木村先輩は元学院宗教総主事長久清牧師から洗礼を受けクリスチャンになられました。その背後に恩師北野大吉先生（元高商部教授）の大きな人格的感化があったことが窺えます。恩師を偲ぶ文集「あとがき」の中で先輩自身が「北野先生には何かしら大きな力で引き寄せられるものがありました……先生や相撲部、啓明寮に巡り合っていなかったら今頃どんな人生を歩んでいたか考えても空恐ろしい気がします。いま長久清牧師や湯木洋一先生のご指導で静かな（礼拝）生活を送れるのも関西学院という大木に寄り掛かっていた幸運に依ります」と記されています。

木村先輩が齢七十有余才で受洗されたのは、若き日より上ケ原キャンパスで育まれた純朴な求道心の主の導きによる結実であったに相違ありません。

木村正春会長の在任時代を通して、全国、海外各地の支部総会で、食前の祈り、賛美歌「神ともにいまして」、校歌「空の翼」の斉唱が自然に定着した事実は、母校関西学院同窓会の生命とミッションを証しする素晴らしい伝統、他の私学には見られない希有な個性の輝きであります。関西学院会館ベーツチャペルの出口壁面に掲げられている有名な主イエスの言葉「汝らは世の光なり」は木村会長の力強い揮毫によるものです。

昨年春、学院から贈呈しました感謝のプラーグには次のように記されています。

木村正春殿

貴殿は二十年余の長きにわたり学校法人関西学院理事および監事としてまた同窓会会長として、関西学院の教育・研究の振興のためにあつい母校愛をもって尽力されました。この間、関西学院は総合学園として大きく飛躍発展することができました。ここにその多大なご貢献を深く覚え、心から感謝の意を表します。

木村正春先輩、長い間本当にありがとうございました。今はその召された霊が主とともにあることを信じ、私たちは慰められます。残されたご遺族皆様の上に天来のお慰めとお支えがありますようにお祈り申し上げ、追悼の辞に代えさせていただきます。

（故　木村正春同窓会名誉会長追悼の会　二〇〇七年一月二十八日　於　関西学院中央講堂）

「知識に愛を！」　小林宏初代高中部長

私たちの敬愛する小林宏先生が本年一月十四日、八十三年の生涯を走り終え、主のみもとに召されました。今日私たちは、ここ高中部礼拝堂に由紀子夫人、ご長男信義さん、ご長女みゆきさんをお迎えし、小林先生の関西学院における尊いお働きを偲び、感謝を捧げるとともに、互いの志と祈りとを新たにしたいという願いをもってこのように相集ってまいりました。

小林宏先生は、日本神学専門学校（現東京神学大学）を卒業され、名古屋中央教会をはじめ日本キリスト教団の諸教会、伝道所、そして関西学院に続いて横浜共立学園園長・理事長の重責を担われた後、晩年は銀座教会協力牧師として礼拝の講壇に立ち、最後まで牧師、説教者の務めを全うされました。しかし先生は、メソジスト運動の指導者ジョン・ウェスレーと同様、キリスト教と教育は区別できるが分離され得ないという確信に立たれ、牧師兼任の横須賀学院宗教主任、基督教学校教育同盟主事から、一九六一年四月、山崎治夫先生の紹介で関西学院に就任された際、「牧師として関学高等部宗教主事の任に就くからには、全力を投入するつもりです」と所信表明をされています（『高中部百年史』二一一頁）。

関西学院ご就任後、小林先生はすぐに高等部の教師集団に融け込み、熱心に聖書教育を実践し、宗教部を中心に生徒たちと広範なキリスト教活動を展開され、いつも辛口の人物評で知られる西尾康三先生をして「いやたいしたものだよ。東京から来たと思ったら、もうすっかりぼく以上に関学人になり切ってしまって、かなわないよ」と感嘆せしめたと、志賀大郎先生が『高中部百年史』に書かれています。当時私も中学部宗教主事の任に就きようやく二年目の新人でしたが、小林先生から本当に温かい助言、励ましを頂き、爾来《じらい》三十年間、宏先生は久山康先生が学院の重責を担われた時代を通し、あるいは基督教学徒兄弟団や五月が丘集会での小林信雄先生、小林昭雄先生らとご一緒の交わりの中で、私にとっては公私両面にわたる大切な Senior Adviser でした。

一九六七年、小林先生は石田巳代治高等部長、加藤秀次郎中学部長が同時に退任された後、職制の変更に伴う選挙により、初代高中部長に選任され、学院をご退職になる一九九〇年まで二十三年の長きに亘り学院の理事、評議員としても「強いられた十字架」を負いつづけられました。その間、中高六年一貫教育の内実化に向けてあらゆる努力を傾注され、学院創立百周年に当たる一九八九年には、中学部北側に隣接する高等部の新校舎と今追悼式を守っているこの高中部礼拝堂が新築竣工しました。しかし、関西学院における中等教育統括責任者としての小林宏高中部長のご労苦の程は察して余りあるものと思います。一九六九年をピークとする学園紛争の嵐が関西学院のキャンパスにも吹き荒れた大きな試練の中で、小林先生が真剣に祈りかつ労し、高等部の教育再生のために提唱されたのが「知識に愛を！」の一句であり、これは関西学院のスクール・モットー“Mastery for Service”、またウェスレーが喝破した“Without love, all learning is but splendid ignorance”という有名なアピールとも深く響き合うキリスト教の中心的メッセージ（Ⅰコリ一三、フィリ一・九他）であります。
クリスチャンスクールはすべからく「キリストに倣う」証人共同体とならねばならぬというのが小林宏先生の信仰的命題でありました。クリスチャンが、イエスをキリストとして信じ、その足跡に倣って生きるIMITATIO CHRISTIというフレーズは、トマス・アケンピスによるといわれる古典のタイトルによっても知られていますが、イエスがキリスト「救い主」であると同時に「模範」であるという実践的、倫理的勧告は新約聖書に貫流する根本モチーフの一つであります。先程お読み頂いたヨハネによる福音書一三章一三節以下には「主であり、教師である私があなた方の足を洗ったのだから、あなた方も互いに足を洗いあわなければならない。私があなた方にしたとおりにあなたがたもするように模範を示したのである」（ヨハ一三・一四―一五）と明記されています。しかし言うまでもなく小林先生の神学的立場は単に「教師」イエスの愛と奉仕の模範に倣うことを旨とする道徳主義的ヒューマニズムから厳密に区別されねばなりません。ヨハネ福音書でもイエスは「教師」であると同時に「主（救い主）である私」と自己証言されています。

私は小林先生からしばしば励ましのお便りを頂きました。ここで二年前、二〇〇六年四月十五日付の書簡から一部引かせて頂くことをお許し下さい。「関学からいつも学内広報を送付してもらいありがとうございます……私はいま自宅療養中です。現場復帰はあきらめました。ところで、あなたは広報で関西学院の転機について言及されているが、私もキリスト教学校のとらえ直しが必要と考えます。ボンヘッファーの『成人の時代』というのもちょっと危ない所がありますが、何しろ指導者なき時代に突入しています。現代は滅亡の時代なのです。われわれは、嵐の中で眠っておられる主イエスを起こさねばなりません。怖じ惑う弟子たちに主イエスは『私が共にいるのだよ』と言われます。この時代の暴風にもてあそばれる小舟に、しかし主が一緒に乗っておられることを信じることこそわれわれがなすべき唯一のことかも知れません……クリスチャンスクールを自分の力で建て直そうなどゆめゆめ思わず、ただ主を呼び求め、ひたすら祈ることを心がけたいというのが現在の心境です」。このような先生の呼びかけの真実によって、私たちはどれほど励まされ、勇気づけられるか分かりません。小林先生が一九九〇年、関西学院を去られた年の十一月から毎月私たちに送って下さった『静祷庵通信』終刊号にはこのように記されています。「聖書をひもとくと、そこにはアブラハムの旅立ちに始まる壮大な旅の物語が展開されている……人類史の中で、人間のあらゆる歴史は滅びたが、この旅立ちだけは今も続いている。それは天地の創造者なる神、イエス・キリストの父なる神を信じるわれわれの旅である……この旅に参加することがすなわち天の故郷を目指す旅支度なのである……妻をはじめ通信発行協力者に感謝して筆をおく」。そして最終号の一句「春の宵時鐘をうつつ数えけり」。

今、私たちの心には「信仰の導き手であり、完成者、アルファでありオメガであるイエスを仰ぎ見つつ走り抜こうではないか」というヒブル人への手紙一二章冒頭のみ言葉が新しく響き迫ってきます。互いの内なる姿勢を正し、主の御心ならばなおしばらく生きながらえて、それぞれの馳せ場、備えられた一筋の道を誠実に歩み、小林宏先生に倣い、天の故郷を目指す旅を続けたいと祈りねがうものであります。最後に、遺された先生のご家族皆様の上に、主の豊かな御顧み、唯一のお慰めを心からお祈り申し上げ、追悼の式辞とさせて頂きます。

（故　小林宏初代高中部長追悼式　二〇〇八年四月十九日　於　関西学院高中部礼拝堂）

名指揮者の資質と想像力　　畑道也前院長

関西学院第十四代院長畑道也先生が去る三月二十五日、六十八才で静かに主のみもとに召されました。今日私たちはここ中央講堂に静子夫人、ご長男拓也さん、ご次男朋也さんをはじめご家族、近親の皆様をお迎えし、関西学院における畑前院長の尊いお働きを偲び、召された先生の霊の平安、そして遺されたご家族皆様の上に主の御顧みとお慰めを祈るために、このように相集って参りました。

畑先生が天に召される四日前の三月二十一日の昼時、会議の合間を縫って阪倉篤秀文学部教授と上ケ原病院に見舞った折り、畑先生はその十日余り前に伺った時と比べて随分元気になられた様子で、大きな声で「ありがとう」と受け応えされ、一緒に祈りを捧げた後もしっかり手を握り返され、きっとこれから快方に向かわれると愁眉を開いていただけに、急逝の報に接した私たちのショックは大きく、深い悲しみを覚えます。

私がはじめて畑先生と親交を得たのは学院創立九十周年記念映画 From Pearl River to the Ends of the Earth を制作した一九七九年、三十年近く前になります。久山康院長総指揮のもと畑先生は音楽を担当され、「創立者ランバス博士の愛唱賛美歌五一五番を聖歌隊が歌い、その旋律が映像の背後に流れる。それがこの映画に独特の味をつけている」という先生の的確なコメントを忘れません。その後畑先生は数々の学内役職を歴任されましたが、私の院長在任中とくにご無理をお願いし、先生に院長代理、その後高中部長も兼務していただき、大変助けられ、励まされました。

二〇〇四年四月、関西学院院長に就任されてからの畑先生は、その鋭い直感力、ユーモア溢れる独特の語り口によって現役の生徒、学生諸君、保護者、同窓すべてを魅了し、先生が演壇に立たれると会場がシーンと静まり、今日はまたどんな興味深いスピーチが聞けるかと皆が耳をそばだてます。畑先生は「皆さんこんにちは。エー、あの」とおもむろにいかにもアドリブ調で話し始められるのですが、その背後に実は先生の誠実な人柄を思わせる周到な備えがあることを私は知りました。院長室は私のオフィスと廊下を隔てすぐ向かいですから、会議中以外はいつもオープンドアで互いに往き来していました。畑先生が院長就任後間もないある日の夕刻、少し前までは確かにパソコンに向かい何か原稿を作成されていた畑先生が、背筋を伸ばしじっと目を閉じておられる風なので、軽くノックをしたものの入室を遠慮しようとしたのですが、「どうぞ、どうぞ」と招じ入れられました。恐る恐る「畑院長、ヨガのプラクシスですか、瞑想三昧ですか」と聴きますと、例によって少し照れ笑いしながら「いやー、今夜同窓会で何を話そうかと悩んでますねン」と言われました。私はハッとしました。そこに、これからオーケストラの指揮者としてステージに上る前の畑先生の隠れた、ある意味でストイックな姿を見る思いがしたからです。畑先生は、ご存知のようにご自身チェロの名手でしたが、関学交響楽団の常任指揮者としてタクトも振られました。今日この学院葬での関西学院交響楽団ＯＢ会による立派な追悼演奏を天上の畑先生がきっと喜ばれていると思いますが、今週日曜日の午後、やはりこの中央講堂で開催された学院同窓会総会で、県立芸術文化センターの芸術監督で畑先生とも旧知の間柄である佐渡裕氏が「感動を生み出す指揮者の力」をめぐって対談されました。オーケストラの指揮者は先ず楽譜（スコア）を全てきちんと頭にインプットし、演奏する曲のテーマ、全体の流れをしっかり掴んで、聴衆の感動を呼び覚ますためにいかに効果的に演奏するか工夫を凝らし、「よし、これでいこう！」と腹を決め、その後はフリーハンドでステージに立つ。畑道也院長は正に名指揮者の資質と技法、そして実に豊かな想像力を備えた優れたメッセンジャーでした。

ここで、キリスト者としての畑院長について一言述べさせていただきます。畑先生の洗礼名が「ヨハネ」、「道也」というお名前がヨハネ福音書十四章六節の主イエスの言葉「私こそが唯一の道である」に由来することは先程紹介されましたが、自分が何故洗礼を受けクリスチャンになったかについて畑先生が学院宗教センター発行の「チャペル週報」に寄せられた文章からその一部を引用させて頂きます。

一九七七年の夏、オーストラリア領トレス海峡中央部のヨーク島で、当地の民族音楽の歴史や実態の調査に携わっていたある日の夕べ、島の村長が映画会に私を誘いに来てくれた。が、その前に礼拝に出席して欲しいと言う。礼拝抜きの娯楽は島の生活と文化を破壊するから……と。その時、「いっそ、この島で洗礼を受けて皆と同じクリスチャンになる」と私は答えた……クリスチャンであった両親との縁、中学部以来ずっと世話になってきた関西学院との縁、そしてトレス海峡の人々との縁がことごとくイエス・キリストを指していた

（「チャペル週報」一九八四年六月）。

かくてその年の十二月、アングリカン聖ヨハネ教会でエリオット・ウイヤ司祭から受洗。畑道也先生三十八才の時です。

去る三月二十六日、聖ペテロ教会で執り行われた「通夜の祈り」の時、私たちは小池牧師の懇ろな追悼説教を聞き、ヨハネ畑道也兄弟が、教会で礼拝のオーガニストや日曜学校校長を務めるなど実に忠実に信徒としてのつとめを果たされたことを知りました。学院では、院長として様々な会議、会合で祈りを捧げられるとき、畑先生はくどくど恣意的な言葉を並べる自由祈祷を避け、むしろ伝統的なアングリカンチャーチの祈祷書に倣い、簡潔に、しかし心を込めて祈られました。

「神様、私たちの愛する関西学院が、その歩むべき道を誤ることがないように、どうぞお導き下さい」。

今、畑前院長を追悼する学院葬に参列する私たち一同も、この畑先生の純一な祈りの言葉に互いの唇と心を合わせたいと思います。それがキリスト教主義に立つ総合学園、私たちの愛する母校関西学院に繋がる全ての者の証しであります。

最後になりましたが、静子夫人をはじめご遺族、近親皆様の上に、主の豊かな御顧みと唯一のお慰めを重ねてお祈りし、私の追悼の辞とさせて頂きます。

（故　畑道也前院長　関西学院葬　二〇〇八年四月二十六日、於　関西学院中央講堂）

著者略歴

山内一郎（やまうち　いちろう）
B.A., B.D., MTh., D.D.

1935年　名古屋市に生まれる
1958年　関西学院大学神学部卒業
1960年　同大学神学研究科修了（新約聖書学専攻）
1960年　関西学院中学部宗教主事
1963-5年　米国デューク大学大学院にIBC奨学金で留学
1965年　関西学院大学神学部専任講師、1969年助教授を経て
1975年　同教授
現在　関西学院大学名誉教授
その間、関西学院院長代理、キリスト教主義教育研究室長、神学部長など歴任、1998-2004年 関西学院院長、2002-2008年 同理事長を務める。

輝く自由　関西学院の教育的使命

2009年11月30日初版第一刷発行
2010年11月30日初版第二刷発行

著　者　山内一郎

発行者　宮原浩二郎
発行所　関西学院大学出版会
所在地　〒662-0891
兵庫県西宮市上ケ原一番町1-155
電　話　0798-53-7002

印　刷　協和印刷株式会社

Printed in Japan by Kwansei Gakuin University Press
ISBN 978-4-86283-048-7

http://www.kwansei.ac.jp/press